국민연금과 정책불응

NATIONAL PENSION SYSTEM &
NON-COMPLIANCE OF PUBLIC POLICY

국민연금과 정책불응

NATIONAL PENSION SYSTEM & NON-COMPLIANCE OF PUBLIC POLICY

하 상 근 지음

정책대상자(국민)들은 국민연금정책에 불응하고 있는가?
만약 불응하고 있다면 얼마나 하고 있는가? 그리고 왜 불응하는가?

KSI 한국학술정보(주)

　우리사회는 2000년 7월 이후 이미 고령화 사회가 시작되었고, 2019년 고령사회, 그리고 2026년이 되면 초고령사회(super-aged society)가 될 것으로 예상하고 있다. 우리사회의 고령화에 대한 빠른 속도는 세계에서 유례없다는 것이 이미 상식적인 이야기가 되어왔음에도 불구하고, 보편적 서비스로서의 공적연금을 비롯한 사회보험에 대한 준비는 상당히 미흡한 것이었다. 이에 대해 1988년 1월 1일, 정부는 특수직역연금대상자(공무원, 군인, 사립학교교직원)를 제외한 일반 시민을 대상으로 국민연금제도를 실시하였으며, 1999년에는 국민연금제도의 마지막 적용대상이었던 도시지역 자영업자를 국민연금대상자로 포함시킴으로써, 이른바 전국민연금시대가 열리게 되었다.

　하지만 국민연금정책은 제도시행 초기부터 정책대상자들로부터 많은 불신을 받음으로써, 정부정책에 대한 합리적인 선택에 따른 정책불응(non-compliance of public policy)으로 나타났다. 즉 제도도입 초기 당시 국민연금제도의 취지가 순수하지 못하다는 비판과 더불어, 1997년 이후 외환위기(IMF사태)를 맞이하면서 많은 국민들이 국민연금제도에 대해 불신과 불응의 행태로 표출되었던 것이다(시민들은 지금 당장의 경제적 어려움으로 하루하루 어렵게 살아가고 있는데, 조세적 의미가 강한 연금보험료를 납부해야 한다는 것은 이해하기 힘들뿐더러, 보험료 부담에 대한 부담과 한계를 느낀다는 것이다).

　이러한 제도도입 당시의 정책불응과 더불어, 국민연금제도가 도입된 지 20여년 만인 2008년 현재, 새로운 위기를 맞고 있다. 즉 정부는 국민연금기금의 재정불안정을 이유로 연금보험료를 현행수준인 9%로 유지하되, 소득대체율(40년 가입기준)을 기존의 60%에서 2008년에는 50%로, 그리고 2009년부터 매년 0.5%씩 단계적으로 인하하여 2028년부터는 40%로 한다는 것이다. 이에 대해 많은 시민들은 '굶길 연금', 혹은 '용돈연금'이 될 것으로 우려한 나머지, "아예 국민연금을 없애 버리자" 혹은 "돈을 억지로 끌어 모아 공단 직원들 배만 불리는 거 아니냐?" 등의 말들이 나오고 있는 실정에 있다. 심지어 정책대상자들은 Anti(反) 국민연금운동을 벌리고 있으며, 국민연금제도의 폐지론까지 주장하고 있다.

이러한 위기와 더불어 국민연금에 대한 또 다른 실망감도 있다. 다름 아닌 정부 및 국민연금공단의 비일관적인 태도이다. 즉 제도도입 초기에는 국민연금제도를 "국가가 보험의 원리를 도입하여 만든 사회보험의 일종으로, 국민의 생활안정과 복지증진을 도모하는 사회보장제도이다"라고 하여, 국민연금에만 가입하면 노후의 소득 및 생활보장이 된다고 주장하였다. 그러나 이제 와서 "노후준비의 시작은 국민연금이다". 하지만, "국민연금은 노후준비의 기본일 뿐이지, 완벽하게 노후보장을 해주지 못한다"라고 하여 그 말을 달리한다. 그리고 "여유 있는 노후를 위해 개인연금의 활용이 필요하다", 혹은 "풍요로운 노후를 위해 다양한 재테크전략도 필요하다"라는 노후설계방법을 제시하고 있다(www.npc.or.kr). 이는 지금까지 국민연금제도의 과대포장에 대한 궁색한 도피이자 일관성 없는 행동이다.

정부는 보통 "어떤 정책이든 정책도입 초기에는 다소의 시행착오가 있을 수 있고, 정책대상자들의 반발도 있을 수 있으며 국민들의 오해도 있을 수 있다"고 하고, 자신들이 결정한 정책에 대해서는 아무런 문제가 없다고들 말한다.

그러나 정책대상자의 입장에서 보면, 비록 합리적으로 결정된 정책이라 하더라도, 정책대상자 자신에게 바람직하지 않거나 자신들에게 불이익이 있으면, 이를 거부하고 불응하며 심지어 정부의 신뢰에 대한 치명적인 손상을 입힌다는 사실을, 정부는 국민연금정책의 사례에서 분명히 인식해야 할 것이다.

본 저서는 "정책대상자들이 국민연금정책에 불응하고 있는가? 만약 불응하고 있다면 어느 정도 하고 있으며, 왜 불응하는가?"라는 연구문제를 해결하기 위한 경험적 연구이다. 그리고 정부로 하여금 보다 현실적이고 합리적인 인식을 바탕으로, 진정 국민(정책대상자)들이 원하는 것이 무엇인지를 정확히 파악하고 정책을 결정함으로써, 정책대상자들이 기꺼이 순응할 수 있는 동기를 가지기 위한 사례연구이다.

이 저서는 "한국학술정보(주)"의 요청으로, 본인의 박사학위논문인 "국민연금정책의 불응요인에 관한 연구"를, 2008년 4월 현재의 시점에서 수정하고 재구성하였음을 밝힌다(특히 2007년 12월 21일 전면 개정된 국민연금법에 의한 제2장 제1절 국민연금제도의 내용 및 현황 부문). 하지만 제2장 제2절의 국민연금의 제도적 특성과 문제점에 대해서는 2001년 본 논문의 작성 당시의 상황 그대로 기술하였다. 왜냐하면 당시의 제도적 특성과 문제점이, 본 연구의 종속변수인 정책불응에 대한 독립변수적 상황이기 때문이다.

이 저서를 출판함에 있어, 본인은 "2006년 한국정책학회에서 수상한 학술상의 영예"를 다시 한번 되새기고자 하며, 미래의 학문적 성취에 대한 분발을 기대한다. 아울러 기꺼이 출판을 요청해 주신 "한국학술정보(주)"의 한세진 팀장님을 비롯한 관계자님들께 감사를 드립니다.

마지막으로 나의 사랑하는 두 딸 지나(知娜)와 정(晶)에게 항상 기쁨을 주고 싶다.

2008년 6월 1일
저자 하상근

【목 차】

제 1 장
서 론

제1절 연구의 배경과 목적

1. 연구의 배경 및 필요성

　자본주의 사회는 원래 개인의 사적 소유와 개인책임의 원칙을 두고 시장경제 원리에 따라 자신의 생활 및 가족의 부양을 자신의 소득에 의하여 영위할 것을 전제로 출발하였다. 그러나 산업혁명 이후의 급속한 산업화, 도시화가 진행되는 과정에서 대량실업과 인플레이션을 경험하게 되면서, 자본주의 경제는 시장경제원리에 의한 자동조정기능을 상실하게 되고 많은 국민들의 빈곤과 소득의 불평등을 초래하게 되었다. 이러한 상황에서 사회적 약자를 위한 국가간섭주의의 표현이 바로 19세기 말 20세기 초의 복지정책으로 나타나면서 국민들의 소득수준을 보장하는 보편적 서비스로서의 각종 사회보험이 19세기 후반부터 입법화되기 시작하였다. 당시 수혜자의 범위와 수혜의 수준은 지극히 제한적이었지만 이들 사회보험 프로그램은 오늘날 복지국가의 가장 중요한 제도적 요소로 정착되고 있는 실정이다.[1]

　한편 우리나라의 경우 지난 한 세대를 거치는 동안 꾸준한 경제개발을 통하여 괄목할 만한 경제성장을 이룩하여 왔다. 그 결과 세계 11위의 경제규모를 가진 나라

---

1) P. Flora & A. J. Heidenheimer(eds.), *The Developments of Welfare States in Europe and America*(New Brunswick and London: Transaction Books, 1981), p. 83.
복지국가는 자본주의 사회에서 시장메커니즘의 작동에서 오는 문제들을 수정하기 위하여 정치와 행정을 통하여 조직화된 권력을 다음과 같은 두 가지 방향에서 의도적으로 사용하는 국가를 말한다.
　① 개인과 가족에게 위기를 초래하는 사회적 위험들(예: 산업재해, 질병, 노령, 실업)에 대응할 수 있도록 전 국민에 대한 보편적 서비스를 제도화한다.
　② 개인의 능력과 재산이 시장에서 가지는 가치와는 무관하게 모든 개인과 가족에게 최저한의 소득을 보장한다. 김태성·성경륭, 복지국가론, 1993, p. 44.

로 성장하였고, 경제협력개발기구(OECD)에도 가입하였다. 하지만 1960년대 이후의 경제성장 위주의 정책을 지향해 온 결과, 경제는 크게 성장을 이루었으나, 급격한 사회변화로 인한 국민들의 각종 사회적 위험 및 사회적 모순이 더욱 늘어나게 되었다. 이는 국민의 복지정책에 대한 정부의 노력이 다른 경제정책에 비해 상대적으로 부족하였으며, 사회적 안전망으로서의 각종 사회보장제도가 미흡한 실정임을 반증하는 것이다. 더구나 의료 및 보건기술의 발전으로 평균수명은 크게 연장되어 국민의 노령기는 점차 연장되면서, 가족 간, 지역사회 간의 긴밀한 관계를 통하여 세대 간 상호부조를 하고 노후생활을 의존하던 1차적 사회공동체가 무너지게 되어 국민의 복지에 대한 욕구 및 수요가 증폭하게 되었다.

이러한 가운데 국민의 삶과 생활을 보장할 새로운 사회보험제도[2]의 도입을 모색하게 되었는데, 이 중에서 일반 국민을 대상으로 한 소득보장 및 노후보장을 위한 가장 기본적이고도 핵심적인 것이 국민연금제도(National Pension System)이다.

우리나라의 국민연금제도는 1973년 '국민복지연금법'으로 입법화되었으나, 당시 1·2차 유류파동과 계속된 정치, 사회적 혼란 등에 의하여 시행이 보류되었다가, 1986년 12월에 '국민연금법'이 입법화됨에 따라 1988년 1월 1일부터 제도를 시행하게 되었다.

10인 이상 사업장의 근로자를 대상으로 1988년에 처음 도입된 국민연금제도는 국민소득수준의 발전과정으로 볼 때 선진국에 비해 상당히 늦은 감이 있었다. 그러나 제도 시행 10년 만에 그 적용범위를 전 국민에게 확대하여 전 국민 연금체제를 완성한 것은 그 확대과정이 어떤 나라보다도 급속하게 진행되었음을 알 수 있다. 즉 제도 도입 후 5년 만인 1992년에는 5인 이상 사업장의 근로자, 8년째가 되던 1995년 7월에는 농어촌지역 주민에게 적용대상이 확대되었고, 1998년 말에는 연금재정의 안정화 및 도시자영자 적용 확대를 골자로 하는 법 개정이 이루어짐에 따라

---

2) 사회보험제도는 일정한 자격과 능력이 있는 모든 국민을 그 대상으로 하여 평상시 소득이 있는 개인에게 부과한 보험료를 그 재원으로 하여, 각종 사회적 사고의 발생 시 필요한 소득 및 서비스를 보장해 주는 제도이다. 소위 4대 보험이라 일컫는 연금보험, 의료보험, 산업재해보상보험, 그리고 고용(실업)보험 등이 있다.

1999년 4월부터는 마지막 미가입계층이었던 도시지역으로 확대적용되어 제도 도입 10여 년 만에 전 국민 연금시대가 시작되었던 것이다. 이러한 국민연금제도의 제도적 정착을 위한 전 국민 적용 확대는 우리나라 인구구조의 급급한 노령화에 비추어 볼 때 적절한 대응이며, 국민에 대한 소득보장 및 노후보장의 차원에서의 당연한 결과로 볼 수 있다.

하지만 국민연금제도의 확대과정을 돌이켜 보면 매우 놀라웠고 혼란스러웠다. 이는 1980년대 중반의 지속적인 경제성장과 물가안정 등의 호의적인 경제적 상황과 정권의 정당성 확보라는 정치적 목적하에 시행됨으로써 출발부터 많은 문제점을 지니고 있었을 뿐만 아니라, 1997년 말부터 시작된 외환위기에 따른 경기후퇴와 유례없는 실업률의 증가에 직면하였던 것이다. 그리하여 국민들은 사회안전망으로서의 연금제도의 확대·적용에 동조하면서도, 경기침체에 따른 새로운 보험료의 부담으로 국민생활의 어려움이 가중된 것이다. 이의 구체적인 내용을 살펴보면, 국민연금제도의 확대·적용은 시기상조라는 논란이 제기되면서, 이미 기존의 기타 공적연금인 군인연금, 공무원연금, 그리고 사립학교교직원연금 등 특수직역연금의 기금이 고갈되었거나 고갈될 우려가 높아 국민연금제도 그 자체를 우려하는 목소리가 높아지게 된 것이다. 그리고 국민복지연금법 및 국민연금법의 제정과정 및 국민연금제도의 성격을 고려해 볼 때 정치적 배경도 매우 혼란스러웠다. 1970년대부터 1986년 국민연금법의 탄생과정에서 주무부서인 보건사회부보다는 경제기획원에서 더 많은 관심을 가지고 관여하였으며, 또한 1980년대의 계속된 외채의 급증으로 1985년에는 외채가 468억 달러에 이르러 세계 외채 3위국으로 더 이상의 외자 도입은 불가능한 상태에서 경제사회발전에 국내 자본동원이 절실한 시기였다. 그리하여 복지국가를 지향하는 정부는 국민연금을 예산권 및 조세권의 일부로 파악함으로써, 국민연금 재정을 국가재정의 일부로 파악할 수도 있었다는 것이다. 따라서 국민들은 국민연금제도에 대해 많은 의구심을 갖게 되었다. 그리고 1999년 국민연금 확대적용에 따른 가입대상자들의 일제신고시 국민연금공단의 신고권장소득이 국민들의 실제소득과는 무관한 형태로 산정됨으로써, 정부정책에 대한 신뢰성 및 정통성의 시비도 발생하게 되었다.

그러나 국민연금제도의 확대·시행은 이미 오래전부터 논의되어 왔었고, 그 어느 때보다도 사회적 안전망의 확충이 시급히 요청되는 시기에 확대시행을 연기할 경우, 노령사회에 대한 대응과 준비를 위한 최소한의 기간을 놓치게 되는 결과를 초래할 우려가 있어서 국민연금제도의 적용 확대를 예정대로 시행하지 않을 수 없었던 것이다.

그리하여 국민연금제도의 확대적용 및 시행과 더불어 많은 국민들이 국민연금제도에 대하여 부정적인 시각 및 갈등을 가지게 되었는데, 이러한 부정적인 시각은 가입대상자의 행태로 나타나게 되었다. 즉 1999년 2월 5일부터 4월 15일까지의 일제신고기간 중 총 신고대상자 1,014만명 가운데 96.3%인 976만 8천 명이 신고를 완료했는데, 신고자 중 적용제외자 93만명을 제외한 실제 적용대상자 883만 8천 명의 45.5%인 402만 5천명이 소득신고를 하였고, 나머지 54.5%인 481만 3천 명이 납부예외로 신고함으로써,[3] 전국민연금제도의 면모를 갖추지 못한 행태로 나타나게 되었다. 더구나 국민연금제도는 일종의 사회보장제도이므로 소득재분배의 원칙을 전제로 하고 있는데, 일제소득신고 당시 자신의 소득을 하향 신고함으로써 소득재분배의 효과가 왜곡되고 있는 실정에 있다.

이상과 같은 국민연금 가입대상자들의 반응행태를 주시해 볼 때, 이러한 갈등 및 부정적인 시각은 정부정책의 집행에 대한 하나의 장애 및 문제점으로 파악되며, 이의 해결을 위해서는 체계적이고도 구체적인 원인분석을 시도해야 할 것이다. 이러한 원인분석은 바람직한 국민연금의 제도적 정착과 국민연금제도의 목적을 달성하기 위해서도 중요한 것이다.

따라서 본 연구에서는 이러한 국민연금 가입대상자들의 부정적인 반응행태를 일종의 정책불응으로 간주하고자 하며, 국민연금제도의 합리적인 운용을 실현하기 위하여 정책대상집단(국민연금 가입대상자)이 국민연금정책에 불응하는 이유를 밝혀내는 연구는 반드시 필요하다고 본다.

---

3) 국민연금관리공단, 국민연금제도 도시지역 확대시행 1년의 평가와 발전방향, 2000, p. 92.

2. 연구의 목적

오늘날 어느 나라에서나 수많은 사회문제를 해결하기 위하여 각종 정책을 형성하고 있다. 그러나 모든 나라에서 계획된 정책이 전부 효과적으로 집행되는 것은 아니다. 정책이 소기의 효과를 가져오려면 순조로운 집행이 실현되어야 하는데, 집행은 정책결정 당시에 예측하지 못했던 여러 상황들 때문에 의도한 효과를 얻지 못하는 경우가 많다. 정책결정시에 예측하지 못하여 정책이 의도한 효과를 얻지 못하는 경우는 여러 가지가 있겠지만, 정책대상집단의 불응4)을 예측하지 못해 그러한 결과가 초래되는 상황이 발생할 수 있다. 그리하여 정책대상집단이 결정된 정책의 방향대로 행동하지 않음으로써 대상집단의 불응이 문제시되고 있는바, 정책의 집행에 있어 대상집단의 불응문제5)는 이미 오래전부터 선진국에서는 학자들의 관심의 대상이 되어왔다.6)

한편 그동안 우리나라는 정책집행에 관한 한 큰 문제가 대두되지 않아서 정책결정은 곧 정책집행7)을 의미하였다. 이와 같은 우리나라 정책집행과정의 단순성은 여

---

4) 정책이나 법규에서 요구하는 행동에 따르지 않는 행위를 말한다. Oran R. Young, *Compliance and Public Authority: A Theory With International*(Baltimore: The Johns Hopkins University Press, 1979), pp. 4－5.

5) 불응(non－compliance)이란 정책이나 규제에서 요구하는 행동에 따르지 않는 행위이다. 반면에 순응이란 특정의 행동규정이나 규칙 등에 일치하는 특정 행위자의 모든 행동을 말한다. Oran R. Young, *Compliance and Public Authority: A Theory with International Applicatons* (Baltimore: The Johns Hopkins University Press, 1979), pp. 4－5.
행동규정이란, 특정한 대상집단의 구성원이 특정한 상황하에서 따를 것을 기대하는 행동을 밝히고 있는 명백한 한정된 기준이며, 명백한 행동규정에 요구되는 행위는 물론 관련된 대상집단의 범위와 특정한 상황이 반드시 포함되어야 한다. 그리고 순응체계(compliance system)는 이러한 행동규정의 집합 혹은 체제를 의미한다. Oran R. Young, 1979, Ibid. pp. 2－3.

6) 대표적인 학자 및 문헌은 다음과 같다. Fred S. Coombs, "The Bases of Noncompliance with a Policy", in John G. Grumm and Stephen L. Wasby(eds), *The Analysis of Policy Impact* (Lexington Books: D. C. Heath, 1981); James D. Sorg, "A Typology of Implementation Behaviors of Street－Level Bureaucrats", *Policy Studies Review*, Vol. 2, No. 3, February, 1983.

러 가지로 설명할 수 있겠으나, 그 근본적인 이유는 그동안 권위주의적 정치체제에서 우리의 정책집행이 정치적 역동성을 결여한 데 있다고 할 수 있다. 즉 그동안 정책집행이 집권자의 권력을 앞세운 정부 관료제에 의하여 독점되어 여타 정치, 사회적 노력들은 집행에 영향력을 행사할 수 없었기 때문에 정치적 차원에서만큼은 집행에 대한 문제가 발생될 소지가 적었다고 하겠다.[8]

그러나 우리나라는 1980년대 후반 이래 전개되고 있는 민주화와 함께 시민의식이 성장된 이 시점에서 과거와 같이 단순한 정책집행은 나타나지 않고 있다. 일반국민들 특히 정책대상집단(policy target groups)은 미충족된 욕구와 불만을 제기함으로써, 잘 계획된 정책이 의도했던 목표를 달성하지 못하는 경우가 있다는 것이다. 예를 들면 1977년부터 실시되어온 부가가치세 제도,[9] 1978년 및 1983년의 부동산 투기억제정책[10], 1990년대의 토지공개념정책 및 금융실명제,[11] 그리고 최근 문제시되고 있는 의약분업정책 등은 정책대상집단의 불만으로 정책집행상의 부실한 실적(under-performance), 지연(delay), 비용의 증대(escalating costs), 정책목표의 왜곡(deflection of goals) 등으로 집행문제(implementation problem)[12]에 따른 정책불응[13]을 야기하고 있다.

---

7) 본 연구에서 사용된 정책집행의 개념적 정의는 집행문헌에서 제시된 설명을 반영한다. 예를 들어 Van Meter & Van Horn(1975)처럼 Pressman & Wildavsky는 정책집행을 정책결정 이후 일련의 목표달성에 따라 관리되는 공적·사적 개인 혹은 집단에 의한 활동(action)으로 정의한다. Sabatier & Mazmanian(1983)은 비록 정책결정이 행정부나 법원의 결정으로부터도 생성된다고 할지라도, 기본적인 정책결정은 보통 법령으로 구체화된다고 시사한다 (Jimmy Devon Sanders, *Noncompliance in policy implementation: A case study*, D. P. A. Dissertation, University of Southern California, 1989, pp. 1-4.

8) 박천오, "민주사회에 있어서 정책집행자로서 한국정부관료제: 과제와 전망", 한국정치학회 연례학술발표대회 발표논문, 1992, p. 2.

9) 1977년 7월 1일부터 실시되고 있는 부가가치세제는 그 후 폐지, 세율인하 등의 논쟁을 거쳐 실시되고 있으나, 많은 문제와 반대현상을 보이고 있다. 서울대 행정대학원부설 행정조사연구소, 한국의 정책사례집, 법문사, 1989, pp. 178-227.

10) 8. 8 조치 및 4. 18 조치로 통칭되는 부동산 투기억제정책은 아직까지도 투기와 정책결정이 반복되고 있다. 행정조사연구소, 상게서, pp. 11-44.

11) 강인재·권해수 외 공저, 행정사례문제, 대영문화사, 1998, pp. 118-122.

12) Eugene Bardach, *The Implementation Game*(Cambridge, Mass: The MIT Press), 1977, p. 5.

13) Sabatier와 Mazmanian는 Can Regulation Work?(New York: Plenum Press, 1983)에서 공공

이상과 같이 정책대상집단의 불응 여부는 특정 정책의 성공 여부를 좌우할 수 있는 것으로 판단해 볼 수 있는데, 본 연구의 연구대상인 국민연금정책의 경우도 마찬가지이다. 즉 1988년 1월 1일부터 10인 이상 사업장 근로자를 대상으로 한 최초의 국민연금정책의 실시 이후, 1999년 4월 1일의 도시지역 자영업자 등의 확대실시로 전 국민 연금시대가 도래하였지만, 정책대상집단인 국민연금 가입대상자들은 국민연금정책에 자발적으로 순응하지 않는다는 것이다. 국민연금정책에 순응하지 않고 불응한다는 의미는, 국민연금의 당연적용대상자가 소득신고를 하지 않음으로써 국민연금에 가입하지 않거나, 가입하더라도 자신의 소득을 하향하여 신고하거나, 그리고 비합법적인 방법으로 납부예외대상자로 분류되는 등이다. 정책대상집단의 이러한 불응행태는 국민연금정책의 본래의 목적(소득중단 혹은 소득상실을 대비한 사회보장제도)을 퇴보시키게 되는 것이다.

따라서 본 연구에서는 이상과 같은 국민연금정책에 대한 정책대상집단의 불응으로 인해, 정책목표와 정책결과(policy results) 사이에 상당한 차이가 생성된다는 일반적인 명제에 기초하여 다음과 같은 연구문제를 도출하고자 한다.

즉 연구문제는 '국민연금제도의 가입대상자(정책대상집단)들은 노후보장 및 소득보장의 확보를 위해 정부가 설계한 국민연금정책에 대하여 왜 불응하는 것이며 불응의 요인은 무엇인가?'이다.

이러한 연구문제를 명확하게 규명하기 위하여 본 연구는 1986년 12월 31일 제정된 국민연금법에 의해 집행되고 있는 국민연금의 제도적 요인과, 국민연금제도의 실시에 따른 정책대상집단의 불응에 초점을 두어 구체적으로 분석함으로써, 불응요인에 대한 객관적인 사실을 밝혀내는 데 연구의 목적을 두었다.

정책의 효과적인 집행을 위한 광범위한 기준을 개발하였다. 즉 효과적 집행을 위한 Sabatier 와 Mazmanian의 기준은 정책대상집단이 잘 알려진 정책집행에 왜 순응하지 않는지, 그리고 어떻게 순응하지 않는지에 대한 연구의 필요성을 자극하는 최초의 연구가 되고 있다. 그리고 본 연구에서는 국민연금정책이 Sabatier와 Mazmanian의 연구기준에 비추어 성공적이지 못한 이유를 추측할 수 있게 한다. 이에 대한 대답은 간단하다. 즉, 정책대상집단은 국민연금정책이 성공적으로 집행됨을 원하지 않을 수도 있다는 것이다. Jimmy Devon Sanders, 1989, op. cit., pp. 1-4.

아울러 본 연구는 이러한 정책대상집단(국민연금 가입대상자)의 행태에 기초한 국민연금정책의 불응에 대해 초점을 둠으로써, 정책목표와 정책결과의 차이에 대한 부가적인 산물을 제공하게 될 것이다.

제 2 절 연구의 대상 및 범위

본 연구는 국민연금정책이 성공적으로 집행되기 위해서는 정책대상집단(국민연금 가입대상자)이 불응하는 원인이 무엇인가에 대한 문제의식으로부터 출발한다. 즉 본 연구는 잘 알려진 집행요건에 대해 정책대상집단이 왜 순응하지 않는지에 대한 본 연구의 연구문제를 해결하기 위한 의도적인 과정인 것이다.

물론 정책집행상의 불응의 주체는 정책대상집단을 비롯하여 정책집행자, 중간매개 집단, 이익집단 등 다양하지만, 본 연구에서는 정책대상집단의 불응으로 그 범위를 한정하였다. 이는 아무리 훌륭한 정책이라 하더라도 결국에는 정책대상집단의 이해 와 협조 없이는 성공적인 정책집행이 불가능하기 때문이다. 본 연구에서 다루고자 하 는 국민연금정책의 경우도 예외가 아니며, 정책대상집단의 불응 여부가 소득중단 및 소득상실에 대비한 사회보장정책의 성공을 좌우할 수 있는 중요한 변수이기 때문이다.

따라서 본 연구는 1988년 1월 1일부터 10인 이상 사업장 근로자를 대상으로 한 최초의 국민연금정책14)의 실시 이후, 1999년 4월 1일의 도시지역 자영업자 등의 확 대실시로 인한 전국민연금시대에 나타난 정책대상집단의 불응에 관한 연구로서 그 연구대상은 당연히 국민연금 가입대상자15)이다. 그러나 본 연구의 구체적 연구대상

---

14) 국민연금제도란, 노령, 장애, 사망 등으로 소득활동을 못 하게 될 때 본인이나 그 유족에 게 연금을 지급하여 안정된 생활을 유지할 수 있도록 국가에서 시행하는 장기적인 노후 소득보장제도임. 보건복지부, 1999 보건복지백서, 2000.

15) 현재 국민연금 가입대상자는 특수직역 공적 연금의 적용을 받는 '공무원연금법', '군인연 금법' 및 '사립학교교직원연금법'을 적용받는 공무원, 군인 및 사립학교교직원 그 밖에 대통령령이 정하는 자를 제외한, 국내에 거주하는 18세 이상 60세 미만의 국민(국민연금 법의 적용을 받는 사업장에 사용되고 있는 외국인과 국내에 거주하는 외국인으로서 대 통령령으로 정하는 자 외의 외국인도 포함)으로서, 당연적용가입자인 사업장가입자 및 지역가입자와 임의적용가입자인 임의가입자 및 임의계속가입자로 구분하고 있다.
하지만, 본 연구가 수행할 당시(2001년 12월)의 국민연금 가입대상자는 크게 당연적용가 입자와 임의적용가입자로 나누고, 당연적용가입자는 지역가입자와 사업장가입자로 구분 하되, 5인 미만의 사업장 근로자는 현재의 사업장가입자가 아닌 지역가입자로 분류되었

은 만 18세 이상 60세 미만의 대한민국 국민으로서 국민연금의 당연적용 가입대상자 중, 현재 국민연금의 가입 여부와는 상관없이 지역가입대상자로 한정하고자 한다. 본 연구의 연구대상을 지역가입대상자로 한정한 것은, 국민연금의 당연적용 가입대상자 중 사업장가입자는 사업장 근로자의 의지와는 관계없이 당연히 그 사업주가 국민연금에 가입함으로 인해, 국민연금보험료가 급료에 의해 원천적으로 징수되기 때문에 불응의 의미가 없기 때문이다. 따라서 본 연구의 연구대상은 지역가입대상자로서, 구체적으로는 시·군지역의 자영업자, 농어민, 그리고 5인 미만 사업장 근로자[16)가 될 것이다.

그리고 본 연구의 정확성을 위해서 국민연금 가입대상자 전체를 대상으로 한 모집단을 통한 전수조사를 해야 할 것이나, 본 연구에서는 지역적 범위를 부산 및 경남지역에 한정하고자 한다.

다. 따라서 지역가입자는 郡지역의 자영업자와 농어민, 市지역의 자영업자와 5인 미만 사업장 근로자로 구분되었다.

16) 1인 이상 5인 미만의 사업장 근로자의 경우, 본 연구를 수행할 당시(2001년 12월)에는 지역가입대상자에 포함되었으나, 2003년 7월 1일 이후 현재 사업장가입대상자에 포함되었다(국민연금법 시행령 제19조 제1항).

제 3 절 연구의 방법

본 연구의 방법은 이론적 연구와 경험적 연구를 병행하였다. 이론적 연구는 국내외 문헌조사와 선행 사례연구의 검토를 통해 기술적, 분석적 그리고 인과적인 접근방법을 적용했다. 그리고 경험적 연구는 국민연금 가입대상자 중 지역가입대상자에 대한 서베이조사 등을 포함하는 행위자 개인의 행태를 분석하였다. 자료의 수집은 2차 자료로서 각종 정부간행물 및 기록문서(보건복지가족부 및 국민연금공단[17]) 등의 통계자료와, 1차 자료로서 설문조사를 통한 분석자료 등을 포함하고 있다.

본 연구의 구성을 살펴보면, 제2장 이론적 논의 부문에서 국민연금제도의 의의 및 현황을 파악하면서, 제도 자체가 가지는 제도적 특성 및 문제점을 논의하였다. 제3장에서는 조사설계 부문을 구체적으로 다루었고, 그리고 제4장 실증적 연구부문에서는 제2장의 제도에 대한 연구를 토대로 정책대상자(국민연금 가입대상자)들의 행태를 실증 분석하였는데, 이는 관련문헌의 맥락에서 정책집행 분야의 불응의 쟁점을 고려하면서, 정책대상집단인 국민연금 가입대상자의 불응에 대한 원인을 분석하였다. 마지막으로 제5장의 결론 부문에서는 본 연구의 요약과 연구결과의 시사점 및 한계를 정리하였다.

경험적 연구를 위한 자료수집의 시기는 2001년 11월 말부터 12월 말까지 실시하였다. 표본추출지역은 부산 및 경상남도를 도시규모를 기준(대도시, 중소도시, 그리고 郡지역)으로 층화무작위 표본추출(stratified random sampling method)을 한 결과 부산광역시(진구 및 동구), 진주시, 함양군(거창군)이 선정되었다. 그리고 분석대상은 각 지역에 소재하는 초·중·고·대학교 중에서 각 지역을 대표할 수 있는 대표적인 사례(impressive modal instance model)를 선정하여 각 학교의 학부모를 대상으로

---

17) 최근 국민연금법 개정(2007년 7월 23일)에서 기존의 국민연금관리공단을 국민연금공단으로 개칭하였다.

하였다(이유는 연구대상자의 고른 연령분포를 얻어 대표성을 확보하기 위함이다). 이렇게 추출된 표본대상에 대해 총 650매의 설문지를 배포한 결과, 회수된 설문지는 479매였으며, 이 가운데 최종적인 분석의 대상이 된 설문지는 447매이다.

자료의 분석을 위해서 독립변수 중에서 정책요인(정책의 소망성, 정책의 명확성, 정책의 일관성, 그리고 정책의 실효성), 정책대상집단요인(인구사회경제적 요인, 심리요인, 준거요인, 그리고 능력요인), 그리고 정책담당기관요인(신뢰성, 정통성)은 리커트 5점 척도(Likert Scale)로, 정책대상집단요인 중 인구사회경제학적 요인은 명목 척도로, 그리고 종속변수인 불응행태(국민연금 미가입, 소득하향신고, 비합법적인 방법에 의한 납부 예외, 보험료 체납) 역시 명목척도로 구성하여 이분법적인 가변수(dummy variables)를 구성하여 이용하였다.

이러한 1차 자료를 토대로 SPSS 통계 프로그램을 사용하여 빈도분석(Frequency Analysis), 요인분석(Factor Analysis), 신뢰도분석(Reliability Analysis), 로지스틱 회귀분석(Logistic Regression Analysis), 그리고 판별분석(Discriminant Analysis)을 실시하였다. 그 밖에 보다 구체적인 연구의 대상 및 방법의 기술은 제3장 조사설계 부문에서 논의할 것이다.

┃제 2 장┃
국민연금제도에 대한 이론적 논의[1]

---

1) 본 연구자는 현재 실시되고 있는 국민연금제도의 내용 및 현황을 알고자 국민연금통계연보
와 기타 보건복지가족부 및 국민연금공단의 홈페이지를 살펴보았다. 그러나 필요한 자료의
부재로 인해 국민연금공단에 정보공개청구를 하였으나, 공공기관의 정보공개에 관한 법률
제7조 제7항에 의거 비공개 정보대상이라 하여 정보공개를 회피하였다(2001년 기준). 이러한
점은 국민연금공단의 각종 사업에 대한 내용을 더욱 불투명하게 하는 처사이며, 정보공개제
도의 존재의의를 상실하게 한다. 따라서 본 절에서의 내용 및 현황은 기존문헌을 중심으로
고찰하였다.

제1절 국민연금제도의 의의

1. 국민연금제도의 개요

1) 연금제도의 개념

연금제도는 퇴직 후 사망 시까지 동안의 경제생활을 위하여 매년 또는 매월 일정 금액을 지급하는 제도이다.[2] 연금제도는 그 주체에 따라 공적 연금과 사적 연금으로 분류되는데, 이 중 공적 연금은 사회보험의 영역에 속하는 사회보장제도로서 현대사회에서 노후의 경제적 안정을 위한 제도 중 가장 중요한 역할을 하고 있다. 공적 연금은 사회보장체계 가운데 하나의 지주를 이루고 있는 소득보장에 속하고, 그 가운데서도 장기소득보장을 부여하는 사회보험의 일종이다.[3]

공적 연금제도에 의한 소득보장의 수준을 어느 정도로 할 것인가는 매우 중요한 문제이다. 이러한 수준결정과 관련하여 두 가지 구분이 있다. 그것은 능력주의와 평등주의 2가지인데 첫째, 능력주의로서 개인적 형평성으로서 개인이 기여한 바에 따라 그에 해당하는 몫을 찾아가도록 하자는 것이다. 그래서 흔히 급여를 결정할 때에 소득수준이나 기여금에 비례해서 산출하자는 것이다.

둘째, 평등주의로서 사회적 적절성으로서 노령자들에게 최저생활급이나 혹은 최저보호선을 보장해 주어, 사회적으로 적절한 선은 되도록 하자는 것이다. 따라서 급여수준은 과거의 소득을 불문하고 균일한 수준이 되어야 한다는 것이다. '공적 연금에 의한 보장에 있어 능력주의로 할 것이냐 평등주의로 할 것이냐?' 하는 문제는,

---

2) 김성재, "연금의 이해", 한국경제신문사, 1988, p. 23.
3) 신수식, "사회보장론", 박영사, 1986, p. 266.

그 국가의 이념과 경제체제 등과도 관련되는 문제이므로 국가에 따라서 매우 다양하게 나타나고 있다. 그러나 최근의 경향은 대체로 양자를 조화시키는 방향으로 나아가고 있다. 능력주의이든 평등주의이든 공적 연금은 원칙적으로 국민의 최저생활을 보장하는 제도이기 때문에 그 보장수준은 최저생활은 충족시켜야 한다. 어느 정도가 최저생활을 보장하는 수준인가는 일률적으로 말할 수는 없고 국가와 시대에 따라 차이가 있다고 하겠다.

2) 연금제도의 원칙

공적 연금제도가 갖추어야 할 원칙으로는 대체로 다음과 같은 몇 가지를 들고 있다.[4]

첫째, 가입대상 선정은 강제적이어야 한다. 왜냐하면 이 방법만이 경제적으로 보호를 요하는 사람이 발생하지 않도록 하는 확실한 방법이기 때문이다. 대부분의 사람들은 장래의 경제적 불안에 대하여 미리 대비를 하려고 하지 않는 것이 보통이므로 이를 강제하지 않으면 안 된다.

둘째, 급여는 과거의 소득과 기여액에 근거해야 한다. 사회적 사고를 당했을 때에 경제적 안정이라는 것은 누구에게나 똑같은 수준의 최소한의 의·식·주만을 보장하는 문제만은 아니며 그가 과거에 누리던 생활의 수준과 관련하여 적절한 수준이 되어야 한다. 과거의 소득과 기여액에 근거한다고 반드시 엄격하게 비례적일 필요는 없다.

셋째, 저소득층과 부양가족이 있는 근로자 가족에게는 특별한 배려를 해야 한다.

이들에 대한 급여액 결정에 있어 고소득자나 독신자와 같이 과거소득에 비례적으로 할 경우 이들은 최저생계유지도 할 수 없게 된다. 따라서 이들에게는 고소득자나 독신자보다는 유리하게 하여 실질적으로 생계유지가 가능토록 하여야 하며, 이렇게 함으로써 고소득자로부터 저소득자에게 또는 부양가족이 적은 가구로부터 많

---

4) 남세진, 한국사회복지의 선택: 쟁점과 대안, 나남출판, 1995, p. 68.

은 가구에게로 소득재분배의 효과도 거둘 수 있다.

넷째, 연금제도의 수혜자의 권리는 명백히 규정되어 있어야 하며 이의가 있을 때에는 법원을 통하여 청구할 수 있도록 되어야 한다.

3) 국민연금법의 제정과정 및 국민연금제도의 연혁[5]

(1) 국민연금법의 제정과정

1973년 국민복지연금법이 제정된 과정을 사실적으로 살펴보면, 1967년 총선거 지원유세 중 대통령의 양로연금에 대한 연구지시가 있었고 보건사회부는 국민연금제도 연구의 일환으로 1968년에 공제조합 실태와 양로보험에 관한 조사를 하였다. 사회보장심의위원회는 사회개발 장기전망(1969)에서 1971년부터 우리나라 최초의 노령연금제도로서 양로보험을 착수할 계획을 발표했고, 또 보건사회부는 사회개발 2집(1970)에서 당시 양로보험을 도입하기 위한 제반작업이 관련기관에 의해 추진 중임을 밝혔다.[6]

1972년 10월과 11월에 보건사회부와 한국개발연구원(KDI)은 각각 공적 연금제도와 사회보장연금제도에 대한 계획을 발표하였다.

보건사회부는 공적 연금제도 도입을 위한 장기계획을 수립하고 1973년 신연도 대통령 연두순시에서 보고하였다. 한국개발연구원에서도 1972년 연구과제의 하나로 국민복지연금제도를 구상하였고 11월 사회보장연금제도로 2년 이내에 1천억 원의 내자동원이 가능하다는 연구결과를 대통령에게 보고하였고 1973년 경제기획원에 이를 새로운 정부시책의 하나로 건의하였다.[7]

1973년 1월 12일에 대통령은 연두기자회견에서 정부가 1974년부터 연금제도를

---

5) 국민연금관리공단, 1998년 국민연금통계연보 제11호, 1999, 서문.
6) 오근식, "한국국민연금제도의 발전방향에 관한 연구", 중앙대학교 대학원 박사학위논문, 1993, p. 45.
7) 김경미, "국민연금제도의 도입시행에 관한 연구", 이화여자대학교 대학원 석사학위논문, 1989, p. 49.

실시할 것임을 발표하였고, 경제기획원, 보건사회부, 한국개발연구원(KDI)이 합동하여 작업하도록 지시하였다.

이리하여 연금제도 도입을 위한 실무위원회가 구성되었는데 그 구성원은 경제기획원, 보건사회부, 재무부, 총무처, 노동청의 관계 국장과 한국개발연구원의 연구위원으로 구성되었다. 이 실무위원회에 보건사회부와 KDI에서 각각 1973년 2월, 3월에 연금제도 시안을 제출하였다.[8)]

두 시안을 가지고 1973년 5월 18일 경제장관회의에 상정하였으며 최종안이 결정되지 못하고 관계공무원더러 일본과 동남아 지역을 시찰케 한 후 최종안을 결정키로 했다.[9)]

1973년 6월 일본, 동아남아 지역에 2개 연구반이 파견되었고 아울러 학계, 언론계 노사단체의 의견을 듣는 청문회를 개최하고 1973년 7월에는 공화당, 유정회의 합동 정책위원회에 보고하였다. 그리고 1973년 9월 20일 경제기획원 장관은 경제장관회의에서 확정된 단일안을 가지고 이를 발표하였다. 이에 언론 및 노사단체가 비판하고 나서자 1973년 9월 28일 국민복지연금제도 홍보대책위원회를 만들어 홍보활동을 하였다.[10)] 1973년 10월 30일 국무총리 행정조정실 주재하에 경제기획원, 보건사회부, 제2무임소장관, 한국개발연구원이 합동으로 여론을 일부 반영한 법안을 대통령에게 보고하였고 국무회의의 의결을 거쳐 이를 국민복지연금법안과 국민복지연금특별회계법안으로 국회에 제출하였다. 이 법안이 그해 12월 1일 국회 본회의에서 통과되었다.

그러나 1974년부터 시행예정인 국민복지연금법은 당시의 세계적인 석유파동과 국제경기 불황 등 사회·경제적 상황이 악화되자 1974년 1월 14일 '국민생활안정에 관한 대통령 긴급조치 제3호'로 그간 시행이 1년간 보류되었으며, 불황국면이 장기화되자 1974년 12월 31일 다시 1년간 연기되었고 이듬해 12월 31일에는 그 실시가

---

8) 전만복, "우리나라 소득보장제도에 관한 연구", 서울대학교 대학원 석사학위논문, 1987, pp. 32-33.
9) 전남진, 사회정책학강론, 서울대학교출판사, 1992, p. 435.
10) 유상하, "국민연금제도의 형성에 관한 연구", 서울대학교 대학원 석사학위논문, 1993, p. 39.

무기한 연기되었다. 1974년 1월 4부터 시행하려다가 무기한 연기된 국민복지연금제도는 1980년대 들어와 제5공화국의 정책목표 중의 하나로서 재등장하게 된다. 1980년에 등장한 제5공화국은 '복지국가와 복지사회건설'을 국정목표로 설정하고 제5차 경제사회발전 5개년 계획기간 동안에 국민복지연금제도를 실시하고자 하였다.[11]

한편 경제기획원은 연금제도의 실시시기를 나름대로 검토해 오던 중 1980년부터 이를 실시할 계획 아래 1979년 대통령 연두순시 때 보고하였으며, 1979년 초에 1980년에 실시 가능성을 보건사회부에 문의하였다. 이에 대하여 보건사회부는 1981년 하반기부터 실시하는 것이 바람직하다는 회신을 하였다.[12]

그러나 1970년대 말부터 계속되어 온 제2차 석유파동으로 인한 경제적 곤란과 당시의 신군부 세력의 등장과 더불어 계속된 정치사회적 불안 등으로 인하여 국내여건은 연금제도의 실시에 맞지 않는 것으로 나타났다. 따라서 정부는 1983년 제5차 경제사회발전계획을 수정하면서 연금제도의 '조속한 실시'에서 '실시준비완료'로 계획을 일보 후퇴하였다.[13]

1984년 9월에 보건사회부는 '국민복지연금 실시준비위원회'를 구성하였으며 한국개발연구원에 연금제도 연구를 의뢰하였다. 한국개발연구원이 1986년 6월에 연금제도에 대한 초안을 마련한 가운데 정부와 학계, 언론계, 노사단체가 참석한 가운데 학술발표회를 가졌다. 동시에 1986년 6월 국민연금실시준비를 위한 관계 장관회의를 개최하여 여기서 현행 국민연금제도의 주요 골격이 형성되었다.[14]

그리고 1986년 8월에 대통령 하계기자회견을 통하여 1988년에 농어촌 의료보험의 확대, 최저임금제 실시와 함께 국민연금제도를 실시하겠다는 소위 '3대 복지정책'을 발표하였다.[15] 1986년 9월에 당정협의를 거쳐 보건사회부는 10월에 국민연금법을 국회에 제출하였다. 그해 12월 17일 이 법은 본회의에서 통과되었고 12월 31일 공포되었다. 이듬해에 시행령과 부령을 공포하고 1987년 9월 17일 국민연금관리공단

---

11) 유상하, 상게서, p. 43.
12) 전만복, 전게서, pp. 36-37.
13) 경제기획원, 제5차 경제사회발전 5개년 수정계획, 1984-1986, p. 80.
14) 유상하, 전게서, p. 45.
15) 동아일보, 대통령하계기자회견요지, 1986. 8. 11. p. 3.

을 설립하여 국민연금제도에 대한 시행준비를 하여 1988년 1월 1일부터 10인 이상의 근로자를 사용하는 사업장부터 우선 적용되었다.

(2) 국민연금제도의 변천

국민연금제도는 노령, 장애, 사망 등으로 소득활동을 못 하게 될 때, 본인이나 그 유족에게 연금을 지급하여 안정된 생활을 유지할 수 있도록 국가에서 시행하는 장기적인 노후소득보장제도이다. 이러한 국민연금제도는 특수직역연금인 공무원연금, 군인연금, 그리고 사립학교교직원연금과 함께 우리나라의 공적 연금제도의 주축을 이루고 있다.

우리나라의 공적 연금제도는 1960년에 공무원을 대상으로 하는 연금제도가 실시된 이후, 1963년에 군인연금, 1975년에 사립학교교직원을 대상으로 하는 연금제도가 실시되었으나 이는 특수직역을 대상으로 한 것이었다. 전 국민을 대상으로 하는 국민연금제도는 1973년 '국민복지연금법'이 제정되어 그 기초가 마련되었으나, 내외 경제여건의 불안정으로 그 실시가 연기되었다.

그 후 경제성장과 지속적인 물가안정에 따라 1986년 동법을 전면 수정한 '국민연금법'이 제정되었으며, 이를 근거로 국민연금관리공단이 설립되어 1988년 1월 1일부터 국민 연금제도가 시행되었다. 그 연혁은 다음의 <표 2-1>과 같다.

<표 2-1> 국민연금제도의 변천

▶	1973. 12. 24	국민연금복지법 공포(석유파동으로 시행 연기)
▶	1986. 12. 31	국민연금법 공포【법률 제3902호】(구법 폐지)
▶	1987. 8. 14	국민연금법 시행령 제정
▶	1987. 9. 18	국민연금관리공단 설립
▶	1987. 10. 14	국민연금법 시행규칙 제정
▶	1988. 1. 1	국민연금제도 실시(상시근로자 10인 이상 사업장)
▶	1992. 1. 1	사업장 적용범위 확대(상시근로자 5~9인 사업장)
▶	1993. 1. 1	연금보험료율 6%로 인상, 특례노령연금 지급개시
▶	1995. 7. 1	농어촌지역 연금 확대적용
▶	1998. 1. 1	연금보험료율 9%로 인상
▶	1999. 4. 1	도시지역 연금확대적용(전 국민 연금 실현)
▶	2003. 7. 1	당연적용 사업장 확대적용 −5인 미만 사업장 중 법인·전문직종 사업장 −5인 이상 사업장의 비정규직 근로자
▶	2004. 4. 1	도시지역 특례노령연금 지급 개시
▶	2004. 7. 1	당연적용 사업장 확대적용(5인 미만 국민건강보험·고용보험가입 사업장)
▶	2006. 1. 1	당연적용 사업장 확대적용(기타 5인 이상 사업장) → (2006년부터 모든 사업장 적용)

* 자료: 국민연금공단(www.nps.or.kr), 국민연금통계연보(1988~2006)

한편 정부는 1999년 4월 도시지역 자영자 등 국민연금 확대적용에 앞서 효과적으로 수행하기 위하여, 그동안 도시지역 확대실무 추진반에서 논의되었던 국민연금 도시지역 확대적용범위 및 대상, 농어민 및 자영자에 대한 보험료 부과방법, 적용 보험료율, 공적 연금의 가입자 간 가입기간 연계방안 등 실무적인 차원의 과제와, 학계, 연구기관 및 시민단체 등에서 제기한 국민연금 재정의 장기적 안정화 문제, 가입자 간 보험료 부담의 형평성 제고 문제 등을 사회보장심의위원회에 상정하여 논의하는 것이 바람직하다고 판단하고 안건 심의를 제기하였다. 이에 따라 사회보장심의위원회는 상기의 현안 정책과제와 주요 제도개선과제를 검토하기 위하여 동 위원회 산하에 '국민연금제도 개선기획단'을 설치할 것을 1997년 6월에 심의·의결하였다.

사회보장심의위원회 결의에 따라 '국민연금제도 개선기획단'이 1997년 6월에 발족되었는데, 동 기획단은 국민연금 제도개선과제를 연구 검토하고 국민연금제도 개선 내용을 종합·정리하여 국민연금제도 개선 모형을 확정하여 사회보장심의위원회에 보고하였는데 그 개선방안은 기존제도의 근본 틀을 바꾸자는 것이었다.

그러나 국민연금제도 개선 기획단의 건의(안)는 현행 제도를 급격하게 개편해야 하는 관계로 그 충격으로 인한 국민들의 반발이 예상되고 현행 제도상에 나타난 자영자 소득파악문제 등을 해소할 수 없을 뿐만 아니라, 국민연금제도의 기본정신인 소득재분배 기능이 상당부분 위축되기 때문에 정부는 채택이 곤란하다는 입장을 표명하였다. 즉 기획단에서 제시한 대안은 다음과 같은 사유로 인해 전면적인 채택이 유보되고 부분적으로 채택되었다.

국민연금제도 개선 기획단의 개선안에 대한 정부의 입장이 정리되면서 정부는 그동안 '도시지역 확대실무 추진반'에서 연구·검토되어 온 개선안을 도시지역 확대 모형으로 설정하였다. 이 확대 모형은 현행 제도의 기본 틀을 유지하면서 가입자 간 형평성 문제 및 연금재정의 장기적 안정화 문제 등을 해소하는 데 초점이 맞추어져 있었다.

따라서 이 개선 모형은 소득재분배 기능의 왜곡을 완화시키기 위하여 균등 부분과 소득비례 부분의 비중 조정(1 : 0.75 → 1 : 1), 급여수준의 조정(70% → 55%), 보험료율의 단계적 조정, 보험료 부과체계로서 신고권장소득체계(신고주의＋직권부과주의 혼합형)의 도입 등을 주요 골자로 하고 있다. 정부는 이러한 확대 모형을 바탕으로 1998년 7월부터 도시지역에 확대적용하고자 법률개정안을 1998년 초 임시국회에 상정하였다. 그런데 1997년 말 외환위기가 발생하면서 국가경제가 중대한 위기에 처하게 되는 긴급상황이 발생하였다는 이유로 확대시점에 대한 논란이 제기되고 논란 끝에 외환위기에 따른 사회혼란을 감안하여 충분한 준비기간이 필요하다는 이유로 확대시기를 1998년 7월에서 1999년 4월로 연기하게 되었다.

그리고 1998년 국회 논의과정에서 정부의 개정안이 일부 조정(급여수준 55% → 60%로의 조정, 퇴직금전환금의 폐지 등) 과정을 거친 후 개정 법률안은 비로소 1998년 말 정기국회에서 통과되었다.

국민연금법 개정안이 1998년 12월 17일 국회에서 의결되고 동년 12월 31일 법률 제5623호로 공포되어, 1999년 4월 1일부터 도시지역 주민에 대하여 국민연금제도를 확대 시행하게 되었다. 개정 법률의 주요 골자는 1999년 4월부터 도시지역 거주자까지 연금을 확대하되 최소가입기간의 단축, 급여수준의 조정, 연금재정의 장기적 안정화, 기금운용의 투명성과 민주성 제고, 이혼 시 연금분할권의 도입 등에 관한 사항이었다.

이상과 같은 도시지역 확대가입의 경위에 따라 1999년 4월에 도시자영자까지 국민연금의 적용대상에 포함되어 전 국민 연금시대가 도래하게 되었다. 국민연금이 도입된 지 11년 만에 전 국민으로 확대된 것이다.

공적 연금의 적용방식은 우리나라 국민연금제도처럼 행정적으로 접근이 용이한 계층부터 적용하여, 점차적으로 확대하는 방법만이 있는 것은 아니다. 오히려 제도 도입 초기부터 전 국민을 동시에 적용하는 방법을 취하는 경우도 있다. 다만 이러한 방식의 차이는 각 국가의 사회적 여건 등을 고려한 형평성과 접근성에 대한 가치판단과 효율성을 고려한 선택이라 할 수 있다.

우리나라의 경우 제도 도입과 더불어 모든 국민에게 동시에 연금을 적용할 경우, 관리운영상의 애로가 야기될 수 있으므로 단계적으로 확대해 나가게 되었다. 1988년에 국민연금제도가 도입된 이후로 1995년에는 농어민 및 농어촌지역 자영자에게 적용되었으며, 1999년 4월부터는 의사·변호사·상인 등 18세 이상 60세 미만의 도시자영자에게까지 적용이 확대되었는데, 도시자영자의 연금적용문제는 국민연금의 전 국민 확대실시에 대한 마지막 단계라고 할 수 있다. 이전에도 도시자영자의 국민연금제도 임의가입이 허용되고 있기 때문에, 4월부터 시행되는 도시자영자의 확대적용은 결국 임의가입을 의무가입으로 전환하여, 전 국민이 미래를 대비하게 하는 법적 근거를 강화하는 결과를 가져왔다.

국민연금제도가 전 국민의 노후보장을 책임져야 한다는 측면에서, 도시자영업자를 마지막으로 모든 경제활동을 하는 계층에 적용하도록 하는 것은 당연하고 자연스러운 결과이며, 더구나 의료보험이나 고용보험에 비해 오히려 뒤늦은 제도 발전으로 평가할 수도 있다.[16]

4) 국민연금제도의 기능 및 성격

(1) 국민연금의 기능

국민연금제도는 기능적 측면에서 보면 국민의 기본생활보장을 위한 적절성, 연금 기여의 공평성, 계층 간 또는 세대 간 소득재분배를 통한 평등성, 경기의 자동적 안정기능 등이 대표적인 특성이 될 수 있을 것이다.

첫째, 적절성이란 최저생활수준 즉 의·식·주 및 의료를 포함한 기본적인 욕구를 충족시킬 수 있는 정도를 적절히 보장해 주는 데 그 목적을 두고 있다고 할 수 있다.

둘째, 공평성이란 연금기여에 비례하여 급여를 받는다는 것을 의미한다. 즉 많이 기여한 사람은 많은 급여를 받고, 적게 기여한 사람은 적은 급여를 받게 되는 것이다.

셋째, 소득재분배 기능이란 소득수준이 낮은 저소득층이 기여금에 비하여 상대적으로 많은 연금 급여를 받게 되는 것을 의미한다.

넷째, 경기의 자동적인 안정장치란 호경기 또는 불경기 국면에 따라 연금 급여액 및 지급액이 변함으로써 자동적으로 경기를 안정시키는 역할을 한다는 의미이다.

그러나 우리나라 국민연금의 경우 연금 주체에 별개의 법적 실체성 부여에 대한 인식이 크게 부족할 뿐만 아니라 연금기금의 성격에 대해 합의점을 찾지 못한 채 정치권 및 이해집단들이 연금기금을 다른 목적으로 사용할 것을 주장하는 경향이 많다.

그래서 연금제도 그 본래의 설립목적에 부합되는 이러한 기능들을 충실히 수행하기 위해서는 참여기관들로부터 독립되고, 또 이를 제도적으로 보장해 줌으로써 여러 정치적 이해집단들이 연금기금을 전용, 유용 또는 다른 목적으로 이용하려는 것을 사전에 예방할 수 있을 것이다.[17]

(2) 국민연금의 성격

국민연금기금이 정부부처 그리고 여러 정치적 이해집단에 의해 전용될 위험성에

---

16) 박종기, "국민연금 도시지역 확대실시의 의미와 과제", 국민연금관리공단, 1999, pp. 9-12.
17) 민재성 외 3인, 국민연금기금의 복지부문활용방안, 한국개발연구원, 1991, pp. 23-25.

도 불구하고 제도의 본래 목적과 기능을 원활히 수행하기 위해서는 연금기금의 성격에 대한 명확한 규명과 이에 대한 사회 각 계층 간에 합의점이 모색될 필요성이 절실하다.

그러나 현재 연금기금의 성격에 대해서는 대체로 두 가지 견해가 상반되고 있으므로, 이에 대한 명확한 규명은 연금기금의 운용방향을 결정하는 데 직결되므로 매우 중요한 의미가 있다고 할 수 있다. 첫째, 연금기금은 제한된 가입자의 장기신탁재산이며 또한 이연급여의 성격을 가진다는 것으로,[18] 이러한 주장은 주로 노동계, 학계로부터 지지를 받고 있다. 이 견해에 의하면 국민연금제도는 세대 간 보험수리상의 형평성이 결여되어 있어 후세대의 부담가중문제가 필연적으로 발생될 것이 예상되므로, 정부는 기금의 선량한 수탁 관리자로서 기금을 가입자의 이익추구와 복지증진에 부합되도록 운용하여야 한다는 것이다.

둘째, 복지국가를 지향하는 정부는 예산권 및 조세권에 의해 연금재정과 관련하여 총괄적인 최후 보루자로서 책임을 지게 되므로, 국민연금 재정도 국가재정 일부로 볼 수 있다는 것이다.

이 견해를 따르면 기금운용 시 수익성과 안정성보다는 공공성 확보에 보다 역점을 두게 될 것이다.

이상과 같은 두 가지 견해는 각각 타당성을 지니고 있는데, 첫 번째 주장을 지지하게 되면 정부는 선량한 수탁관리자에 불과할 것이며, 두 번째 주장을 따르면 정부는 기금운용에 적극적으로 관여하여야 한다는 것을 의미하게 된다.

아울러 국민연금의 운용성격에 대한 상반된 견해로 일본에서도 매우 유사한 논쟁이 있었으며,[19] 주된 이유는 다음과 같이 서로 다른 이론적 배경에 근거를 두고 있다.

첫째, 연금기금은 가입자가 부담하는 보험료 수입에 의해 적립되므로 조세의 성격을 갖는다. 또한 방대한 규모의 기금활용은 금융시장을 통해 통화신용정책에 큰 영향을 미칠 뿐만 아니라, 만약 연금재정에서 적자가 발생할 경우 결국 정부 일반

---

18) 한국산업개발연구원, 한국산업개발원, 종합휴양시설 타당성 용역 보고서, 1994, pp. 7－9.
19) 일본에서도 연금기금의 성격에 대해 여러 차례 논쟁이 있었는데, 연금기금이 조세의 성격을 갖는다는 주장과 이연급여에 해당된다는 주장이 팽팽히 대립되고 있다.

회계에서 적자보전을 할 수밖에 없으므로 연금기금의 활용은 국가의 거시경제정책 일부로서 활용되어야 한다는 주장이다.[20]

둘째, 연금기금은 기본적으로 조세와는 그 성격이 다른 이연급여이므로, 전적으로 각 가입자 개인의 노후생활보장을 위해서만 사용되어야 하며, 이를 위해서는 충분한 수익률 확보만이 기금운용의 근본목적이라는 견해이다.

이와 같이 상반된 주장은 국민연금의 성격에 관한 많은 논쟁을 벌이고 있는 우리의 경우와 매우 유사하다고 하겠다. 그러나 일본에서는 공적 기금의 관리운용방법에 대해서 후생성과 대장성 간에 세 차례에 걸친 대논쟁 결과, 연금기금 전액을 대장성 자금운용부에 예탁하되 가입자 복지증진을 위해서 연금복지사업단을 설치하여, 복지환원융자사업을 실시하는 데 합의하였다. 또한 재정투융자 계획에서 연금자금은 사용용도를 명시하고 국가자금과 별도 관리하며 투자계획 수립에 있어, 관계부처가 사전 협의하며 연금관계 당사자의 참여가 보장되도록 하고 있다.

이러한 일본의 경우에 비춰 볼 때 우리나라는 국민연금의 성격에 관해서 정부, 학계, 재계, 노동계 등에서 많은 논쟁이 있으나 아직까지 정책적 합의에 이르지 못하고 있으며, 연금관계 당사자의 참여가 거의 보장되지 않은 실정에서 많은 시사점이 있다고 하겠다.

하지만 국민연금의 성격에 대한 위의 두 가지 상반된 견해 중에서 본 연구에서는 국민연금제도를 정부의 조세권(조세정책)의 성격이 강한 것으로 이해하고자 한다.[21]

---

20) 민재성 외, 전게서, p. 27.
21) 국민연금법의 제정배경을 살펴보면 우리나라 국민연금의 성격을 알 수 있을 것이다.
김수영은 한·일연금제도 전개과정의 비교연구를 통해서 한국의 경우에는 그 수립관계에서 고도 경제성장기로의 진입을 위해 중화학공업을 육성하기 위한 재원조달의 성격이 강했고 일본의 경우 1940년대 군국주의가 극에 달했을 때 원활한 전쟁수단으로 노동자 연금제도가 만들어졌다고 주장한다(김수영, "한·일연금제도 전개과정의 비교연구", 부산대학교 대학원 박사학위논문, 1992, pp. 185 – 187).
전남진은 1970년의 경제적 상황변화를 중심으로 국민복지연금법의 제정배경 및 동기를 중화학공업 육성과 제3차, 제4차 경제개발 5개년 계획실시를 위한 내자동원이라고 주장하고 있다(전남진, 전게서, p. 432).
오근식은 국민복지연금법의 제정배경을 기능주의적 관점과 갈등주의적 관점으로 나누고, 갈등주의적 관점에서는 제3차 경제개발 5개년 계획의 주요 목적인 중화학공업 육성을 즉 국민연금제도를 하나의 조세정책의 일환으로 간주하고자 하며,[22] 따라서 본 연구의 목적과 관련하여 국민연금제도에 대한 정책대상집단의 반응행태를 하나의 정책불응으로 간주한다는 것이다. 또한 이러한 정책불응행태의 원인을 행위자의 합리적 선택에 따른 조세회피적인 성향으로 파악하여 이를 살펴보고자 하며, 구체적 논

위한 자본마련의 필요성에서 그 수단으로 국민복지연금법이 입법화되었다고 보았다. 즉 1973년 국민복지연금법이 제정되는 정책결정 상황을 보면 내자동원을 위한 강제저축의 수단으로 보았다.

유상하는 우리나라 국가의 성격을 강성국가의 특성을 갖고 국가의 역할 면에서는 개입국가로서 국가이해에 기반을 둔 정책을 독자적으로 추진할 수 있는 국가능력이 매우 높은 상태라고 규정짓고 국민복지연금법의 제정배경을 제3차 경제개발 5개년 계획에 따른 중화학공업 육성을 위한 내자동원의 한 수단으로 보고 있다. 그 근거로서 첫 번째, 1970년대 들어서서 외채상황 압력은 더 이상 외자 도입을 어렵게 하였고, 정부는 제3차 경제개발을 위해서는 내자동원이 필요하였다. 두 번째 근거로 국민복지연금제도 도입 연구기관으로 경제개발 5개년 계획수립 및 정책 입안을 돕기 위한 연구기관인 한국개발연구원이 연금수립 작업에 본격 개입하였다는 것이다. 세 번째 근거로 국민복지연금법의 내용이 내자동원의 손쉬운 수단으로 되어 있다는 것이다.

그리고 그 당시의 정치적 배경으로는, 70년대부터 86년 국민연금법의 탄생과정에서 주무부서인 보건사회부보다는 경제기획원에서 더 많은 관심을 가지고 관여하였으며, 또한 80년대의 계속된 외채의 급증으로 1985년에는 외채가 468억 달러에 이르러 세계 외채 3위 국으로 더 이상의 외자 도입은 불가능한 상태였다. 이러한 경제 상황에서도 제6차 5개년 경제사회발전계획 기간 중에 국내 자본동원이 절실한 시기였다.

22) 제도 도입 당시에는 국민들의 국민연금정책의 순응을 위하여 많은 장밋빛 미래를 제시하였다. 즉 국민연금에만 가입하면 노후준비 및 노후보장은 끝난다는 것이다.
그러나 현재 국민연금공단에서는 "국민연금 및 기초노령연금 등 국가에서 운영하는 공적연금 외에 퇴직연금, 개인연금 등을 활용하여 좀 더 여유로운 노후생활을 대비하시면 좋습니다."라고 하면서, 다음과 같은 내용을 홍보하고 있다. 즉 "노후준비의 시작은 국민연금이다."라고 전제한 뒤, "여유 있는 노후를 위해 개인연금활용이 필요하다." 그리고 "풍요로운 노후를 위해 다양한 재테크전략도 필요하다."라는 노후설계방법을 제시하고 있다. 물론 옳은 말이다. 하지만 초기 국민연금제도의 도입 당시의 과대포장에 대한 궁색한 도피적 변명수단으로도 간주될 수 있는 구절이다. 즉 제도 도입 당시에는 국민연금제도를 "국가가 보험의 원리를 도입하여 만든 사회보험의 일종으로, 국민의 생활안정과 복지증진을 도모하는 사회보장제도의 하나이다."라고 하여, 국민연금에만 가입하면 모든 면에서 소득 및 생활보장이 된다고 홍보하였다. 하지만, 이제 와서 "국민연금은 노후준비의 기본일 뿐"이라고 하고, "국민연금은 완벽하게 노후를 보장해 주지는 못한다."라고 한 걸음 뒤로 물러선 발언을 하고 있는 것이다(자료: 국민연금공단(www.nps.or.kr)).

의는 다음의 제3절과 제4절에서 다루고자 한다.

(3) 국민연금 급여의 특징[23)

연금 급여란 가입자가 노령, 장애 또는 사망으로 인하여 소득이 중단, 상실 또는 감소되었을 때, 기본적인 생활을 보장하기 위한 금전급부를 말한다. 즉 국민연금의 급여란, 급여 수급요건에 해당하는 자의 청구에 의하여, 수급요건을 심사·결정하고 급여를 지급하는 등 수급권자 내역을 지속적으로 관리하는 것을 말한다.

가. 소득보장제도

나이가 들거나 질병·사고 등으로 장애를 입게 되거나 사망 시에, 본인 또는 유족에게 노령·장애·유족연금을 지급하여 기본적인 생계를 보장한다.

나. 퇴직금제도의 문제점 개선

퇴직금 제도는 수급자의 대부분이 50세 미만인 관계로, 노후생활 보장책으로서의 기능이 미흡하고 일시금 형태로 지급되어 안정적이고 지속적인 소득보장기능을 수행하지 못하고 있을 뿐만 아니라 장애, 사망 시의 생계보장기능이 없다. 따라서 국민연금은 이러한 퇴직금제도의 문제점을 보완하고, 특히 퇴직금제도가 적용되지 아니하는 자영자 또는 저소득 일용근로자 등의 소득보장에 중요한 기능을 수행한다.

다. 소득재분배 기능

국민연금은 가입기간이 길고 납부한 보험료가 많을수록 받는 금액도 많아지게 되나, 저소득계층일수록 납입액 대비 연금수급액의 비율이 더 높아지도록 설계되어, 계층 간에 소득재분배 기능을 한다.

---

23) 자료: 국민연금공단(www.nps.or.kr).

라. 연금액의 실질가치 보장

연금액의 최초 결정 시에는 가입기간 중의 소득을 연금수급 전년도의 현재 가치로 재평가하여 반영하고, 연금을 받는 동안에는 매년 물가변동률에 따라 조정함으로써, 물가가 인상되더라도 실질가치는 확실히 유지해 줄 수 있다는 것이다.

2. 국민연금제도의 내용 및 현황[24)]

국민연금법 제1조에 의하면 국민연금은 국민의 노령, 장애 또는 사망에 대하여 연금 급여를 실시함으로써, 국민의 생활안정과 복지증진에 이바지하는 것을 목적으로 하는 소득보장제도이다. 소득보장 측면에서 국민연금제도는 퇴직, 장애, 사망 등의 발생으로 인한 소득상실에 대해 노령연금, 장애연금, 유족연금 등의 급여를 제공하며, 사회보험의 원칙에 입각하여 세대 간·세대 내 소득재분배의 기능을 도입하고 있다. 즉 국민연금은 국가가 보험의 원리와 방식을 도입하여 만든 사회보험의 일종으로 보험료의 강제적인 징수와 소득 및 생활보장을 위한 보험금 지급이 특징이다. 본 절에서는 현행 국민연금제도(2007년 12월 21일 개정된 국민연금법 기준)의 내용 및 현황을 살펴보고자 한다.

1) 국민연금의 가입대상

국민연금의 가입대상은 국내에 거주하는 국민으로서 18세 이상 60세 미만인 자이

---

24) 국민연금제도에 대한 내용 및 현황은, 2008년 4월 현재 가장 최근에 개정된 국민연금법(개정 2007년 12월 21일) 및 국민연금법 시행령(개정 2007년 9월 10일)을 기초로 대폭 수정·보완 및 재구성하였음을 밝힌다.

다. 다만, 특수직역 공적 연금의 적용을 받는 '공무원연금법', '군인연금법' 및 '사립학교교직원연금법'을 적용받는 공무원, 군인 및 사립학교교직원 그 밖에 대통령령이 정하는 자는 제외한다(국민연금법 제6조).

가입자의 종류는 사업장가입자, 지역가입자, 임의가입자 및 임의계속가입자로 구분한다(국민연금법 제7조).

이 중 사업장가입자는[25] 사업의 종류, 근로자의 수 등을 고려하여 대통령령으로 정하는 사업장(당연적용사업장)[26]의 18세 이상 60세 미만인 근로자와 사용자는 당연히 사업장가입자가 된다(국민연금법 제8조).[27] 그리고 국민연금에 가입된 사업장에 종사하는 18세 미만 근로자는 본인이 원할 경우, 사용자의 동의를 받아 사업장가입자가 될 수 있다(특례적용 사업장가입자).

지역가입자[28]는 사업장가입자가 아닌 자로서, 18세 이상 60세 미만인 자는 당연히 지역가입자가 된다(국민연금법 제9조).[29]

---

25) 국민연금법상 '사업장'이라 함은 근로자를 사용하는 사업소 및 사무소를 말하며, 사업소, 영업소, 사무소, 점포, 공장 등 근로자를 사용하고 있는 곳은 모두 사업장에 해당된다(국민연금법 제3조 제1항 제13호). 이 경우 사업장 상호간에 본점과 지점, 대리점 또는 출장소 등의 관계에 있고, 그 사업경영이 일체로 되어 있는 경우에는 이를 하나의 사업장으로 보게 된다.

26) 당연적용사업장은 다음 각 호의 1에 해당하는 사업장으로 한다(국민연금법 시행령 제19조)
   1. 1인 이상의 근로자를 사용하는 사업장
   2. 주한외국기관으로서 1인 이상의 대한민국 국민인 근로자를 사용하는 사업장

27) 다만, 다음 각 호의 어느 하나에 해당하는 자는 제외한다.
   1. '공무원연금법', '사립학교교직원연금법' 또는 '별정우체국법'에 따른 퇴직연금, 장해연금 또는 퇴직연금일시금이나 '군인연금법'에 따른 퇴역연금, 상이연금, 퇴역연금 일시금을 받을 권리를 얻은 자(이하 '퇴직연금 등 수급권자'라 한다).
   2. '국민기초생활 보장법'에 따른 수급자.

28) 본 연구를 작성할 당시 지역가입자는 군 지역 이하의 지역에서 자영업을 하고 있는 자영업자와 농어업에 종사하고 있는 농어민 그리고 시 지역에 거주하는 자영업자, 5인 미만 사업장 근로자 등이 해당되어 본 연구의 조사대상이 되었다. 하지만 2003년 7월 1일 국민연금법 개정으로 5인 미만의 사업장 근로자는 사업장가입자가 되었다.

29) 다만, 다음 각 호의 어느 하나에 해당하는 자는 제외한다.
   1. 다음 각 목의 어느 하나에 해당하는 자의 배우자로서 별도의 소득이 없는 자
      가. '공무원연금법', '군인연금법' 및 '사립학교교직원연금법'을 적용받는 공무원, 군인 및 사립학교교직원 그 밖에 대통령령이 정하는 자.

임의가입은, 사업장가입자나 지역가입자가 될 수 없는 사람도 국민연금에 가입하여 연금 혜택을 받을 수 있도록 하는 제도로, 사업장가입자 및 지역가입자 외의 자로서 18세 이상 60세 미만인 자는 보건복지가족부령으로 정하는 바에 따라, 국민연금공단에 가입을 신청하면 임의가입자가 될 수 있다(국민연금법 제10조).

가입신청대상을 구체적으로 살펴보면 다음과 같다. ① 퇴직연금 등 수급권자, ② 기초생활보장법에 따른 수급자, ③ 타 공적 연금 가입자, 사업장가입자, 지역가입자 및 임의계속가입자, 노령연금 및 퇴직연금 등 수급권자의 배우자로서 별도의 소득이 없는 자, ④ 노령연금 수급권을 취득한 60세 미만의 특수직종 근로자나 조기노령연금 수급권을 취득한 자(지급이 정지 중인 자 제외)의 배우자로서 별도의 소득이 없는 자, 그리고 ⑤ 18세 이상 27세 미만인 자로서 학생이거나 군복무 등으로 소득이 없는 자(연금보험료를 납부한 사실이 있는 자는 제외) 등이다.[30]

임의계속가입은 60세에 도달하여 국민연금 가입자의 자격을 상실하였으나, 가입기간이 부족하여 연금을 받지 못하거나, 가입기간을 연장하여 더 많은 연금을 받고자 하는 경우, 65세에 달할 때까지 신청에 의하여 가입할 수 있다. 주로 60세가 되어도 가입기간이 부족하여 노령연금을 받을 수 없는 경우 신청하는 경우이다. 임의계속가입자는 '국민연금 가입기간이 20년 미만인 가입자로서 60세가 된 자'이거나, '대통령령으로 정하는 직종에 종사하거나 종사하였던 근로자(특수직종 근로자)[31]로

    나. 사업장가입자, 지역가입자 및 임의계속가입자
    다. 별정우체국 직원
    라. 노령연금 수급권자 및 퇴직연금 등 수급권자
  2. 퇴직연금 등 수급권자
  3. 18세 이상 27세 미만인 자로서 학생이거나 군 복무 등의 이유로 소득이 없는 자(연금보험료를 납부한 사실이 있는 자는 제외한다).
  4. '국민기초생활 보장법'에 따른 수급자.
  5. 1년 이상 행방불명된 자. 이 경우 행방불명된 자에 대한 인정 기준 및 방법은 대통령령으로 정한다.
30) 단, 다음에 해당하는 자는 임의가입 신청대상에서 제외된다.
    －타 공적 연금 가입자
    －조기노령연금 수급권을 취득한 자(지급이 정지 중인 자를 제외)
    －노령연금수급권을 취득한 60세 미만의 특수직종 근로자
    －사업장가입자, 지역가입자, 그리고 외국인

서 감액노령연금과 재직자노령연금 및 특례노령연금 수급권을 취득한 자'가 65세가 될 때까지 보건복지가족부령으로 정하는 바에 따라 국민연금공단에 가입을 신청하면 가입할 수 있다(국민연금법 제13조).

이때 임의계속가입자는 크게 다음과 같이 구분할 수 있다.

① 사업장임의계속가입자: 사업장가입자로 가입 중 60세 이상이 되었는데, 계속 사업장에 종사하면서 임의계속가입자로 보험료 납부를 희망할 경우.

② 지역임의계속가입자: 지역가입자로 가입 중 60세 이상이 되어 임의계속가입자가 되고, 계속해서 지역가입자의 기준에 해당하는 소득이 있을 경우.

③ 기타 임의계속가입자: 임의로 가입 중 60세 이상이 되어 임의계속가입자가 된 경우.

임의계속가입은 외국인가입자를 포함하여 국민연금 가입기간이 20년 미만인 가입자가 60세가 되거나, 노령연금수급권을 취득한 자 중에 60세 미만의 특수직종 근로자면 가입할 수 있다.[32]

이상과 같이 국민연금 가입대상자를 사업장가입자, 지역가입자, 임의가입자 및 임의계속가입자 등으로 구분하였다. 하지만 법률의 규정에 의하여 처음부터 국민연금 가입대상자에서 제외시키는 경우(국민연금법 제6조, 제8조, 제9조 및 국민연금법 시행령 제18조)와, 지역가입대상자로서 국민연금에 가입은 하였지만 일정한 사유에 따라 연금보험료 납부에 대한 예외규정이 있다(국민연금법 제91조 및 국민연금법 시행령 제60조).

이를 구체적으로 살펴보면 다음의 <표 2-2>와 같다.

---

31) '대통령령이 정하는 직종'이라 함은 다음 각 호와 같다(개정 2006. 3. 23, 2007. 9. 10).
  1. '광업법' 제3조제2호에 따른 광업(갱내작업에 한한다)
  2. '선원법' 제2조의 규정에 의한 선박 중 어선에서의 '수산업법' 제2조의 규정에 의한 어업(부원으로서 직접 어로작업에 종사한 경우에 한한다)
32) 단, 다음에 해당하는 자는 임의계속가입 신청대상에서 제외된다.
  - 60세가 되거나 임의계속 탈퇴(상실)하고 반환일시금을 이미 받은 자.
  - 전액미납, 전액 납부 예외자(미납자는 납부 후 가입신청 가능).

가입제외 대상자	납부예외대상
1. 18세 미만, 60세 이상자[1]	1. 사업 중단, 실직, 휴직 또는 취업준비 중인 경우
2. 국외거주자(귀국예정이 없는 자)	2. 질병 또는 부상으로 3개월 이상 입원한 경우
3. 타 공적 연금(공무원, 군인, 사립학교교직원) 및 별정우체국연금의 가입자 및 무소득 배우자	3. '병역법' 제3조에 따른 병역의무를 수행하는 경우
4. 국민연금 사업장가입자, 지역가입자 및 임의계속가입자의 무소득 배우자	4. '초·중등교육법' 제2조나 '고등교육법' 제2조에 따른 학교에 재학 중인 경우
5. 퇴직연금 등 수급권자(타 공적 연금 및 별정우체국연금) 및 무소득 배우자	5. '행형법' 제2조에 따른 교도소 등에 수감 중인 경우
6. 노령연금 수급권자 및 무소득 배우자	6. 종전의 '사회보호법'에 따른 보호감호시설이나 '치료감호법'에 따른 치료감호시설에 수용 중인 경우
7. 노령연금의 수급권을 취득한 자 중 60세 미만의 특수직종 근로자 및 무소득 배우자	7. 1년 미만 행방불명된 경우
8. 조기노령연금 수급권을 취득하고 지급이 정지되지 아니한 자 및 무소득 배우자	8. 재해·사고 등으로 연금보험료를 납부할 경우 보건복지가족부장관이 정하는 기초생활의 유지가 곤란하다고 인정되는 소득 감소의 경우나, 그 밖에 소득이 있는 업무에 종사하지 아니하는 경우
9. 18세 이상 27세 미만의 무소득으로 연금보험료를 납부한 사실이 없는 학생, 군복무 등으로 소득이 없는 자.	9. '농어업재해대책법'·'자연재해대책법' 또는 '재해구호법'에 의한 보조 또는 지원의 대상이 된 경우
10. 국민기초생활보장법에 따른 수급자	
11. 1년 이상 행방불명된 자	

주1) 임의계속가입자의 경우에는 60세 이상도 국민연금 가입대상자가 될 수 있다(국민연금법 제13조).
 * 자료: 국민연금법(개정 2007년 12월 21일), 국민연금법시행령(개정 2007년 9월 10일)

　　외국인의 경우, 국내에 거주하는 18세 이상 60세 미만의 외국인은 내국인과 동등하게 국민연금 당연적용 가입대상이 된다. 즉 18세 이상 60세 미만의 외국인이 국민연금에 가입된 사업장에 근무하면 사업장가입자가 되고, 국내에 거주하는 외국인으로서 대통령령으로 정하는 자 외의 외국인은 지역가입자가 된다. 다만 국민연금법에 따른 국민연금에 상응하는 연금에 관하여 그 외국인의 본국법이 대한민국 국민에게 적용되지 아니하면 그러하지 아니하다(국민연금법 제126조). 이러한 규정에도 불구하고 외국인의 본국과 체결된 사회보장에 관한 협정에 다른 규정이 있는 경우에는 그 규정이 정하는 바에 따른다(국민연금법 제127조).

이를 구체적으로 살펴보면 다음과 같다.

① 외국인 사업장가입자: 국민연금 적용 사업장에 종사하는 18세 이상 60세 미만의 외국인인 사용자 또는 근로자.

② 외국인 지역가입자: 국내에 거주하는 18세 이상 60세 미만의 외국인으로서 사업장가입자가 아닌 자.

그리고 외국인이지만 국민연금의 가입대상에서 제외되는 경우는 다음과 같다.

① 연수생(연수취업은 가입대상), 유학생, 외교관 등 법령에 의해 국민연금 의무가입을 제외한 경우.

② 국민연금과 같은 성격의 연금제도에서 대한민국 국민을 의무적으로 가입시키지 않는 나라의 국민: 해당 외국인의 본국법이 국민연금법에 의한 '국민연금에 상응하는 연금(국민연금과 같은 성격의 연금제도로서 사회경제적 위험분담 형태의 소득보장제도)'에 관하여 대한민국 국민에게 적용되지 않는 경우.

③ 우리나라와 사회보장협정을 맺은 나라에서 우리나라로 파견된 근로자가 본국의 가입증명서를 제출할 경우 등이다.

그리고 외국인도 우리 국민과 동일하게 노령연금, 유족연금, 그리고 장애연금을 수급할 수 있는 요건에 해당되는 경우, 국민연금법상의 연금 급여를 모두 지급받을 수 있다. 다만, 사회보장협정이나 상호주의[33]가 적용되지 않은 국가의 외국인가입자에게는 본국 귀환 시 반환일시금을 지급하지 않았으나, E-8(연수취업), E-9(비전문취업), H-2(방문취업)에 해당하는 체류자격으로 국민연금에 가입한 외국인의 경우, 2007년 5월 11일부터 반환일시금을 지급한다.

다음의 <표 2-3>은 가입자의 종별 가입요건을 나타내고 있다.

---

[33] 상호주의란, 협정을 맺은 국가의 국민에 대해서는 연금 수급권 취득, 급여지급 등 법령을 적용함에 있어 자국민과 동등한 대우를 해주는 것을 말한다.

〈표 2-3〉 가입자의 종별 가입요건

종 별	종 류		가입요건
사업장가입자	적용대상	일반가입자	ㅇ 근로자 1인 이상 사업장에 종사하는 18세 이상 60세 미만의 자
		특례적용	ㅇ 국민연금 가입사업장에 종사하는 18세 미만의 근로자로서 자기가 원하여 사용자의 동의를 받아 가입한 자
		외 국 인	ㅇ 국민연금 적용사업장에 종사하는 외국인 또는 외국에 거주하는 국민(재외동포 등)으로 국내에 체류하면서 국민연금 적용사업장에 종사하는 자
	적용대상 제외자 (임의가입자로 가입 가능)		ㅇ '공무원연금법', '사립학교교직원연금법', '별정우체국법'에 의한 퇴직연금·장해연금·퇴직연금일시금이나 '군인연금법'에 의한 퇴역연금·상이연금·퇴역연금일시금을 받을 권리를 얻은 자(퇴직연금 등 수급권자) ㅇ '국민기초생활보장법'에 따른 수급자
지역가입자	적용대상	일반가입자	ㅇ 18세 이상 60세 미만으로서 사업장가입자가 아닌 자
		외 국 인	ㅇ 18세 이상 60세 미만으로서 국내에 거주하는 외국인(국내체류 교포 등 포함)
	적용대상 제외자 (임의가입자로 가입 가능)		ㅇ 다음 해당자의 배우자로서 별도의 소득이 없는 자 - 타 공적 연금 가입자 - 사업장가입자·지역·임의계속가입자 - 별정우체국직원 - 노령연금수급권자·퇴직연금 등 수급권자 ㅇ 18세 이상 27세 미만인자로서 별도의 소득이 없는 자(연금보험료를 납부한 사실이 있는 자는 제외) ㅇ 퇴직연금 등 수급권자 ㅇ'국민기초생활보장법'에 의한 수급자
임의계속가입자	임의가입자		ㅇ 사업장가입자 및 지역가입자 이외의 18세 이상 60세 미만의 자 ※ 본인의 신청에 의해 가입
	사업장 임의계속가입자		ㅇ 사업장에 종사하는 60세 이상 65세 미만의 자로 연장가입 신청한 자
	지역 임의계속가입자		ㅇ 60세에 달한 지역가입자로서 65세 미만까지 연장가입 신청한 자
	기타 임의계속가입자		ㅇ 60세에 달한 임의가입자로서 65세 미만까지 연장가입 신청한 자 및 지역·사업장임의계속가입자를 제외한 임의계속가입자

※ 특수직종 근로자로서 특례노령연금수급권을 취득한 자는, 60세 미만이라 하더라도 임의계속가입자로 가입할 수 있음.
※ 국민연금 가입대상 제외자: '공무원연금법', '군인연금법' 및 '사립학교교직원연금법'의 적용을 받는 공무원, 군인 및 사립학교교직원
* 자료: 국민연금공단(www.nps.or.kr), 국민연금통계연보(1988-2006).

국민연금 가입자 현황은 다음의 <표 2-4>와 같다. 2006년 12월 말 현재 약 860만 명의 사업장가입자와 약 908만 명의 지역가입자, 2만 7천여 명의 임의가입자, 그리고 2만 1천여 명의 임의계속가입자 등을 포함하여 총 1,774만여 명이 국민연금에 가입하고 있다. 이 중 지역가입자(9,086,368명)의 약 54.3%에 해당하는 4,935,952명이 납부예외자로 분류되고 있다.

〈표 2-4〉 국민연금 가입자 현황

(단위: 개소, 명)

구분 연도	총 가입자 수	사업장가입자		지역가입자		임의 가입자	임의계속 가입자
		사업장	가입자	소득신고자	납부예외자		
1988	4,432,695	58,583	4,431,039	–	–	1,370	286
1989	4,520,948	62,952	4,515,680	–	–	4,036	1,232
1990	4,651,678	72,511	4,640,335	–	–	8,274	3,069
1991	4,768,536	80,987	4,747,605	–	–	14,921	6,010
1992	5,021,159	120,374	4,977,441	–	–	32,238	11,480
1993	5,159,868	129,703	5,108,871	–	–	40,452	10,545
1994	5,444,818	144,910	5,382,729	–	–	48,332	13,757
1995	7,257,394	152,463	5,541,966	1,650,958	239,229	48,710	15,760
1996	7,425,700	164,205	5,677,631	1,681,915	403,653	50,514	15,640
1997	7,356,931	172,759	5,600,947	1,606,542	478,947	47,208	102,234
1998	6,580,265	160,027	4,849,926	1,583,201	546,042	29,024	118,114
1999	16,261,889	186,106	5,238,149	5,309,735	5,512,567	32,868	168,570
2000	16,209,581	211,983	5,676,138	5,972,708	4,446,465	34,148	80,122
2001	16,277,826	250,729	5,951,918	5,704,389	4,475,722	29,982	115,815
2002	16,498,932	287,092	6,288,014	5,754,340	4,250,449	26,899	179,230
2003	17,181,778	423,032	6,958,794	5,399,355	4,564,879	23,983	234,767
2004	17,070,217	573,727	7,580,649	4,729,503	4,683,063	21,752	55,250
2005	17,124,449	646,805	7,950,493	4,489,216	4,634,459	26,568	23,713
2006	17,739,939	773,862	8,604,823	4,150,416	4,935,952	26,991	21,757

* 자료: 국민연금공단(www.nps.or.kr), 국민연금통계연보(1988~2006)

다음의 <그림 2-1>은 국민연금의 연도별 가입자 현황을 그림으로 표시하였다.

여기서 특기할 만한 사항은 2002년 12월 이후에 국민연금의 적용사업장 수가 거의 기하급수적으로 급격히 늘어나고 있다는 것과, 지역가입자 중 도시지역가입자 수가 줄어들고 있다는 사실이다.

<그림 2-1> 연도별 가입자 현황

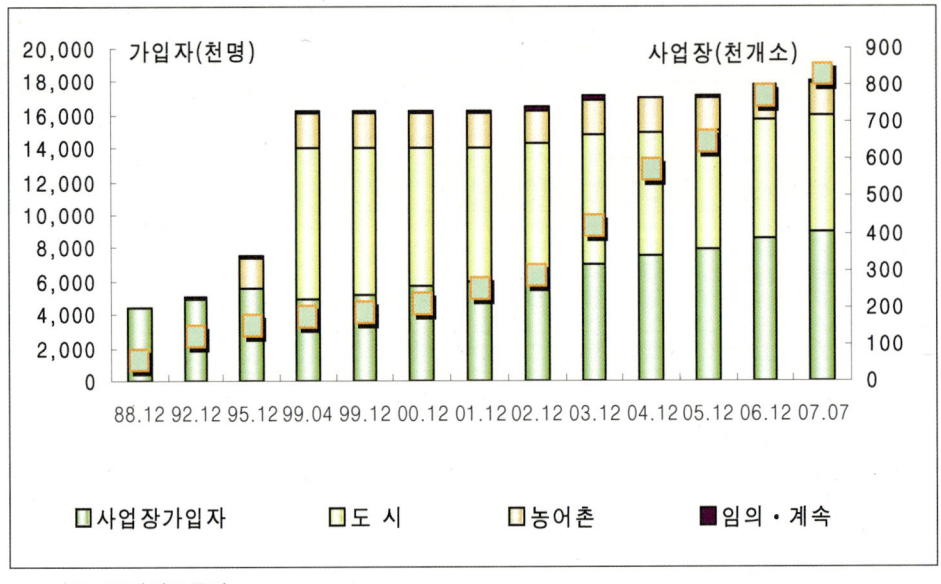

* 자료: 국민연금공단(www.nps.or.kr).

2) 국민연금 보험료금액과 보험료율

연금보험료는 연금 급여를 지급하기 위한 재정 마련을 목적으로 법률에 근거하여 납부되는 것으로서 국민연금의 주된 재원이 된다.

국민연금 가입자의 보험료금액은 가입자 자격취득 시의 신고 또는 정기결정에 의하여 결정되는 기준소득월액[34])에 보험료율을 곱하여 산정한다. 즉 '**연금보험료=가입자의 기준소득월액**×**연금보험료율**'이다. 여기서 기준소득월액이란, 국민연금의 보험료 및 급여 산정을 위하여 가입자가 신고한 소득월액에서 천 원 미만을 절사한 금액을 말하며, 최저 22만원에서 최고금액은 360만원까지의 범위로 결정하게 된다.

따라서 신고한 소득월액이 22만원보다 적으면 22만원을 기준소득월액으로 하고, 360만원보다 많으면 360만원을 기준소득월액으로 한다.

국민연금 가입자의 보험료율은 제도 시행 초기에는 제도의 빠른 정착과 국민적 수용을 위해 소득의 3%에 해당하는 낮은 보험료에서 시작하여 국민경제의 상황과 피보험자의 부담능력을 감안하여 단계적으로 인상하고 있다.

사업장가입자의 경우, 현재 보험료율인 소득의 9%에 해당하는 금액을 본인과 사업장의 사용자가 각각 절반, 즉 4.5%씩 부담하여 매월 사용자가 납부하여야 한다. 이는 사업장가입자의 연금보험료는 가입자가 개별적으로 납부할 수 없고, 사용자에 의하여 일괄적으로 납부해야 함을 의미한다. 보험료율은 사업장가입자의 경우 국민연금제도 시행 초기 당시인 1988년에는 3%를 적용하였고, 1993년 6%로 조정한 후 1998년 1월부터는 9%를 적용하고 있다. 다만, 1993년부터 1999년 3월까지는 사용자와 근로자가 각각 1/3씩 부담하고, 나머지 1/3은 퇴직금전환금(1999년 4월 폐지)에서 충당하여 납부하였다.

반면에 지역가입자와 임의가입자 및 임의계속가입자는 보험료를 본인이 전액 부담한다. 다만, 제도 시행 초기 보험료 납부에 대한 부담을 줄여주기 위하여 3%에서 시작하여, 2000년 7월부터 매년 1%씩 상향 조정되어 2005년 7월 이후 9%까지 상향 조정되었다.

---

34) 최근 개정된 법률(국민연금법 개정 법률 제8541호, 2007년 7월 23일 공포)에 의하면, 기존의 표준소득월액의 등급제를 폐지하고 실제소득을 기준으로 연금보험료를 부과하는 기준소득월액으로 변경하였다. 표준소득월액은 연금보험료를 산정하고 급여를 계산할 때, 보다 효율적인 관리를 위해 실제 소득액 대신 일정한 구간으로 등급화된 소득액을 말하는 것으로, 표준소득월액의 등급체계는 신축적인 조정이 어렵고 전산기술의 발달에 따라 실익이 없다. 따라서 2008년 1월 1일부터 기준소득월액으로 명칭을 변경하고, 등급제를 폐지하여 실질소득을 기준으로 연금보험료를 부과하도록 하였다.

임의가입자는 1999년 3월까지는 사업장가입자와 동일하게 적용하였으나, 국민연금법의 개정(1998년 12월 31일)으로 1999년 4월부터는 지역가입자와 같은 보험료율을 적용하도록 변경하였다. 임의계속가입자 중 사업장임의계속가입자는 사업장가입자의 보험료율을, 지역임의계속가입자는 지역가입자의 보험료율을, 기타 임의계속가입자는 임의가입자의 보험료율이 적용된다.

그리고 농어업인의 경우 일정한 조건에 해당되면 보험료의 일부를 국고에서 지원받을 수 있다. 즉 농어업인의 국고보조[35]는 국민연금제도가 농어촌지역으로 확대, 시행되기 시작한 1995년부터 시작되었는데, 대체로 신고소득이 낮은 농어촌지역의 경제적 부담을 덜어주기 위하여 연금보험료의 일부를 농어촌특별세에서 지원해 주고 있는 것이다. 지원대상으로는 ① 농어업인인 지역가입자, ② 농어업인 지역가입자에서 농어업인 지역임의계속가입자로 된 자, 그리고 ③ 지역가입자에서 임의계속가입자로 된 후에 농어업인이 된 자이다.[36]

다음의 <표 2-5>는 사업장가입자 및 사업장 임의계속가입자의 보험료율이고, <표 2-6>은 지역가입자 및 지역임의계속가입자의 보험료율, 그리고 <표 2-7>은 임의가입자 및 기타 임의계속가입자의 보험료율이다.

---

35) 정부는 우루과이 라운드 협정 이후, 농어업인의 경제적 어려움을 경감하기 위해 농어업인으로 인정된 지역가입자와 지역임의계속가입자에 대해, 1995년부터 국민연금 표준소득월액 최저등급 연금보험료의 1/3 이상을 균등 지원해 오고 있다(국민연금법(법률 제4909호) 부칙 제5조 및 농어촌특별세관리 특별회계법 제3조 제2한 제2호). 아울러 정부는 2007년 7월 국민연금법의 개정으로(법률 제8541호, 2007년 7월 23일 공포) 2007년 이후 본인이 부담할 연금보험료의 1/2을 초과하지 않는 범위 내에서, 2014년까지 국고지원을 확대하였다.

36) 단, 보험료를 납부하는 월에 대해서만 국고보조금이 지원되며, 지역가입자라 하더라도 보험료를 납부하지 않는 경우에는 지원되지 않는다. 그리고 사업장가입자 또는 임의가입자가 60세 도달로 임의계속가입을 신청한 후에 농어업에 종사하게 된다 하더라도 국고보조 지원대상에서 제외된다.

〈표 2-5〉 사업장가입자 및 사업장 임의계속가입자의 연금보험료율

(단위: %)

구 분	부담자	'88~'92	'93~'97	'98~'99.3	'99. 4.1. 이후
사업장 가입자	계	3.0	6.0	9.0	9.0
	근로자	1.5	2	3	4.5
	사용자	1.5	2	3	4.5
	퇴직금전환금[1]	–	2	3	–
사업장 임의계속가입자	가입자본인	3.0	6.0	9.0	9.0

주1) 가입자 및 사용자의 부담을 최소화하기 위하여 근로기준법에 의한 퇴직금 준비금에서 연금보험료로 전환하는 제도로, 1993년 1월부터 1999년 3월까지 전체 연금보험료의 1 / 3(3%)을 충당하였으나 1999년 4월부터 폐지되었음.

* 자료: 국민연금공단(www.nps.or.kr)

〈표 2-6〉 지역가입자 및 지역임의계속가입자의 연금보험료율

(단위: %)

구 분	'95.7 ~'00.6	'00.7 ~'01.6	'01.7 ~'02.6	'02.7 ~'03.6	'03.7 ~'04.6	'04.7 ~'05.6	'05. 7월 이후
지역가입자 / 지역임의계속가입자	3.0	4.0	5.0	6.0	7.0	8.0	9.0

* 자료: 국민연금공단(www.nps.or.kr)

〈표 2-7〉 임의가입자[37] 및 기타 임의계속가입자의 연금보험료율

(단위: %)

구 분	'88 ~'92	'93 ~'97	'98 ~'99.3	'99.4.1 ~'00. 6.	'00. 7 ~'01. 6	'05. 7월 이후
임의가입자 / 기타 임의계속가입자	3.0	6.0	9.0	3.0	4.0~8.0	9.0

* 자료: 국민연금공단(www.nps.or.kr)

---

37) 임의가입자는 1999년 3월까지는 사업장가입자와 동일하게 적용하였으나, 1999년 4월부터는지역가입자와 같은 보험료율을 적용하도록 변경하였다.

3) 연금 급여의 구성[38]

연금 급여는 기본연금액과 부양가족연금액을 합산한 금액으로 이루어진다(**연금 액＝기본연금액×연금종별 지급률 및 제한율＋부양가족연금액**).

기본연금액이란, 가입기간(연금보험료 납부 기간)이 20년인 사람이 받을 수 있는 연금액을 말하며(지급률 100%), 20년 초과 시에는 1년마다 5%씩 지급률이 증가한 다. 그리고 부양가족연금액이란 연금 급여를 지급받는 수급자가 일정한 가족을 부 양하고 있는 경우 가족수당 성격으로 지급하는 부가급여를 말한다.

급여수준은 전체 가입자의 평균소득에 해당하는 사람이 40년의 가입기간(현행 보 험료율은 소득의 9% 기준)이 있는 경우, 가입기간이 속한 연도에 따라 종전소득의 70%~40%를 받게 된다.

최근 개정된 법률(국민연금법 개정 법률 제8541호, 2007년 7월 23일 공포)에 의 하여, 내는 보험료는 그대로 두고 연금 지급률은 하향 조정하였다. 즉 연금보험료는 현행수준을 유지(소득액의 9%)하되, 소득대체율은 40년 가입 시 현행 60%에서 2008 년에는 50%, 2009년부터 매년 0.5%씩 조금씩 단계적으로 낮춰 2028년부터 40%가 되도록 변경하도록 하였다. 과거의 국민연금은 내는 보험료의 2배 이상을 받을 수 있도록 후하게 설계되어, 2047년경 기금소진이 예상되고 급속한 저출산·고령화 속 에서 미래세대 부담이 과중하므로, 자녀세대의 부담을 완화하고 장기적인 재정안정 을 도모하기 위해 연금 지급률을 하향 조정한 것이다(기본연금액의 인하).[39]

연금 급여의 특징으로는 ① 연금액의 실질가치보장,[40] ② 소득보장, ③ 가입기간

---

38) 자료: 국민연금공단(www.nps.or.kr).

39) 그러나 개정법 시행 전에 가입한 기간에 대해서는 종전 기준에 따른 지급수준(60%)이 보장되며, 개정 전에 지급사유가 발생하여 연금을 받고 있는 중이라면 개정법과 상관없 이 기존에 지급받던 연금액을 계속 받을 수 있다.

40) 연금액의 실질가치보장과 관련해서는 두 가지의 측면이 있다. 즉 국민연금수령액은 물가 상승률만큼 매년 인상(2008년도의 경우 2.5% 인상)하는 측면과, 그리고 최초 연금액의 계산 시에는 "과거소득을 현재 가치로 환산하여 실질가치를 보장받는 측면이 있다. 이를 구체적으로 살펴보면, 우선 첫째의 경우는, 연금을 받는 동안 매년 전국소비자 물가변동 률을 반영하여 연금액을 조정함으로써, 물가가 인상되더라도 항상 연금액의 실질가치가

인정(크레딧)제도 운영[41], ④ 지급된 급여의 압류금지,[42] 그리고 ⑤ 국민연금 중복

보장됨을 의미한다. 즉 국민연금을 지급받고 있던 수급자에게는 매년 전년도 '전국소비자물가변동률'만큼, 매년 그해 4월부터 이듬해 3월까지 연금 지급액을 인상·지급한다는 것이다. 따라서 2008년 4월부터는 수급권자 219만 명의 연금액이 2.5% 인상되며, 이와 함께 배우자, 부모, 자녀 등에게 지급되는 가족수당 성격의 부양가족연금액도 같이 인상된다.

둘째의 경우는, 연금을 처음 받을 때는 과거 가입기간 동안의 소득을 그동안의 물가와 소득상승분을 반영해서 '연금 지급사유가 발생한 시점에서 현재 가치로 다시 평가'하여 연금액을 산정한다. 이는 올해 처음 연금을 받게 될 신규수급자 약 25만 명도 위와 같이 물가와 소득 상승분을 반영한 연금을 받게 된다는 것이다.

가령, 1988년에 월 50만원 소득을 기준으로 보험료를 냈을 경우, 2007년 현재의 소득 재평가율 4.477을 적용해 223만 8500원의 소득기준으로 보험료를 낸 것으로 인정하여 연금액을 산정하기 때문에 연금수령액이 그만큼 많아진다는 뜻이다.

[41] 출산 및 군복무에 대해 연금 가입기간을 추가 인정해 주는 크레딧제도를 통해 노령연금 수급기회를 확대하였다(국민연금법 개정 법률 제8541호, 2007년 7월 23일 공포).
① 출산 크레딧제도의 도입(2008년 1월 1일 이후 출생한 자녀부터 인정).
: 2자녀 이상 출산 시 가입기간을 추가로 인정받아 노령연금액이 인상됨. (해당기간의 소득은 평균소득월액(A값)의 전액을 인정함).

자녀수	2자녀	3자녀	4자녀	5자녀 이상
추가 인정기간	12개월	30개월	48개월	50개월

－이는 국민연금 사각지대를 축소하는 한편, 고령화 사회에 대비하여 출산을 장려하는 것에도 그 목적이 있으며, 이에 소요되는 비용은 국가에서 전부 또는 일부를 부담함.
② 군복무 크레딧제도의 도입(2008년 1월 1일 이후 군에 입대하는 자부터 인정)
: 병역의무를 이행한 자(현역병, 공익근무요원에 한함)에게 6개월의 가입기간을 추가로 인정하고 노령연금 산정 시 반영하도록 하며, 해당기간의 소득은 평균소득월액(A값)의 1/2을 인정함.
－이는 군복무기간 중 국민연금 가입기간을 확보하지 못한 자에게 군복무기간 일부를 가입기간으로 인정함으로써, 연금수급기회를 확대하고 적정급여를 보장하고자 하는 것으로, 군복무기간이 타 공적 연금기간에 산입되거나 그 기간 중 보험료를 납부하여 가입기간으로 인정되는 경우에는 인정하지 않음. 소요비용은 국가에서 전부 부담하도록 함.
[42] 최근 개정된 법률(국민연금법 개정 법률 제8541호, 2007년 7월 23일 공포)에 의하면, 수급권자에게 지급된 급여로서 120만원 이하의 금액에 대해서는 압류하지 못하도록 하여 실질적으로 연금수급권을 보호받게 되었다(2008년 1월 1일 이후 시행). 사실 종래에도 연금을 받을 권리는 압류할 수 없도록 되어 있었으나, 지급계좌가 압류된 경우에는 그 계

급여의 조정43) 및 다른 법률에 의한 중복급여의 조정44) 등을 들 수 있다.

(1) 기본연금액

기본연금액 산출방식은 고소득자와 저소득자 간 급여수준 격차를 줄여주며, 물가변동률과 임금상승률을 반영하여 항상 실질가치를 보장해 주는 특징이 있다.

그리고 기본연금액은 사업장가입자 및 지역가입자의 평균소득을 기초로 하여 산출되는 균등 부분과, 가입자 개인의 가입기간 동안의 소득수준에 의하여 산출되는 소득비례 부분으로 구성되며, 기본연금액에 대한 연금종별 해당 지급률에 따라 실제로 지급될 연금액을 산출한다.

기본연금액 구성 및 급여수준 산정식은 다음의 <표 2-8>과 같다.45)

좌로 이체된 연금 지급액을 압류자가 채권으로 충당하여 실제로는 지급받을 수 없는 경우가 있었다는 것이다.

43) 수급권자에게 국민연금법에 의한 둘 이상의 급여가 발생한 경우, 그중 하나만을 지급하는 것이 원칙이나(중복급여의 조정), 선택하지 아니한 급여가 유족연금 또는 반환일시금인 경우, 일정액을 추가로 지급함(중복급여의 조정완화).
  ① 선택하지 아니한 급여가 유족연금일 경우, 선택한 급여와 유족연금의 20% 지급함(단, 선택한 급여가 반환일시금일 경우 유족연금의 20%를 지급하지 아니함).
  ② 선택하지 아니한 급여가 반환일시금일 경우, 선택한 급여를 전액 지급하고 반환일시금은 '사망일시금 상당액'을 지급함(단, 선택한 급여가 장애연금이고 선택하지 않은 급여가 본인의 연금보험료 납부로 인한 반환일시금일 경우 장애연금만 지급).
44) 다른 법률에 의해 급여를 지급받을 경우, 국민연금 급여액이 조정(1/2)되거나, 일정기간 지급이 정지된다.
  ① 제3자의 가해행위로 장애 또는 유족연금을 지급할 사유가 발생하고 가해자로부터 손해배상액을 수령한 경우, 그 배상액의 범위 안에서 연금 지급이 정지된다.
  ② 근로기준법 등에 의한 장해 또는 유족보상을 받게 되는 경우, 장애연금 또는 유족연금 수급권자가 해당 연금의 지급사유와 같은 사유로 근로기준법, 산업재해보상보험법, 선원법, 어선원법 및 어선재해보상법에 의해 장애보상 또는 유족보상을 받을 수 있는 경우에 그 장애 또는 유족연금액의 1/2에 해당하는 금액을 지급받게 된다.
45) 국민연금관리공단, "국민연금 도시지역가입자 보험료 부과기준" 보도자료, 1999. 2. 5.

〈표 2-8〉 기본연금액 구성 및 급여수준 산식

$$\left[\frac{2.4(A+0.75B)\times P1/Po}{1988-1998년} + \frac{1.8(A+B)\times P2/P}{1999-2007년} + \frac{1.5(A+B)\times P3/P}{2008년} + \frac{1.485(A+B)\times P4/P}{2009년}\right.$$

$$\left. + \frac{1.2(A+B)\times P23/P}{2028년이후} + \frac{X(A+A)\times C/P}{출산크레딧} + \frac{X(A+1/2A)\times 6/P]}{군복무크레딧}\times(1+0.05n/12)\right.$$

- A[46] = 연금수급 전 3년간의 평균소득월액의 평균액
- B[47] = 가입자 개인의 가입기간 동안의 기준소득월액의 평균액
- ※ 가입자 개인의 가입기간 동안의 기준소득월액을 매년 보건복지가족부장관이 고시하는 연도별 재평가율에 의하여 연금수급 전년도의 현재 가치로 환산한 후, 그 합계액을 가입자의 전체 가입월수로 나누어 산정함.
- P = 가입자의 전체 가입월수(노령연금액 산정시에만 출산 및 군복무 크레딧을 포함한 전체 가입월수)

구 분	1988~1998년	1999~2007년	2008~2027년	2028년 이후
비례상수	2.4	1.8	1.5(매년 0.015씩 감소)	1.2
소득대체율	70%	60%	50%(매년 0.5%p씩 감소)	40%
가입월수	P1	P2	P3……P22	P23

- n = 20년 초과월수(노령연금액 산정시에만 출산 및 군복무 크레딧을 포함한 전체 가입월수)
- ※ 2007. 03. 01 이후 지급사유 발생자에게 적용할 연금 수급전 3년간의 평균소득 월액 (A): 1,618,914원
- X: 1.5~1.2까지의 비례상수 중 노령연금 수급권 취득시점의 상수
- C: 추가가입기간 12, 30, 48, 50(균분하는 경우에는 6, 15, 24, 25)
- ※ 출산 및 군복무크레딧으로 인한 연금액 및 증가되는 가입기간은 노령연금액 산정 시에만 적용됨.

* 자료: 국민연금공단(www.nps.or.kr)

---

46) 모든 가입자에게 공통적으로 적용되는 'A'값은, 최근 3년간 매년 말 전체 가입자의 평균소득월액을 평균한 값이다. 예를 들면, 2008년 4월부터 적용되는 A값은 2007년과 2006년, 2005년 말 각각의 전체 가입자 평균소득월액을 평균한 것이다. 이때 2006년과 2005년도 전체 가입자 평균소득월액은 전국소비자물가변동률(통계청)을 반영해 2007년도의 현재 가치로 환산한 값을 적용한다. 따라서 A값에는 물가변동률과 소득상승률이 동시에 반영되어 있다.
47) 'B'값은 가입자 자신의 과거 가입기간 동안 소득월액을 현재가치로 재평가하여 환산한

재평가율은 가입자의 각 연도별 과거소득을 현재 가치로 환산하기 위한 값으로, 매년 전체 가입자의 평균소득월액(A값)의 변동률을 말하는 것이다. 이는 연금을 처음 받을 때는 과거 가입기간 동안의 소득을 그동안의 물가와 소득상승분을 반영하여, '연금 지급사유가 발생한 시점에서 현재 가치로 다시 평가'하여 연금액을 산정한다는 뜻이다. 예를 들어 올해(2008년도)에 처음 연금을 받게 될 신규수급자 약 25만 명도 위와 같이 물가와 소득상승분을 반영한 연금을 받게 된다는 의미이다. 재평가율은 매년 보건복지가족부장관이 개정·고시한다.

다음의 <표 2-9>는 2007년 3월 1일 이후 수급사유 발생자에게 적용할 연도별 재평가율을 나타내고 있다.

〈표 2-9〉 2007년 3월 1일 이후 수급사유 발생자에게 적용할 연도별 재평가율

연 도	1988	1989	1990	1991	1992	1993	1994	1995	1996	1997
재평가율	4.477	3.958	3.447	2.881	2.500	2.214	1.950	1.800	1.651	1.492
연 도	1998	1999	2000	2001	2002	2003	2004	2005	2006	2007
재평가율	1.330	1.299	1.318	1.295	1.270	1.187	1.119	1.070	1.035	1.000

* 자료: 국민연금공단(www.nps.or.kr)

(2) 부양가족연금액

부양가족연금액은 수급권 취득 당시 가입자 또는 수급권자에 의하여 생계를 유지하던 가족(배우자, 자녀 또는 부모)이 있는 경우에 지급하는 일종의 가족수당 성격의 부가급여이다. 부양가족연금액은 평균소득월액이나 가입기간과는 상관없이 해당 부양가족이 있으면 누구에게나 동일하게 지급되며, 부양가족연금액도 물가인상률에 따라 매년 조정된다. 그리고 노령연금, 장애연금의 경우에는 연금수급권을 취득한 후에, 새로이 수급권자에 의하여 생계를 유지하는 지급대상자가 있는 경우에도 부양가족연금액이 지급된다. 다음의 <표 2-10>은 부양가족연금 대상자의 범위 및 부양가족연금액을 나타내고 있다.

후 평균한 값으로, 가입자 각 개인의 소득에 비례해서 결정되는 값임.

〈표 2-10〉 부양가족연금 대상자의 범위 및 부양가족연금액

지급대상	요 건	부양가족연금액
배우자	(사실혼 포함)	연 200,220원
자녀 <배우자가 혼인 전에 얻은 자녀(계자녀) 포함>	18세 미만 또는 장애등급 2급 이상에 해당하는 자녀	연 133,470원 / 1인당
부모 <배우자의 부모 포함>	60세 이상 또는 장애등급 2급 이상에 해당하는 부모	연 133,470원 / 1인당

* 2007년 4월~2008년 3월까지 적용되는 부양가족연금액이며, 매년 물가변동률에 따라 조정됨.
* 자료: 국민연금공단(www.nps.or.kr)

4) 연금수급 요건 및 급여의 종류

국민연금은 나이가 들거나 장애 또는 사망으로 인해 소득이 감소할 경우 일정한 급여를 지급하여 소득을 보장하는 사회보험으로서, 지급받게 되는 급여의 종류는 노령연금(분할연금), 장애연금, 유족연금, 반환일시금, 사망일시금 등이 있다(국민연금법 제49조).

국민연금의 급여산식은 소득계층 간 소득재분배 기능을 포함하고 있다. 장기보험인 국민연금은 연금액의 실질가치 보장을 위해 연금액 최초 결정 시는 가입기간 중 임금인상률을 반영하고, 수급기간 동안에는 전국소비자물가 변동률을 고려한다.

다음의 <표 2-11>은 국민연금 급여의 종류이다.

〈표 2-11〉 급여의 종류

	연금 급여(매월 지급)		일시금 급여
노령연금	노후소득보장을 위한 급여 (국민연금의 기초가 되는 급여)	반환 일시금	연금을 받지 못하거나 더 이상 가입할 수 없는 경우 청산적 성격으로 지급하는 급여
장애연금	장애로 인한 소득감소에 대비한 급여	사 망 일시금	유족연금 및 반환일시금을 받지 못할 경우 장제비적 성격으로 지급하는 급여
유족연금	가입자의 사망으로 인한 유족의 생계 보호를 위한 급여		

* 자료: 국민연금공단(www.nps.or.kr)

(1) 노령연금

가입기간(연금보험료 납부기간)이 10년 이상이 되면, 60세(소득이 없을 경우 55세) 이후부터 평생 매월 지급받을 수 있으며, 국민연금의 기초가 되는 급여이다. 노령연금은 가입기간, 연령, 소득활동 유무에 따라 완전노령연금, 감액노령연금, 재직자노령연금, 조기노령연금으로 구분되며, 파생급여로 분할연금이 있다.

1988년부터 시작한 국민연금은 2008년 현재 어느덧 20년이 되었다. 이로써 제도 시행 이후 20년을 가입한 사람들은 완전노령연금을 지급받게 되었다.

노령연금 급여액은 가입기간에 비례하여 가입기간이 20년 이상인 사람은 기본연금액에 부양가족연금액을 합산한 금액을 받게 되며, 가입기간이 20년 미만인 사람은 기본연금액에서 일정비율로 감액된 금액에 부양가족연금액을 합산한 금액을 받게 된다.

다음의 <표 2-12>는 노령연금의 종류에 따른 수급요건 및 급여수준이다.

〈표 2-12〉 노령연금의 종류와 수급요건 및 급여수준

구 분	수 급 요 건	급 여 수 준
완전노령연금	• 가입기간 20년 이상, 60세에 도달한 자(65세 이전까지는 소득이 없을 경우에 한함)	• 가입기간이 20년 이상인 경우 - 기본연금액 100% + 부양가족연금액
감액노령연금[1]	• 가입기간 10년 이상 20년 미만으로 60세에 도달한 자(65세 이전까지는 소득이 없을 경우에 한함)	• 가입기간이 10년인 경우 - 기본연금액 50% + 부양가족연금액 * 가입기간이 1년 증가 시 지급률 5%씩 증가
재직자노령연금[2]	• 완전노령연금수급권자 또는 감액노령연금수급권자가 65세 이전에 소득이 있는 업무에 종사하는 경우(소득 있는 업무 종사하지 않으면, 완전노령이나 감액노령연금으로 전환)	• 가입기간이 10년, 60세인 경우 - 기본연금액 50%×50%(재직자연령별 지급률) * 가입기간 1년 증가시 지급률 5%씩 증가 * 연령 1세 증가시 연령별지급률 10%씩 증가 • 가입기간이 20년인 경우, 수급연령에 따라 기본 연금액의 50~90% • 부양가족연금액은 지급되지 않음
조기노령연금	• 가입기간 10년 이상, 연령 55세 이상인 자가 소득이 있는 업무에 종사하지 아니하고, 60세 도달 전에 청구한 경우(60세 전에 소득 있는 업무종사 시 그 기간 지급 정지하고, 60세 이후 65세 이전에는 재직자노령연금으로 전환)	• 가입기간이 10년, 55세인 경우 - 기본연금액 50%×70% + 부양가족연금액 * 가입기간 1년 증가 시 지급률 5%씩 증가 * 수급개시연령 1개월 초과 시마다 지급률 0.5%씩 증가
특례노령연금	• 국민연금제도 시행 당시 나이가 많아 연금을 받기 위한 최소가입기간(10년)을 채울 수 없는 자. • 가입기간이 5년 이상이고 연령 60세 이상인 경우	• 가입기간 5년, 60세인 경우 - 기본연금액 25% + 부양가족연금액 * 가입기간 1년 증가 시 지급률 5%씩 증가
분할연금[3]	• 가입기간 중 혼인기간이 5년 이상인 노령연금수급권자의 이혼한 배우자가 60세 이상이 된 경우	• 배우자이었던 자의 노령연금액(부양가족연금액 제외) 중 가입기간 중 혼인기간(5년 이상)에 해당하는 연금액의 1/2

주1) 20년 미만 가입하여 감액노령연금을 받는 경우, 종래에는 기본연금액에서 지급액을 2.5% 감액하였으나, 최근 국민연금법의 개정(국민연금법 개정 법률 제8541호, 2007년 7월 23일 공포)으로 지급률이 2.5% 상향되었음.

주2) 연기연금제도의 도입으로 재직자노령연금에 대해 수급권자가 원할 경우, 고령자의 근로의욕을 고취하기 위하여 1회에 한하여 연금수급을 연기할 수 있다. 이 경우 연기되는 매 1월마다 0.5%씩 가산지급(1년에 6%씩 연금액 증액)하도록 함(국민연금법 개정 법률 제8541호, 2007년 7월 23일 공포).

주3) 최근 개정된 법률(국민연금법 개정 법률 제8541호, 2007년 7월 23일 공포)에 의하면, 이혼한 배우자에게 지급되는 분할연금을 그 배우자가 재혼하는 경우에도 계속 지급받을 수 있도록 하고, 자신의 노령연금과 함께 지급받을 수 있도록 하여 분할연금 수급권을 강화하였음.

* 자료: 국민연금공단(www.nps.or.kr)

가. 노령연금 수급개시 연령연장

노령연금을 받을 수 있는 연령은 현재 60세(조기노령연금은 55세)이나, 2013년부터 5년마다 단계적으로 1세씩 연장되어 2033년 이후에는 65세(조기노령연금은 60세)가 되어야 노령연금을 수급할 수 있다. 이는 오래전부터 노령화가 시작된 미국, 일본, 독일, 영국, 스웨덴 등 많은 선진국들은 노령연금 수급개시 연령 상향조정 개혁을 1980년대부터 단행하여, 현재 65세부터 노령연금을 지급하고 있는 실정에 있다. 즉 평균수명이 연장되고 노령화가 지속적으로 심화되는 사회에서 연금재정의 건전화를 위한 선택이라 할 수 있다.

나. 특례노령연금(노령연금에 대한 특례)[48]

국민연금제도 시행 당시 나이가 많아 연금을 받기 위한 최소 가입기간인 10년을 채울 수 없는 경우에, 60세 도달 시에 가입기간이 5년 이상 되거나 60세 이후에 가입기간이 5년이 되면 노령연금을 지급받을 수 있는 제도로서, 국민연금법 부칙에 규정해 놓은 한시적인 제도이다.

즉 1988년 1월 1일 현재 45세 이상 60세 미만인 자(특수직종 근로자의 경우에는 40세 이상 55세 미만인자)가, 가입기간이 5년 이상이 되는 때에는 일정한 금액의 연금을 지급한다.

(2) 장애연금

가입 중에 발생한 질병 또는 부상으로 인해 완치[49]된 후에도 장애가 남았을 때, 장애 정도(1~4급)에 따라 급여를 지급하는 연금제도이다. 이는 장애로 인한 소득 감소부분을 보전함으로써 자신과 가족의 안정된 생활을 보장하기 위한 급여이다.

최근 국민연금법의 개정(국민연금법 개정 법률 제8541호, 2007년 7월 23일 공포)

---

48) 국민연금법 부칙 제2조(법률 제8541호, 2007. 7. 23).
49) 완치란 부상 또는 질병이 의학적으로 치유되었을 때 또는 더 이상의 치료효과를 기대할 수 없는 상태로서, 그 증상이 안정되고 장기간에 걸쳐서 그 장애의 고정성이 인정되는 최종 상태를 말함.

으로 장애연금의 대상이 확대되었다. 즉 가입 전에 발생한 질병이라도 가입 중에 최초 진단을 받았다면 장애연금을 지급하고, 미완치 질환에 대한 장애등급 판정 시기를 최초 진단일로부터 2년 경과한 날에서 1년 6개월로 단축하였다.[50]

가. 장애등급 결정

완치일을 기준으로 노동력 손실 또는 감소 정도에 따라 1~4급으로 결정하며, 완치되지 않은 경우에는 초진일로부터 1년 6개월이 경과된 날을 기준으로 장애등급을 결정한다. 만약, 1년 6개월이 경과된 시점에서 장애가 경미하여 장애등급(1~4급)에 해당되지 않았으나 그 장애가 악화되어 60세가 되기 전에 장애등급에 해당되면 청구한 날을 기준으로 장애등급을 결정한다. 또한, 한 사람에게 여러 부위에 장애가 발생하면 장애 정도를 합하여 장애등급을 결정하며, 장애등급 결정 후에 장애가 악화되거나 호전된 경우에는 장애등급을 변경한다.

장애연금액은 장애등급에 따라 1~3급까지는 기본연금액의 일정률에 부양가족연금액이 더해져 매월 연금으로 지급되며, 장애 4급의 경우는 일시금으로 지급된다.

다음의 <표 2-13>은 장애등급별 급여수준을 나타내고 있다.

〈표 2-13〉 장애등급별 급여수준

장애 1급	장애 2급	장애 3급	장애 4급(일시보상금)
기본연금액의100% + 부양가족연금액	기본연금액의80% + 부양가족연금액	기본연금액의60% + 부양가족연금액	기본연금액의 225%

* 자료: 국민연금공단(www.nps.or.kr)

(3) 유족연금

국민연금 가입자 또는 연금을 지급받던 사람이 사망할 경우, 그에 의해 생계를 유

---

50) 즉 종래에는 가입 중에 초진일이 있더라도 그 질병이나 부상이 가입 전에 발생한 것으로 인정되는 경우에는 장애연금을 지급하지 않았으나, 개정법 시행 이후에는 가입 중에 초진일이 있고 그 질병의 발생사실을 가입 전에 이미 알고 있는 경우가 아니라면 장애연금을 지급한다.

지하던 유족에게 급여를 지급하여 안정된 삶을 살아갈 수 있도록 하기 위한 급여이다.

수급요건은 ① 노령연금 수급권자가 사망한 경우, ② 가입자가 사망한 경우(단, 가입기간이 1년 미만인 경우는 가입 중에 발생한 질병이나 부상으로 사망한 경우), ③ 장애등급 2급 이상의 장애연금 수급권자가 사망한 경우, ④ 가입기간 10년 이상 가입자였던 자가 사망한 경우, 그리고 ⑤ 가입기간 10년 미만의 가입자였던 자가 가입중에 발생한 질병이나 부상으로 가입 중 초진일 또는 가입자 자격상실 후 1년 이내의 초진일로부터 2년 이내에 사망한 경우 등이다.

유족의 범위는 사망자에 의하여 생계를 유지하고 있던 가족으로, 배우자와 아래의 요건을 충족하는 자녀, 부모, 손자녀, 조부모 순위 중 최우선순위자에게 유족연금을 지급한다.

다음의 <표 2-14>는 유족의 범위와 요건을 나타내고 있다.

<표 2-14> 유족의 범위와 요건

지급대상	요 건	
자 녀	18세 미만	
부모 (배우자의 부모 포함)	60세 이상	또는 장애등급 2급 이상
손자녀	18세 미만	
조부모 (배우자의 조부모 포함)	60세 이상	

* 자료: 국민연금공단(www.nps.or.kr)

유족연금 수급조건의 남녀차별 해소를 위한 최근 개정된 법률(국민연금법 개정 법률 제8541호, 2007년 7월 23일 공포)에 의하면, 부인이 사망한 경우 남편에게도 연령이나 장애등급에 상관없이 유족연금을 지급하게 되었다. 즉 종래에는 부인이 사망한 경우 남편은 60세 이상이거나 장애 2급 이상이어야 유족연금을 수령할 수 있었다(반면에 여성은 연령 제한 없이 최초 5년간 받고, 소득유무와 상관없이 50세부터 계속 받을 수 있음). 하지만, 법 개정으로 남녀차별 없이 모두 최초 3년간 지급한 후 정지(단, 최초 수급 후 소득 있는 업무에 종사하지 않는 등 특정사유에 해당

하는 경우에는 계속 지급함)하였다가 55세 이후부터 다시 지급하게 되었다.[51)

또한 국민연금법 개정 법률(제8541호, 2007년 7월 23일 공포)에 의하면, 자녀 또는 손자녀인 유족연금수급자가 18세 도달 시까지 받은 유족연금액이 사망일시금보다 적은 경우 그 차액을 일시금으로 지급하도록 하였다. 이는 유족연금을 지급받을 수 있는 자녀 또는 손자녀는 18세 미만이어야 하며, 18세에 달하게 되면 유족연금 수급권이 소멸되므로 더 이상 유족연금을 받을 수 없도록 되어 있기 때문에, 수급 기간이 짧은 경우에는 수급한 연금액이 사망자가 납부한 금액보다 적은 경우가 발생할 수 있다는 것이다. 그러나 개정법에는 자녀 또는 손자녀인 유족연금수급자가 18세 도달까지 받은 유족연금액이 사망일시금보다 적은 경우, 그 차액을 지급하도록 한 것이다.[52)

유족연금액은 사망자의 가입기간에 따라 기본연금액의 일정률에 부양가족연금액이 더해져 매월 연금으로 지급된다.

다음의 <표 2-15>는 가입기간별 유족연금액을 나타내고 있다.

<표 2-15> 가입기간별 유족연금액

10년 미만	10년 이상~20년 미만	20년 이상
기본연금액의40% + 부양가족연금액	기본연금액의50% + 부양가족연금액	기본연금액의60% + 부양가족연금액

※ 다만, 노령연금수급권자의 사망으로 인한 유족연금액은 사망한 자가 지급받던 노령연금액을 초과할 수 없음.
* 자료: 국민연금공단(www.nps.or.kr)

---

51) 이는 연금제도가 가입자 또는 가입자였던 자에 의하여 생계를 유지할 수 없었던 경우, 그 유족의 생계를 유지하기 위한 부분임을 고려한 것이었으나, 여성의 경제활동 참여율의 증가에 따른 사회경제적 변화를 반영하여 성차별적인 수급권 제한요건을 폐지하게 된 것이다.

52) 예를 들면, 월 20만원의 유족연금을 17세부터 지급받는 자녀가 18세에 도달 시까지 지급받은 유족연금액은 총 240만원인데, 그 자녀가 지급받을 수 있는 사망일시금이 500만원이었다면, 18세에 도달하여 유족연금수급권이 소멸될 때 그 차액인 260만원을 추가로 지급받을 수 있도록 하였다.

(4) 반환일시금

연금 급여를 받을 수 있는 요건을 충족하지 못하였거나 국외이주 등으로 더 이상 국민연금의 보호가 필요하지 않을 경우, 납부한 연금보험료에 이자를 더해 일시에 지급받을 수 있는 급여이다. 반환일시금을 지급받은 경우 가입기간이 소멸되므로 다른 연금을 받을 수 없다. 다만, 다시 국민연금 가입자가 된 경우에는 일정한 이자를 더하여 반납함으로써 가입기간이 복원될 수 있다.

반환일시금의 수급요건으로는, ① 가입기간 10년 미만인 사람이 60세가 된 경우(단, 특례노령연금수급권자는 해당되지 않음), ② 가입자 또는 가입자였던 자가 사망하였으나 유족연금에 해당되지 않는 경우, ③ 국적을 상실하거나 국외에 이주한 경우, 그리고 ④ 1999년 4월 1일 이전에 공무원퇴직연금 등 다른 공적 연금을 받았거나 받고 있는 사람이, 사업장 또는 지역가입자 자격을 상실한 경우 등이다.

그리고 최근 국민연금법의 개정(개정 법률 제8541호, 2007년 7월 23일 공포)에 따르면, 종래에는 국민연금 가입자가 공무원연금 등 타 공적 연금의 가입자[53]가 되면 반환일시금을 지급받을 수 있었으나, 개정된 법규정에 따르면 60세가 되어야 지급받을 수 있게 되었다(타 공적 연금 가입자의 반환일시금 지급 제외규정). 즉 타 공적 연금 가입자가 되기 전 국민연금 가입기간과 퇴직 후 국민연금 가입기간을 합하여 10년 이상 납부하면, 국민연금의 혜택을 볼 수 있게 한 것이다. 이는 해당자들이 공적 연금 가입기간이 짧아 해당 연금을 받지 못해 노후가 불안정해지는 상황에서 연금혜택을 강화하기 위한 조치라고 한다.

반환일시금액은 본인이 납부한 연금보험료에 이자를 더하여 지급하며, 이자율은 가입기간 중에는 3년 만기 정기예금이자율을 적용하고, 상실 후부터 지급사유 발생일까지는 1년 만기 정기예금이자율을 적용한다.

(5) 사망일시금

사망일시금제도는 1995년 농어촌지역에 국민연금을 확대적용하면서 신설한 제도

---

53) 공무원, 군인, 사립학교교직원, 그리고 별정우체국 직원으로 해당 연금법의 적용을 받는 자.

로서 국민연금 가입자가 사망했으나 미혼 등의 사유로 여성 배우자나 18세 미만의 자녀가 없는 경우, 부모형제가 있더라도 60세 미만이면 부모나 형제는 유족에 해당되지 않으므로 유족연금이나 반환일시금도 지급받지 못하게 되므로 가입자의 사망으로 그가 불입한 보험료는 국민연금기금에 고스란히 남게 된다. 따라서 사망한 국민연금 가입자가 가입자로서 일정한 기여를 하였음에도 불구하고 혜택을 받지 못하는 경우가 발생될 수 있는데, 이럴 경우 급여를 지급받지 못하는 유족에게 장제부조금 성격의 사망일시금을 지급한다. 급여액의 수준은 반환일시금에 상당하는 금액이 지급되며, 수급권자는 배우자, 자녀, 부모, 손자녀, 조부모, 형제자매, 또는 4촌 이내의 방계혈족으로서 가입자 또는 가입자였던 자에 의하여 생계를 유지하고 있던 자이다.

이 제도가 만들어짐에 따라 가입자가 사망 시 동거가족이 있으면 유족연금이나 반환일시금을 못 받더라도 장제비 성격의 사망일시금은 지급받을 수 있게 되었다 (국민연금법 제80조).

하지만 사망일시금액은 반환일시금 상당금액으로 하지만, 최종소득 또는 가입기간 동안의 평균소득 중 많은 금액의 4배를 초과할 수 없다.

5) 국민연금 수급자 현황

1988년부터 시작한 국민연금은 2008년 현재 어느덧 20년이 되었다. 이로써 제도 시행 이후 1993년 1월 특례노령연금 지급을 시작으로 하여, 제도 시행 20년째인 2008년 1월 말에는 수급자가 211만 명을 넘어서고 있으며, 특히 제도 시행 이후 처음으로 완전노령연금(637명)을 지급받게 되었다. 다음의 <표 2-16>은 국민연금 연금 급여 종별 급여지급 현황을 나타내고 있다.

〈표 2-16〉 국민연금 연금 급여종별 급여지급 현황

(단위: 건, 백만원)

급여종별			1993.12	2003.12	2004.12	2005.12	2006.12	2007.12	당월말 누계	당월말 당월
계	소계	수급자	1,745,829	8,848,623	9,349,378	9,704,810	10,055,677	10,466,816	10,503,072	2,114,668
		금액	709,190	18,318,593	21,232,607	24,817,508	29,177,747	34,360,358	34,829,680	469,323
노령연금	소계	수급자	35,620	1,108,415	1,500,194	1,749,633	1,973,767	2,250,948	2,275,632	2,103,096
		금액	60,070	7,222,136	9,791,103	13,001,147	16,900,516	21,649,503	22,086,833	437,331
	특례	수급자	10,971	852,350	1,202,939	1,411,375	1,592,056	1,824,490	1,845,256	1,730,132
		금액	6,447	5,123,910	7,111,359	9,642,896	12,746,056	16,603,765	16,961,999	358,234
	감액	수급자	10,971	759,065	1,068,000	1,231,930	1,359,646	1,517,216	1,531,133	1,429,511
		금액	6,447	4,514,574	6,170,638	8,199,948	10,501,214	13,145,721	13,381,498	235,777
	완전	수급자	0	0	0	0	0	0	637	637
		금액	0	0	0	0	0	0	411	411
	재직자	수급자	0	25,884	55,753	87,219	123,540	173,807	177,612	172,919
		금액	0	34,303	154,877	395,201	850,372	1,601,661	1,678,640	76,979
	조기	수급자	0	67,219	78,717	91,271	107,656	131,766	134,099	125,580
		금액	0	574,819	785,212	1,046,032	1,391,558	1,851,560	1,896,413	44,853

급여종별			1993.12	2003.12	2004.12	2005.12	2006.12	2007.12	당월말 누계	당월말 당월
연금	노령	수급자	0	182	469	955	1,214	1,701	1,775	1,485
		금액	0	214	632	1,715	2,912	4,823	5,037	214
	장애	수급자	4,012	48,439	58,361	68,632	80,035	90,439	91,351	62,313
		금액	9,787	536,787	700,416	894,347	1,119,955	1,365,832	1,387,744	21,913
	유족	수급자	20,637	207,626	238,894	269,626	301,676	336,019	339,025	310,651
		금액	43,836	1,561,439	1,979,328	2,463,904	3,034,505	3,679,906	3,737,090	57,184
	소계	수급자	1,710,209	7,740,208	7,849,184	7,955,177	8,081,910	8,215,868	8,227,440	11,572
		금액	649,120	11,096,457	11,441,504	11,816,361	12,277,231	12,710,855	12,742,847	31,992
일시금	장애	수급자	4,238	23,197	26,806	30,953	35,851	41,018	41,525	507
		금액	7,463	114,645	143,942	179,655	223,895	272,221	277,138	4,917
	반환	수급자	1,705,971	7,690,395	7,790,145	7,886,223	8,001,617	8,122,817	8,133,384	10,567
		금액	641,657	10,940,140	11,243,333	11,568,218	11,968,891	12,337,265	12,362,975	25,710
	사망	수급자	0	26,616	32,233	38,001	44,442	52,033	52,531	498
		금액	0	41,672	54,229	68,488	84,445	101,369	102,734	1,365

* 1988년 1월 1일~2008년 1월 말 누계기준
* 당월: 수급자였던 자를 제외한 2008년 1월 당월 순수급자 수 및 금여 지급액.
* 완전노령연금: 가입기간 20년 이상이고, 기본연금액이 100% 지급되는 수급자.
* 자료: 국민연금공단(www.nps.or.kr)

다음의 <그림 2-2>는 연도별 급여수급자 현황을 그림으로 나타내고 있다. 여기서 특징적인 사항은 1999년도 이후 노령연금수급자가 기타 장애연금이나 유족연금에 비해 상대적으로 큰 폭의 증가율을 나타내고 있다는 점이다. 이는 제도 시행 이후 20년이 되는 2008년 현재 이후에는 노령연금의 꽃이라 할 수 있는 완전노령연금의 수급자 수가 큰 폭으로 증가할 것이라는 것을 쉽게 예상해 볼 수 있는 것이다.

〈그림 2-2〉 연도별 급여수급자 현황

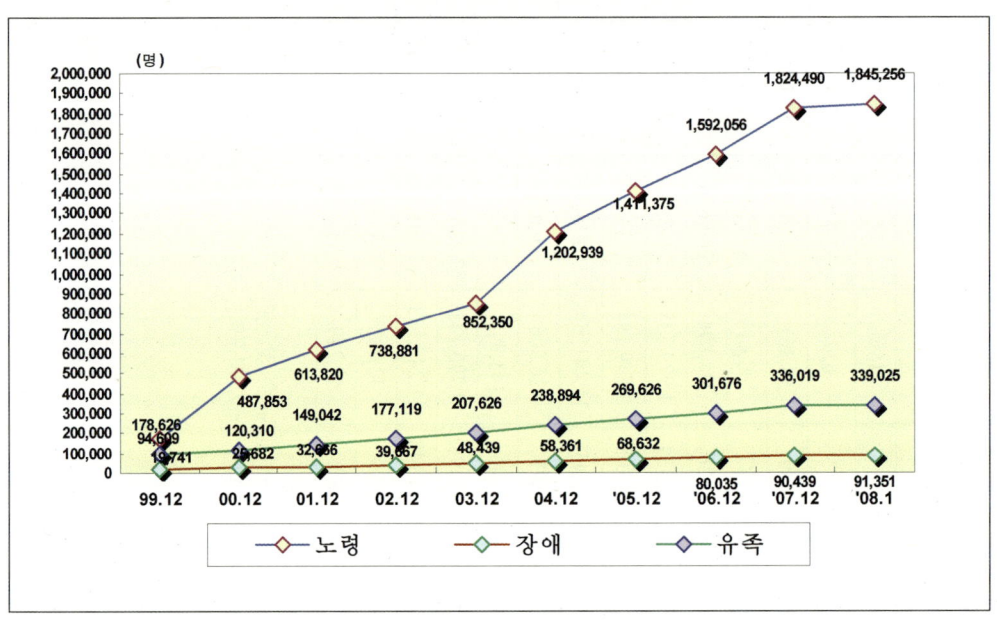

* 자료: 국민연금공단(www.nps.or.kr)

6) 국민연금 재정체제

연금제도는 장기간인 사회위험에 대비하기 위한 제도이기 때문에, 얼마만 한 재원을 누가 부담하며 어떻게 재정을 운용해 나가야 하는가 하는 문제는 매우 중요하다. 따라서 본 절에서는 연금 재정을 위한 재원부담방법과 재정운용방식, 그리고 기금의 조성에 대하여 살펴보기로 한다.

(1) 재원부담방법

사회보장제도에 있어서 재원부담방법을 살펴보면 부담 주체로는 국가 또는 지방자치단체, 사용자, 수혜자 본인이 있고, 그 구현형식에 따라 사용자와 수혜자 본인 양자가 비용을 부담하는 2자 부담방식과 사용자, 수혜자 본인, 그리고 정부가 비용을 부담하는 3자 부담방식이 있다.[54]

2자 부담방식은 만일 연금의 재원을 위해 정부의 조세로부터 많은 양이 조달된다면 수혜자들이 급여의 개선을 지나치게 요구할 것이고, 이로 인하여 정부의 사회보장재원에 압박을 가하게 될 것이므로 급여와 재정을 유지하기 위한 것이다.[55]

3자 부담방식의 경우 수혜자 본인의 비용부담은 급여를 받는 것이 사회부조가 아닌 비용부담에 대한 권리이며, 일종의 저축수단으로 생각할 수 있다. 사용자의 부담은 피해자인 수혜자가 재해, 실업, 질병 등과 같은 우발사고와 유사한 사회보장사고를 당했을 때 사용자가 져야 하는 인력자원보호책임이며, 이를 통하여 노동의 질적 향상과 안정 등의 이점을 얻을 수 있다. 한편 국가 또는 지방자치단체의 부담은 시장의 최저생활을 보장해야 하며 빈곤계층을 보장 내지 수용할 도의적 책임의 일종이다.[56] W Beveridge는 3자 부담방식이 가장 바람직하다고 했으나,[57] 아직 진정한 재원조달의 원리는 없는 것 같다.

현행 국민연금제도는 수혜자와 사용자가 공동 부담하는 2자 부담방식을 채택하고 있다. 이와 같은 방식을 기여제(contributory system)라 하는데 기여연금제는 사용자와 피고용자 간의 호혜원리(principle of mutuality)와 거치보수(deferred compensation)의

---

54) 서민성 "한국의 사회복지와 재정지출의 연구", 충북대학교 인문사회과학 논문집, 제24권, 1982, p. 165.
55) 성혜정, "한국공적연금제도의 소득재분배 효과에 관한 연구", 한국사회사업학회지 제5권, 1983, pp. 126-127.
56) 의료보험관리공단, 사회보장의 재원조달, 1985, pp. 10-11.
57) W. Beveridge, *Social Insurance and Allied Service*(N. Y.: MacMillan, 1942), p. 11.

연금철학에 입각하고 있다.[58] 노사쌍방 간의 부담량은 임금에 대한 백분비율제(rate system) 정액제(flat rate system)가 있는데, 노사쌍방의 부담비는 국가에 따라 차이가 있으나 대체로 각각 1 : 1 내지 1 : 2 수준에서 정해지고 있다. 이러한 부담비는 지급액, 자격 취득기간 급여의 종류 등의 연금제도의 내재적 조건과 국가재정 능력, 임금수준 등의 의재적 조건 양자의 영향을 받는다.

(2) 연금재정운용방식

연금제도에 있어서 급여지급의 재원조달문제는 매우 중요한 문제 중의 하나이다. 연금재정운용방식이란 바로 이러한 급여지급을 위한 재원을 어떻게 조달할 것인지에 대한 계획을 의미한다. 연금재원방식은 크게 부과방식과 적립방식으로 나눌 수 있으며 더 나아가서는 두 가지 방식을 수정한 수정부과방식과 수정적립방식으로 다시 구분하기도 한다.[59]

가. 부과방식(pay-as-you-go)

부과방식은 통상 1년을 수지단위로 하여 매년 지불되는 급여액을 같은 기간 내의 보험료수입으로 충당하는 방식으로 적립금이 생기지 않는 것이 원칙이며 적립금이 남는다 하여도 이것은 위험준비금 정도이다. 또한 부과방식에서는 급여지출의 변화가 직접 보험과의 변화로 나타나므로 제도성숙화의 각 단계마다 보험료율에 차이가 발생한다.

부과방식의 장점은 다음과 같다.

첫째, 부과방식은 장기적인 연금 급여에 대비한 기금을 만들어두지 않고 매년 지급해야 하는 급여비에 필요한 재원만 마련하기 때문에 연금수지차가 거의 없어 연금의 실질가치 유지대책이 불필요하며 둘째, 연금 개시비용이 적게 든다.

이에 반해 단점으로는 제도가 성숙하여 연금수급권자가 증대하게 되면 보험료 부담이 증가되어 후세대의 가입자가 전 세대의 가입자가 가입했던 부담분까지도 가중

---

58) 강강원, 국민연금법해설, 진로연구사, 1988, pp. 142-143.
59) 민재성·최승호, 국민복지연금의 재정지출추계 및 재정분석, 한국개발연구원, 1985, pp. 18-25.

부담해야 하므로 세대 간의 부담배분이 불공평하다는 것이다.

나. 적립방식(accumulation of funds)

적립방식은 연금시행 초기의 수지차액, 국고출납금 및 누적기금의 이식금 등을 기금으로 적립하여 장차 지출금에 충당하도록 운영하는 방식이다.

그러나 연금기금이 완전한 장래의 지급을 보장해 주는 것은 아니다. 제도 시행 초기에는 지출보다 보험료 수입이 크기 때문에 적립금이 누증되고, 이와 동시에 적립금리식 수입도 늘어나 계속하여 기금의 규모는 커지게 된다. 그러나 제도가 성숙되어 감에 따라 지출이 증대하고 결국에는 지출이 수입을 초과하는 시점에 이르면 적립금으로써 초과지출을 보충하게 되고, 나아가 제도가 완전히 성숙한 계급에서는 보험료는 평준적인 형태이나 적립금이 형성되지 않으므로 적립방식이라고 말할 수 없는 상태가 된다.

적립방식의 장점으로는 첫째, 세대 간의 공평한 보험료 부담이 가능하고, 둘째 가입자의 제도적 평생저축이란 점과, 누적기금에 의한 자본형성으로 자본부족국의 경우 이를 활용할 수 있다는 것이다. 이에 반해 단점으로는 첫째, 장래에 변화하는 지출을 예측하기 어려워 제도 시행 초기에 적정평준보험료율을 산정하기가 어려우며 둘째, 재정수지에 영향을 미치는 여러 가지 변수가 상황에 따라 변화하면 적립방식의 초기에 설정하였던 평준보험료율의 수정이 불가피하게 되어, 원래의 고유한 의미의 적립방식을 계속 추측하기가 어렵게 된다.

다. 수정부과방식

수지균형을 꾀하는 원칙적인 생각은 부과방식과 같지만 어느 정도의 적립금을 보유하여 그 이식수입을 개입으로 고려하려는 재정방식이다. 예를 들어 10~20년 정도의 기간을 단위로 그 기간 내에 수지균형이 취해지도록 보험료율을 정하는 것이다. 이 경우 계획기간을 길게 한 경우에는, 실질적으로 수정적립방식과 큰 차이가 없는 방식이다.

라. 수정적립방식

평준보험료율을 산정하고 있는 적립방식의 제도에 있어서 현실적인 부담능력의 제약상 그 평준보험료율보다 낮은 요율을 과하게 된다. 그러나 이 차이에 해당하는 적립부족분을 후세대의 가입자 부담으로 하는 방식을 수정적립방식이라고 한다. 즉 사회경제적인 여러 가지 사정으로 적립방식을 추측할 수 없게 된 때 이 방식이 이용된다.

이 방식은 어느 정도의 적립금이 형성되어 있지만 연금재정 전체로 보아 적립방식보다 적립금의 기여는 낮게 된다. 또한 급여 개정이 수시로 행하여져 적립부족액이 중대하게 되면, 실질적으로 부과방식과 다름이 없는 상태로 전환된다.

현행 국민연금제도는 기간별로 보험료율을 달리하고는 있으나, 개정수지를 재검토하여 그 결과에 따라 보험료율을 조정하도록 하는 규정이 없는 것을 볼 때 재정부과방식 내지는 수정적립방식에 준하는 것이라 할 수 있다.

7) 기금 및 관리운영

국민연금기금은 국민연금사업에 필요한 재원을 원활히 확보하고 연금 가입자를 위한 노령연금, 유족연금, 장애연금 등 연금 급여의 지급에 충당하기 위하여 국민연금법에 의해 설치되었다(1988년 1월).

국민연금기금은 연금재정의 장기안정을 통한 국민의 신뢰확보를 위하여 운용되고 있으며, 이를 위한 세부목표로서 과학적 인프라구축, 안정적 수익확보, 그리고 투명성과 신뢰도를 제고하고자 한다.

국민연금기금의 운용원칙에는 안정성, 수익성, 공공성, 유동성, 그리고 독립성 등이 있다. 이를 구체적으로 살펴보면 다음과 같다.

첫째, 기금의 안정성이다. 즉 기금은 가입자들의 미래 연금 급여 지급을 위한 책임준비금이기 때문에 기금운용의 안정성이 보장되어야 한다. 안정성과 수익성은 서로 상충관계(trade-off)에 있어 과도한 수익성 추구는 상응하는 위험(risk)을 수반하므로, 연금재정의 장기안정과 가입자들의 노후생활 안정에 부정적인 영향을 미치게 된다. 그러므로 기금은 투자하는 자산의 전체 수익률 변동성과 손실위험이 허용된 범위 안에 있도록 안정적으로 운용하여야 한다.

둘째, 기금의 수익성이다. 기금운용의 목적은 연금재정의 장기 안정과 미래 원활한 연금 급여 지급을 위해 운용수익을 최대로 증대시키는 데 있다(국민연금법 제102조). 이는 허용 위험범위 내에서 운용수익 최대화를 통해 안정적인 기금증식과 가입자의 보험료 부담 완화에 기여해야 함을 의미한다. 따라서 가입자의 부담, 특히 미래세대의 부담 완화를 위하여 가능한 한 많은 수익을 추구하여야 한다.

셋째, 기금의 공공성이다. 국민연금기금은 전 국민을 대상으로 하는 제도이고, 적립규모가 국가경제에서 차지하는 비중이 크기 때문에, 국가경제 및 국내 금융시장에 미치는 파급효과를 감안하여 운용하여야 한다. 거대기금으로서 국가경제 발전과 국내 금융시장의 안정에 기여하면서, 기금 본연의 목적을 달성할 수 있도록 운용하여야 한다.

넷째, 기금의 유동성이다. 미래 본격적인 연금 급여 지급 시점이 도래하면 급여지급을 위해 불가피하게 기금보유 자산을 지속적으로 처분하여야 한다. 대규모 지속적인 자산매각은 기금보유 자산의 원활한 현금화를 어렵게 할 뿐 아니라, 해당 자산가격의 급락 등 시장충격을 초래할 수 있다. 그러므로 향후 안정적인 연금 지급을 위해서는 처분 시의 유동성 확보방안을 사전에 고려해야 한다.

다섯째, 기금의 독립성이다. 기금운용에는 다양한 이해관계자들(근로자, 사용자, 자영업자, 정부 등)이 참여하고 있어, 개별적인 이해관계 또는 목적으로 기금을 활용하려는 유혹에 노출되어 있다. 다양한 이해관계로부터 기금 본연의 목적과 원칙을 지켜나가는 것이 중장기적으로 관련 모든 이해관계자들의 이익을 충족시키는 최선의 방법이다. 따라서 다른 목적을 위하여 이러한 원칙이 훼손되어서는 안 된다.

국민연금기금의 성격은 국민연금사업에 필요한 재원을 원활하게 확보하고, 국민연금법에 의한 급여에 충당하기 위한 책임준비금으로서 수정적립방식을 채택하고 있다. 국민연금기금의 대부분이 가입자와 그 가입자를 고용하고 있는 고용주가 가입자의 퇴직 후 생활안정을 위하여 소득의 일부를 부담하는 보험료로 조성되어 있으므로, 일종의 가입자 신탁재산이다. 국민연금기금은 연금보험료, 기금운용수익, 결산상 잉여금으로 적립되며, 적립된 기금은 연금 급여의 지급, 가입자 및 수급권자를 위한 복지증진사업 등에 사용된다.

2008년 1월 말 현재 251조여 원을 조성하여, 연금 급여 등으로 지출된 37조 428억여 원을 제외한 214조 3,791억 원이 운용되고 있다. 현재 국민연금은 유가증권 등을 매입함으로써 이식사업에 투자되는 금융부문과 노인복지시설이나 탁아소 건립 융자, 생활안정자금 대여 등에 사용되는 복지부문, 그리고 기타 부문으로 나누어 운용되고 있다. 그러나 전체 기금운용액 중 금융부문이 차지하는 비중이 99.67%로서 거의 절대적으로 금융부문으로 운용되고 있다.

다음의 <표 2-17>은 연도별 국민연금기금운용 현황을 나타내고 있다.

〈표 2-17〉 연도별 국민연금기금운용 현황

(단위: 억원, %)

구 분		'01. 12	'02. 12	'03. 12	'04. 12	'05. 12	'06. 12	'07. 12	'08. 01
조 성		903,735	1,095,554	1,315,310	1,554,872	1,824,597	2,131,545	2,485,535	2,514,219
(증감률)		(22.7)	(21.2)	(20.1)	(18.2)	(17.3)	(16.8)	(16.6)	(1.2)
	연금보험료	643,822	782,002	938,111	1,109,545	1,294,981	1,496,504	1,713,206	1,732,131
	전용수익	259,761	313,375	377,018	443,954	526,987	630,760	766,683	776,392
	전입금	3	3	3	3	3	3	3	3
	결산상잉여금	149	174	178	178	190	194	198	198
	국고보조금 수입	–	–	–	1,192	2,436	3,798	5,168	5,215
	공단임대보증금	–	–	–	–	–	286	277	280
지 출		144,644	165,002	189,634	222,103	261,768	309,403	365,468	370,428
(증감률)		(13.1)	(14.1)	(14.9)	(17.1)	(17.9)	(18.2)	(18.1)	(1.4)
	연금급여지급	140,749	159,901	183,186	212,326	248,175	291,777	343,604	348,341
	공단운영비등	3,839	4,993	6,279	9,544	13,294	17,257	21,366	21,587
	복지타운 관리운영비	56	108	169	233	299	369	498	500

구 분	'01. 12	'02. 12	'03. 12	'04. 12	'05. 12	'06. 12	'07. 12	'08. 01
운 용	759,091	930,552	1,125,676	1,332,769	1,562,829	1,822,142	2,120,067	2,143,791
(증감률)	(24.7)	(22.6)	(21.0)	(18.4)	(17.3)	(16.6)	(16.4)	(1.1)
공공부문	307,847	301,989	152,512	63,770	–	–	–	–
복지부문	6,325	5,259	4,397	3,752	3,145	2,576	2,138	2,104
금융부문	442,232	620,489	965,770	1,261,851	1,556,151	1,815,936	2,114,265	2,136,792
기타 부문	2,687	2,815	2,997	3,396	3,533	3,630	3,664	4,895

* 매입가 기준으로 작성됨.
* 자료: 국민연금공단(www.nps.or.kr)

한편, 연금재정의 장기적인 안정을 기하기 위하여 제도 시행 초기에는 그 수익을 최대로 증대시킬 수 있도록 운영하여야 하며, 거대기금이 국민경제에 미치는 영향을 고려하여 균형적인 국민경제 및 금융제도의 발전을 가져올 수 있도록 운용되어야 할 것이다. 이에 기금의 운용은 수익성, 안정성, 공공성의 원칙에 의거하여 운용되도록 하고 있다.

먼저 수익성의 원칙이란 기금의 이식수입은 연금재정의 수지균형을 안정적으로 유지하는 데 결정적인 역할을 하므로, 그 수익을 최대로 증대시킬 수 있도록 운용되어야 한다는 것이다.

안정성의 원칙은 가입자의 장기신탁자산이며 연금 급여 책임준비금인 기금의 투자손실이 없도록, 안정성을 확보하도록 노력하여야 한다는 것이다.

공공성의 원칙이란, 막대한 기금재정이 국민경제 등에 미치는 영향을 고려하여 수익성을 해치지 않는 범위에서 공공성이 유지되도록 하는 것이다.

이상의 세 가지 원칙이 적절히 조화될 수 있도록 기본방향을 바람직하게 설정하여야 할 것이다.

다음의 <그림 2-3>은 연도별 기금운용 현황을 그림으로 나타내고 있다. 1999년도 이후 기금은 많은 부분 금융부문으로 운용되고 있으며, 2005년도부터 공공부문이 없어진 이후 금융부문에 대한 기금운용은 거의 절대적이라고 할 수 있다.

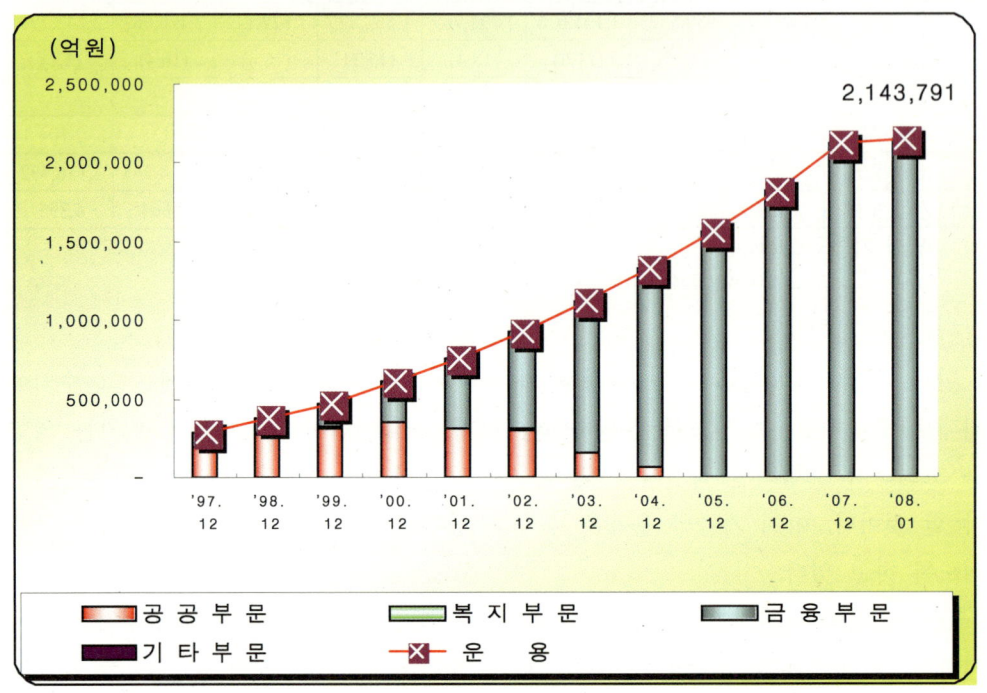

〈그림 2-3〉 연도별 기금운용 현황

* 자료: 국민연금공단(www.nps.or.kr)

2004년도까지 운용되었던 공공부문에의 과중한 예탁은, 안정성 측면에서는 장점이 있으나 금융수익률 내지 시장 이자율 이하의 운용수익으로 기금증식에 마이너스 효과를 가져왔으며, 장기재정전망 측면에서 악영향을 미쳤다고 볼 수 있다. 외국의 경우 연금기금의 운용은 시장경제원리에 의하여 시장이 자율로 지불하고 채권으로 보증하고 있다. 예를 들어 스웨덴, 미국, 캐나다, 영국 등은 기금재원 활용 시 공채발행을 통해 상환 보증하고 있으며, 캐나다의 경우 기금운용을 전문투자기관(CAISSE)에 위탁하여 운용하고 있다.

국민연금기금의 부문별 수익률 추이를 살펴보면, 단기적으로는 최근 5년간 금융부문 및 복지부문의 수익률이 떨어지고 있음을 알 수 있다. 이는 다음의 <표 2-18> 국민연금기금의 부문별 수익률 추이(2003~2007년)를 살펴보면 알 수 있다.

<표 2-18> 국민연금기금의 부문별 수익률 추이(2003~2007년)

(단위: %)

구 분	2007년	2006년	2005년	2004년	2003년
계	6.84	5.77	5.61	8.07	7.03
공공부문	-	-	4.16	4.71	4.9
복지부문	1.52	3.63	3.6	3.9	4.53
금융부문	6.86	5.77	5.65	8.41	7.58
주 식	33.66	5.49	57.57	9.93	37.08
국내직접	34.37	5.66	55.69	10.26	35.08
국내위탁	39.42	4.19	62.88	9.21	40.91
해외주식	3.7	19.11	10.76	16.16	11.47
채 권	2.65	5.81	0.25	8.3	5.09
국내직접	2.68	5.69	0.57	8.36	5.09
국내위탁	2.46	5.81	0.4	8.25	-
해외채권	2.43	6.89	-5.05	5.99	-
대체투자	6.08	6.59	8.48	0.82	-
단기자금	4.75	4.19	3.5	3.66	3.93

* 채권평가손익을 포함한 수익률임.
* 2001년부터는 모든 수익을 포함하여 수익률을 산출함(2000년 이전 자료는 채권평가손익을 제외한 수익금 대비 평잔수익률임).
* 자료: 국민연금공단(www.nps.or.kr)

다음의 <그림 2-4>는 국민연금기금의 연간 수익률과 3년 평균 수익률을 나타내고 있다. <그림 2-4>를 살펴보면, 국민연금제도의 시행 이후 2007년 현재까지 소폭적인 증감이 있었으나, 전체적인 수익률은 오히려 비슷하거나 하락하고 있는 추세임을 알 수 있다.

〈그림 2-4〉 국민연금기금의 연간 수익률과 3년 평균 수익률(단위: %)

* 연간 수익률(보라색), 3년 평균 수익률(초록색)
* 자료: 국민연금공단(www.nps.or.kr)

　국민연금기금은 국가경제에 미치는 영향력이 지대하고, 향후 연금 지급을 위한 책임준비금이므로 기금의 수익과 안정성 확보가 절실히 요구된다. 따라서 기금운용에 관한 최고의 심의·의결기구로서 국민연금기금운용위원회가 있다. 본 위원회의 심의의결사항은 기금운용지침에 관한 사항, 관리기금 예탁이자율의 협의에 관한 사항, 기금운용계획에 관한 사항, 기금의 운용내역과 사용내역에 관한 사항, 그리고 기타 기금운용에 관한 중요사항 등이다.

　기금운용위원회는 당연직위원(7인)을 비롯하여 위촉위원(14인)으로 사용자대표(3인), 근로자대표(3인), 지역가입자대표(6인), 그리고 관계 전문가대표(2인)로 구성되고 있다.

　다음의 <표 2-19>는 국민연금기금운용위원회의 구성을 나타내고 있다.

<표 2-19>는 국민연금기금운용위원회의 구성

당연직 위원(7인)		보건복지가족부장관(위원장), 기획재정부차관, 농림수산식품부차관, 지식경제부차관, 노동부차관, 국민연금공단이사장
위촉위원(14인)	사용자대표(3인)	한국경영자총협회, 중소기업중앙회, 전경련 추천 각 1인
	근로자대표(3인)	한국노총, 민주노총, 전국공공서비스연맹 추천 각 1인
	지역가입자대표(6인)	농협중앙회, 수협중앙회, 공인회계사회, 음식업중앙회, 소비자보호단체협의회, 참여연대 추천 각 1인
	관계전문가(2인)	보건사회연구원장, 한국개발연구원장

* 자료: 국민연금공단(www.nps.or.kr)

국민연금공단에서는 위원의 구성에 있어서 가입자대표 및 근로자대표를 참석시켜 운영의 민주성과 투명성을 확보하고, 한편으로는 국민연금에 관한 학식과 경험이 풍부한 관계전문가를 위원으로 위촉하게 함으로써 기금의 운용에 있어서 전문성을 확보할 수 있는 계기를 만들었다고 할 수 있다.

국민연금의 의사결정체계는 기획예산처, 보건복지가족부, 국민연금공단, 기금운용위원회(기금운용 실무평가위원회) 등을 들 수 있다. 보건복지가족부(국민연금법 제2조)는 국민연금제도의 관장기관으로서 국민연금제도에 대한 정책입안 및 결정을 하며, 국민연금의 주무부서로서 국민연금공단을 감독·지휘한다. 국민연금공단(국민연금법 제24조)은 보건복지가족부의 감독하에 국민연금업무를 수행하는 비영리 특수 공공법인체이다. 공단은 전국에 사무소를 두고 국민연금 가입자관리, 보험료 징수, 연금 급여의 결정 및 지급, 복지시설의 설치 운영 등 국민연금 관련 업무를 수행하는 기관이다(국민연금법 제25조).

제 2 절 국민연금의 제도적 특성과 문제점 및 행태적 결과[60][61]

국민연금 도시자영자 확대시점이 결정된 이후, 어떠한 문제점들이 제기되었는가는 국민연금의 쟁점 부상계기를 통해 살펴볼 수 있다.[62] 우선 그동안 공적 연금에 대한 국민들의 지식 및 이해가 제대로 형성되어 있지도 않았고, 공적 연금을 관리할 수 있는 사회경제적 하부기반조차 미흡한 상태에서 단기간 내에 전 국민을 대상으로 확대 적용하였기 때문에 시행착오가 클 수밖에 없었으며, 사회경제적 부정적

---

60) 여기서의 제도적 특성과 문제점 및 행태적 결과란, 본 연구를 수행할 당시인 2001년 12월 당시의 기준에 의한 제도적 특성과 문제점이다. 따라서 그동안 여러 차례의 국민연금법 개정에 따른 현재의 국민연금제도와는 많은 부분 그 내용을 달리하기 때문에, 이에 유의해야 한다. 현재 개정된 국민연금제도의 특징을 살펴보면 다음과 같다.
첫째, 저부담−고급여 구조에 따른 재정의 불안정문제는 국민연금법 개정(제8541호, 2007년 7월 23일 공포)에 의해, 그 해결책을 마련하였다(소득대체율의 변경에 따른 연금지급률의 하향조정).
둘째, 적용기준의 불합리성(5인 미만 지역가입자와 5인 이상 직장가입자의 비형평성 문제)도 2003년 7월 이후 조정되어 문제점이 해결되었다. 즉 1인 이상 5인 미만의 사업장 근로자의 경우, 본 연구를 수행할 당시(2001년 12월)에는 지역가입대상자에 포함되었으나, 2003년 7월 1일 이후에는 사업장가입대상자에 포함되었다(국민연금법 시행령 제19조 제1항).
셋째, 신고권장소득에 의한 표준소득월액의 등급제를 폐지하고, 실제소득을 기준으로 한 연급보험료를 부과하는 기준소득월액으로 명칭을 변경하였다(국민연금법 개정 제8541호, 2007년 7월 23일 공포).
넷째, 연금보험료 공평부과와 적정소득보장을 위해 국민연금공단은 소득축소 및 탈루가 있다고 판단되는 가입자 또는 사용자를 국세청에 통보토록 하고, 국세청은 통보된 자료를 토대로 세무조사를 실시하였을 경우 그 조사결과를 통보하도록 하는 규정을 마련하였다(국민연금법 개정 제8541호, 2007년 7월 23일 공포).
61) 김경미, "국민연금도의 도입시행에 관한 연구", 이화여자대학교 대학원 석사학위논문, 1989; 오근식, "한국연금제도의 발전방향에 관한연구", 중앙대학교 대학원 박사학위논문, 1993: 이면수, "국민연금의 도시지역 확대 시행 후 문제점과 개선방안", 연세대학교 대학원 석사학위논문, 2001; 이은주, "도시지역 자영자 국민연금 확대에 관한 언론매체의 태도 분석", 중앙대학교 대학원 석사학위논문, 2001; 정연호, "국민연금제도의 적용대상 확대에 관한 연구", 고려대학교 노동대학원 석사학위논문, 2000. 등의 논문을 참조하여 정리함.
62) 권문일, "국민연금 전개과정상의 쟁점 분석", 사회복지연구 제14호, 1999, p. 2.

효과 또한 클 수밖에 없었다. 그럼에도 불구하고 국민연금에 관한 문제가 사회적 쟁점으로 부각되기 시작한 것은 비교 최근의 일이다. 정부는 1997년 중반 국민연금의 도시지역 적용 확대를 앞두고 '국민연금제도 개선기획단'을 설치하였다.[63] 그런데 이 기획단의 최종보고서가 동년 12월 말에 발표되고 이것이 1998년 1월에 언론매체를 통해 대대적으로 보도되면서, 국민연금에 대한 일반 국민들의 관심이 크게 고조되었다. 그럼에도 불구하고 단순한 쟁점제기의 차원을 넘어서 사회적 쟁점으로 부각되어 논의되기 시작한 것은 1999년 초반에 도시지역 주민에게 국민연금이 확대적용 되면서부터라고 할 수 있다.

특히 국민연금 확대적용 대상자에 대한 자격관리와 소득파악을 위한 충분한 사전준비가 되지 않은 상황에서 국민연금제도를 확대 시행함으로써 파생되는 다양한 문제점들이 제기되었으며, 이에 따른 많은 부정적인 행태적 결과가 나타났다.

1. 국민연금의 제도적 특성[64]

여기에서는 현행 우리나라 국민연금의 제도적 특성이 무엇인가를 살펴보고자 한다. 이는 제도의 특성이 정책대상집단인 국민연금 가입대상자에게 미치는 영향이 실로 막대하기 때문이다. 따라서 1988년에 시작하여 1999년 4월에 전 국민 연금시대가 열린 현시점에서 볼 때, 국민연금의 제도적 특성을 파악함으로써 이미 실시하고 있는 다른 국가와 비교가 가능하고, 이러한 비교는 바람직한 방향에 대한 일련의 시사점을 얻고자 함이다.

---

63) 국민연금제도 개선기획단, 국민연금제도 개선기획 보고서, 1997.
64) 여기서의 제도적 특성이란, 본 연구가 수행할 당시인 2001년 12월 당시의 기준에 의한 제도적 특성에 해당한다. 따라서 그동안 여러 차례의 국민연금법 개정에 따른 현재의 국민연금제도와는, 많은 부분 그 내용을 달리하기 때문에 이에 유의해야 할 것이다.

1) 소득파악체계

이는 능력주의와 평등주의의 균형으로 소득파악이 전제되어야 한다는 것이다. 국민연금은 독일의 능력주의 연금제도에 기반을 둔 소득비례 부분과 영국적 평등주의에 기초를 둔 정액부분을 1 : 1로 결합시킨 혼합형 구조를 채택하였다. 우리나라 국민연금제도는 소득재분배 구조를 전제로 한 연금제도라고 할 수 있는데, 이러한 연금제도가 지속되기 위해서는 가입자의 정확한 소득파악이 전제 조건이라는 것이다. 그러나 국민연금 가입대상자 중 3분의 2를 차지하는 자영자의 소득파악이 현실적으로 이루어지지 않고 있으므로, 국민연금제도가 정착하기 위해서 우선적으로 해결해야 할 시사점을 안고 있다는 것이다. 선진 외국의 경우 소득파악이 필요 없는 적용 확대 방법을 채택한 국가는 없다고 본다. 그러나 독일의 경우에는 근로자와 자영자를 분리하여 적용하고 있다는 것이다. 독일은 상대적으로 소득재분배 요소가 약하며 소득하향신고에 따른 소득재분배의 우려가 거의 없으며, 더욱이 직역별로 관리함으로써 근로자와 자영자 간의 소득재분배 왜곡의 여지가 없다는 장점이 있다. 그리고 소득파악이 일부 가능한 자영자에 대해서만 근로자와 통합 운영하고 있는 국가로는 스웨덴의 경우이다. 이들 국가는 소득재분배 요소가 강하면서도 근로자와 자영자를 통합하여 관리하고 있다. 스웨덴의 경우 경제 사회적으로 자영자의 소득이 거의 노출되어 있는 국가이다. 이러한 관점에서 보면 처음부터 통합된 일원체계를 도입하고 시행한 스웨덴의 경우 우리나라에 주는 시사점은 크다고 할 수 있다.

2) 소득재분배체계

세대 내 소득계층 간 재분배 기능의 미비이다. 현행 국민연금의 최저소득계층과 최고소득계층 간 보험료 부담액의 차이는 16.4배이나, 기본연금 급여액(20년 가입기준)의 차이는 3.4배로 높은 소득재분배 효과를 보이고 있다. 결국 개정된 국민연금 급여구조는 여전히 세대간 재분배율이 매우 높고, 세대 내 소득계층간 재분배 기능이 미약하다는 점이다. 이는 후세대의 부담이 높아진다는 것을 의미하며, 또한 우리나라의 경우 노령화 속도가 선진국에 비해 매우 빠르며 동시에 경제성장률이 이전과 달리 낮아질 것이라는 점에서 후세대에게 과중한 부담을 초래할 한계가 있는 것으로 평가된다.

3) 연금체계의 구조

우리나라 국민연금제도는 단일한 제도 내에 새로운 가입자를 편입하는 방식을 취하였다. 즉 근로자, 농어민, 자영자 등을 하나의 제도로 통합하고 있는 단일체계로 구성되어 있다. 한 제도 내에 모든 가입자를 동일하게 적용하는 일원적 체계에서는 가입자 간 소득재분배가 자연스럽게 이루어져 평등성 확보에 유리하고, 가입자의 직장이동 등 직업 변경 시 그 처리도 용이하다는 장점도 있다. 그러나 가입자를 구성하는 다양한 계층들의 요구 및 직업적 특성을 연금제도에 반영할 수 없는 단점을 지닌다. 즉 연금체계의 단일구조로 인한 다양한 계층의 특성을 반영하는 데는 한계가 있다는 것이다. 일본의 경우를 보면 피용자, 자영자, 무직자 모두가 가입하는 국민연금제도와, 일반 피용자만 가입하는 후생연금제도 및 특수직역피용자가 가입하는 공제조합으로 분립하는 방식을 취하였다. 반면에 스웨덴과 영국은 단일제도 내에서 기초연금을 실시하고, 근로자계층 또는 소득활동계층을 중심으로 소득비례연금제도를 실시하고 있다는 점에서 분명히 우리나라와는 차이가 있다는 것이다.

4) 연금재정 운용방식

연금재정 운용방식의 경우 국민연금제도는 불완전 적립방식을 취하고 있다는 점이다. 공적 연금의 재원조달 방식은 적립방식과 부과방식으로 나눌 수 있다. 스웨덴의 경우 기초연금의 재정방식은 완전부과방식으로 하고 있으며, 소득비례부가연금과 부분연금은 보험료의 일부분을 적립하여 기금을 운용하여 그 수입을 비용의 일부분으로 충당하는 수정부과방식으로 운영하고 있다. 영국도 일정기간마다 보험료 수준을 인상하는 수정부과방식의 형태를 유지하고 있다. 프랑스는 제도 도입 초기에는 극히 보험적 성격이 강한 완전적립방식을 취하였으나, 세계적 불황과 제2차 세계대전 이후 극심한 인플레이션에 의해 1947년부터 적립방식을 정식으로 폐지하고 부과방식으로 전환하였다. 독일은 일찍 적립방식을 도입하였으나, 두 번의 세계대전과 인플레이션으로 적립기금이 고갈됨으로써 결국 부과방식을 채택하였다. 일본의 국민연금은 1년 동안 지출되는 연금 급여액을 그해에 피보험자로부터 거두어들인 보험료로 충당하는 부과방식을 적용하고 있다. 한편 우리나라의 경우 일정기간 보험료를 납부하지 않으면 연금이 지급되지 아니하는 적립방식을 취하고 있지만, 불균형한 부담－급여구조로 장기적으로 부과방식으로의 이행을 전제한 제도인 것이다. 연금제도가 성숙단계에 접어들수록 초기 단계부터 적립된 재원이 점점 고갈됨에 따라 재원을 늘리기 위해 수정적립방식을 채택하는 경우로 볼 수 있다는 것이다. 이때 부과방식이 가미되면 재원이 일부분 또는 전부를 후세대의 부담으로 전가하여, 이는 향후 받을 연금액과 가입기간 동안 기여했던 보험료와의 관계가 미약하여 공평성 문제를 야기할 우려가 있다. 이러한 문제를 해결하기 위해서 보험료율을 인상하거나 급여수준을 인하하며 적립방식을 유지할 것인가, 아니면 공평성보다는 적절성을 고려하여 부과방식으로 전환할 것인가는 향후 논의의 대상이 될 것이다.

5) 연금 급여체계

이는 연금 급여의 적절성 문제인데, 개정된 국민연금제도의 소득대체율은 최소기준을 충족하고 있다고 할 수 있다. 그러나 최저생계비, 최저임금들과 비교한 결과 최저수준 급여의 보장이 미흡하다고 할 수 있다. 개정법에 따른 노령연금 소득대체율은 1967년 ILO(ILO, Recommendation)의 기준(55%)에 접근하고 있다. 그러나 급여액을 최저생계비와 비교해 볼 때, 한국보건사회연구원과 서울대 경제연구소가 계산한 최저생계비(2인 가족)를 기준으로 하여 이를 기존 국민연금제도 급여와 비교하면, 20년 가입기준으로 전체의 84%와 96.4%가 최저생계비에 미치지 못한다는 결과가 나왔다. 따라서 실질적인 노후보장을 위한 부가연금제도의 도입이 필요하다는 것이다.

각국의 연금 급여에 있어서 합산의 기준이 되는 기본연금을 살펴보면, 각 나라마다 다른 계산방식을 채택하고 있으나 공통적인 특징을 갖고 있다. 즉 (1) 최저생활보장 수준을 보장하기 위한 노력이다.[65] 최저생활보장을 위한 노력으로서 모든 국민에게 기초연금을 지급하는 스웨덴과 스위스의 경우 정액제를 채택하고 있으며, 정액을 가입기간에 따라 조정하여 지급하는 경우도 있다. (2) 가입자의 과거소득수준을 유지해 주기 위하여 소득비례형 연금을 채택하고 있다. 연금 시작 초기에는 기초연금으로 시작하지만 물가상승률에 따라가지 못하기 때문에 급여액 인상의 요구가 점차로 커지게 되고, 과거의 소득수준을 유지하기 위해서 소득비례연금을 실시하게 된다. 스위스의 경우 기초연금에 부가하여 형태가 약간 상이하지만 자영자에게 소득비례연금을 실시하고 있다. 독일도 기초연금의 급여수준이 실질소득수준에 미치지 못하여 1957년부터 생산성 연금을 도입하여 단일소득비례연금으로 전환하였다. (3) 근로동기를 유발하는 장치가 되어 있다. 독일의 경우 생산성 연금제도를 채택하여, 개인생산성이 사회 전체의 생산성과 비교하여 어떠한 비율을 점하고 있느냐에 따라 급여수준이 결정된다. 우리나라의 경우도 기본연금의 공식의 소득비례 부분은 근로동기를 부여하고 있으며, 스웨덴과 스위스의 경우에도 소득비례연금제도를 채택하고 있기 때문에 근로동기를 유발하고 있다고 볼 수 있다. 우리나라의 경

---

65) 노인들의 최저생활과 관련하여, 국민연금은 아니지만 최근 기초연금제도로서 '기초노령연금법'이 있다. 2008년 1월 1일부터 시행하는 이 법은 노인이 후손의 양육과 국가 및 사회의 발전에 이바지하여 온 점을 고려하여 생활이 어려운 노인에게 기초노령연금을 지급함으로써, 노인의 생활안정을 지원하고 복지를 증진함을 목적으로 한다. 기초노령연금제도는 '일정 연령 이상의 국민에게 노후생활에 필요한 최소한의 생활보장을 위하여 연금을 주는 제도'로서 영국, 일본, 캐나다, 호주, 스웨덴 등의 국가에서도 실시하고 있다. 국민연금은 본인의 기여에 비례하여 급여를 지급하는 데 반하여, 기초연금은 보통 모든 국민을 포괄하여 적용하고, 본인의 기여와 관계없이 일정 연령에 도달한 경우 기초생계비 수준을 정액으로 지급하며, 재정의 전부 또는 일부를 국가가 부담한다.

우 이러한 세 가지 요건을 충족할 만한 급여의 적절성 수준이 상대적으로 미비하다
는 것이다.

6) 국민연금 재정지원

정부의 국민연금에 대한 재정지원의 미흡이다. 정부는 그동안 국민연금의 관리운
영비 일부와 한시적으로 농어촌연금 일부지원에 그치는 수준이다. 이는 선진국에
비해 상당한 차이가 있다고 판단된다. 따라서 정부는 국민연금의 일정부분 책임을
분할하여 가진다는 것이 전제되어야 할 것이다. 예를 들어 무보험료 노령연금제도
의 도입이나, 생활이 곤란한 자 등에 대하여 최저보증연금제도를 도입하는 방안도
검토되어야 할 것이다. 또 한편으로는 국민연금제도 향후 경제사회의 변화에 막대
한 영향을 미칠 것이며, 엄청난 자원이 국민연금제도의 틀을 통하여 1차적으로 사
회적 안전망 역할을 할 것인 데 비하여, 국민연금제도는 관련 부처와 공단의 문제
로만 국한되어 비추어지고 있는 모습과, 미래세대에 대한 고려보다는 현세대의 입
장에서만 해결하고자 하지 않는가 하는 점이다.

2. 국민연금의 제도적 문제점과 행태적 결과

여기에서는 국민연금의 제도적 특성에 따라 나타나는 국민연금의 제도적인 문제
점과, 이러한 문제점들이 국민연금 가입대상자에게 미치는 행태적 결과에 대해 살
펴보고자 한다.

1) 제도적 문제점[66]

우리나라 국민연금제도와 같이 자영자와 근로자를 단일체계로 통합하여 실시하고, 소득에 비례하여 보험료를 부과하고 있는 체계에서의 안정적인 제도 정착을 위한 전제조건은 소득파악체계 구축에 있다고 하였다. 즉 사실상의 보다 근본적인 문제점은 인적 및 소득관련 정보인프라의 미구축에 있다고 할 수 있다. 따라서 전 국민 확대 실시에 앞서 이미 농어촌지역가입자 확대 당시 도출된 문제점을 심각하게 받아들여, 근본적인 대책을 수립한 후 전 국민을 대상으로 연금을 확대했어야 했다. 그러나 정부는 오히려 수동적이고 소극적인 입장을 견지함으로써, 도시지역 확대실시 결과 여러 가지 문제점들이 재연되었다. 이러한 문제점들은 대체로 2가지의 부문별 문제점, 즉 연금체계와 관리효율상의 문제점으로 구분해 볼 수 있다.

이를 구체적으로 살펴보면, 첫째, 연금체계 문제는 우리나라 연금의 기능과 관련된 부분으로 저부담-고급여 구조에 따른 재정의 불안정(세대 간 형평성 문제), 일원적 연금체계에 따른 효율적인 보험료 부과체계의 결여(세대 내 형평성 문제), 그리고 적용기준의 불합리성(5인 미만 지역가입자와 5인 이상 직장가입자의 비형평성 문제) 등의 문제를 포괄한다. 둘째, 관리효율상의 문제는 국민연금 홍보 부족과 아울러 국민들의 제도 자체에 대한 불신감과 제도 확대 시 쟁점이 되었던 신고권장소득, 연금기금의 운영문제, 그리고 제도 간 연계문제, 그리고 소득파악체계의 미구축 등을 포함하였다.

(1) 연금체계와 관련된 문제

국민연금제도의 확대과정을 볼 때 우리나라 연금체계의 기본적인 구조부터 파악할 필요가 있다. 우선 적용대상은 우리나라 연금제도가 소득파악과 보험료 징수가 용이한 집단부터 제도가 시행되었기 때문에, 계층 간 불평등을 야기했다. 또한 도시

---

66) 여기서의 제도적 문제점도, 본 연구가 수행할 당시인 2001년 12월 당시의 기준에 의한 제도적 문제점이다. 따라서 그동안 여러 차례의 국민연금법 개정에 따른 현재의 국민연금제도와는 많은 부분 그 내용을 달리하기 때문에, 이에 유의해야 한다.

자영자로 국민연금제도가 확대되면서도, 근본적으로 자영자에 대한 소득파악이 어려워 소득재분배의 효과가 왜곡된 실정이다. 기여제도는 부담 주체별 상이한 기여율을 적용함으로써, 상대적으로 지역가입자와 자영자의 부담비율 높은 기본적인 한계를 가지고 있으며, 자영자의 소득 하향신고로 인해 역진적인 소득재분배 효과를 발생시키고 있다. 급여제도는 우리나라 국민연금제도가 급여산식상 소득재분배의 기능을 강화하여 사회보장제도의 평등이념을 적절하게 반영하고 있어, 세대 내 재분배 효과는 큰 반면 세대 간 불평등을 조장한다. 마지막으로 재정운용상에 있어서는 가입자 참여가 보장되지 않아 불평등한 구조를 가지고 있다.[67]

가. 저부담-고급여 문제[68]

저부담-고급여 문제는 연금재정과 관련되는 것으로서 연금재정의 지출은 연금수혜자의 숫자와 급여액에 의하여 결정된다는 점에서, 우리나라의 연금체계에 있어서 가장 중요하다고 할 수 있다. 즉 국민연금 재정의 위기는 낮은 보험료와 높은 수준의 급부율로 설계되어 있다는 것이다.

또한 연금수익비(보험료와 급부의 현가비교)의 경우에 국민연금은 평균소득자의 2.41배에 이르며, 최저 1등급은 6.54배, 그리고 최고 45등급의 경우에도 1.31배에 달해 매우 높은 수준이다.[69] 이는 국민연금이 저부담-고급여의 구조로 이루어져 미래세대에 대한 부담을 증가시키는 세대 간 재분배율이 높음을 알 수 있다. 우리나라 연금제도는 다른 많은 제도들과 마찬가지로 많은 부분이 경제 외적으로 결정되는 경향이 있다. 즉 최초의 연금설계 또한 정치적 상황과 밀접한 연관이 있다는 것이다. 이는 1998년 도시자영자 연금확대 실시에 따른 논란에서도 보여주고 있듯이, 연금제도의 법제화 과정 속에서 많은 부분이 그 시기의 정치적 상황에 의해 이루어짐을 의미하며, 이는 국민연금의 지속적 안정에 심각한 문제를 초래할 수 있다는

---

67) 김교성, "한국 공적 연금제도와 불평등 구조", 사회정책연구 제19집, 1998, p. 19.
68) 현재 이 문제에 대해서는 국민연금법 개정(2007년 7월 23일)으로 그 해결책을 마련하였다. 즉 소득대체율의 변경에 따른 연금지급률이 하향조정하고 있다는 것이다(기존의 60%에서 2008년에는 50%로, 그리고 2009년부터 매년 0.5%씩 인하하여 2028년부터는 40%로 한다는 것).
69) 김용하 외, 국민연금 재정안정화를 위한 구조조정방안, 한국보건사회연구원, 1995, p. 62.

것이다.

이와 같은 저부담-고급여의 기형적 연금설계는 국민연금의 지불능력에 대한 국민의 신뢰성을 상실시키며, 이로 인해 보험료 납부회피 등의 문제가 나타나 장기적으로 연금재정의 심각한 악화를 초래할 수 있다.

이러한 상황에서 장래 막대한 재정적자를 보전하기 위하여 보험료 및 조세의 인상이 불가피할 것으로 예상된다. 이는 동일한 급여혜택을 받으면서 미래세대는 현재보다 2배 이상의 높은 보험료를 부담하여야 한다는 것이다. 이는 현세대와 미래세대 간의 형평성 문제를 야기하고 있을 뿐 아니라, 연금제도의 정당성을 훼손시킬 수 있다는 것이다.

나. 보험료 부과체계

우리나라 국민연금제도는 현재 단일한 제도 내에 새로운 가입자를 편입하는 방식을 취하고 있다. 즉 근로자, 농어민, 자영자 등을 하나의 제도로 통합하고 있는 단일체계로 구성되어 있다. 이러한 단일체계는 한 제도 내에 모든 가입자를 동일하게 적용됨으로써 가입자 간 소득재분배가 자연스럽게 이루어져 평등성 확보에 유리하고, 가입자의 직장이동 등 직업변경시 그 처리도 용이하다는 장점도 있다. 그러나 가입자를 구성하는 다양한 계층들의 요구 및 직업적 특성을 연금제도에 반영할 수 없는 단점을 지닌다. 일본의 경우를 보면 피용자, 자영자, 무직자 모두가 가입하는 국민연금제도와 일반 피용자만 가입하는 후생연금제도 및 특수직역피용자가 가입하는 공제조합으로 분립하는 방식을 취하였다. 반면에 스웨덴과 영국은 단일제도 내에서 기초연금을 실시하고, 근로자계층 또는 소득활동계층을 중심으로 소득비례연금제도를 실시하고 있다는 점에서 분명히 우리나라와는 차이가 있다는 것이다.

이에 대한 대안으로서 각종 문제점들을 근본적으로 개선하기 위해서는, 국민연금제도를 개편하여 자영자에게 별도의 연금제도를 적용하거나, 기초연금과 소득비례연금의 이원체계로 구축하여 자영자에게 기초연금만을 당연 적용해야 한다는 주장이 있다. 하지만 전자의 경우(재정분리)는 임시방편에 불과할 것으로 판단된다. 왜냐하면 자영자 소득파악과 관련하여 제기되고 있는 형평성 문제는 직장근로자와 지역가입자 간의 문제가 아니라, 실질적으로 직장근로자 및 성실소득신고자와 불성실소득 신고자 간의 문제이기 때문이다.

따라서 국민연금제도에 기초연금과 소득비례연금의 이원체계를 도입하자는 방안을 생각해 볼 수 있다. 이러한 방안은 국민연금제도 개선기획단의 개선안에도 포함되어 있고, 한국조세연구원(1999), 김용하(1999), 한국노총 등에서 주장했던 기초연금과 소득비례연금의 이원화 방안의 문제이다. 이 대안은 지역가입자의 소득파악이 어렵기 때문에 연금제도를 기초연금과 소득비례연금으로 이원화하여 기초연금은 정액 부담하고 정액으로 연금수혜의 원칙으로 운영하고, 소득비례연금은 소득에 비례한 보험료를 부담하여 그에 상응하는 연금액을 받자는 것이다. 기초연금을 정액방식으로 운영할 경우 지역가입자의 소득파악에 따른 문제 및 직장가입자와 지역가입자 간의 형평성 문제는 해소가 가능하다. 또한 기초연금만 가입하는 경우는 상대적으로 보험료 수준을 낮게 유지할 수 있으므로 모든 국민을 국민연금에 가입시키기 용이하다는 장점도 가지고 있다.[70]

이원화 주장의 배경은 다음과 같다. 이원화 체계는 소득재분배를 통한 빈곤방지 기능과 소득 비례적 급여를 통한 과거생활수준 유지기능을 완전히 분리함으로써, 사회경제적 환경변화에 대해 신축적으로 대응할 수 있다는 것이다. 그리고 이원체계를 도입하면 연금기금계정을 분리함으로써 제도 운영상의 신축성도 제고시킬 수 있다는 것이다 즉, 기초연금과 소득비례연금을 구분할 경우 각 연금의 급여 및 보험료 수준을 각각 독립적으로 조정할 수 있을 뿐만 아니라 기금 운영방식에 있어서도 차이를 둘 수 있다는 것이다. 예를 들면 기초연금은 노후기초소득보장 및 소득재분배 기능에 입각하여 수정적립식 또는 부분적인 조세형으로 전환을 도모할 수 있는 반면 소득비례연금은 강제저축원칙에 맞게 완전적립식으로 운영할 수도 있다는 것이다.

---

70) 인경석, 한국복지국가의 이상과 현실, 나남출판, 1998, pp. 10-11.

다. 적용기준의 불합리성[71]

(5인 미만 사업장의 근로자와 5인 이상 사업장의 근로자의 형평성 문제)

국민연금 도시지역 확대결과 5인 미만 영세사업장의 근로자 및 임시직, 일용직, 시간제 근로자 등의 비정규직 근로자가 지역가입자로 관리되어 보험료 전액을 근로자가 부담하는 것에 대하여, 5인 이상 사업장 근로자와의 비형평성의 문제가 대두되었다. 즉 2002년 7월 현재 국민연금의 연금보험료는 지역가입자의 경우 월평균 소득의 6%를 본인이 전액 부담하고, 5인 이상 사업장가입자는 사업주와 근로자가 각각 4.5%씩 합하여 9%를 부담하고 있다는 것이다. 이에 대해 학계, 시민단체 및 노동계 등에서는 지역가입자의 연금보험료 부담이 장·단기적으로 가중되기 때문에, 5인 미만의 지역가입자를 사업장가입자로 편입하고 사회적 보장장치 마련이 절실하다고 주장하고 있다. 선진국에서는 보편성의 원리에 따라 모든 근로자를 당연 적용시키고 있으며, 특히 비정규직 근로자는 국제노동기구(ILO)에서도 상호비례의 원칙에 의해 사회보험의 가입과 혜택에 있어 차별대우를 금하고 있다. 이러한 추세에 따라 우리나라에서도 고용보험이 5인 미만 영세사업장 및 비정규직에 대한 적용 확대를 1998년 10월부터 실시하고 있으며, 산재보험도 2000년 7월부터 적용 확대할 예정이며, 의료보험도 5인 미만 사업장에 대해 확대 실시할 것을 1999년 11월에 국회 보건복지위원회에서 결정한 바 있다.

이에 따라 국민연금도 지역가입자로 되어 있는 영세사업장 근로자가 사업장가입자에 비해 과다한 보험료를 부담하는 폐단을 없애기 위해, 국민연금 사업장가입자로 편입하기 위한 추진단계에 있는 것이다.

(2) 관리효율상의 문제

가. 국민연금제도의 홍보 부족

기존에 국민연금제도에 대해 가지고 있던 국민들의 불신과 제도 확대 시 필요했

---

71) 이 문제도 2003년 7월 1일 이후 국민연금법 개정으로 해결되었다. 즉 법 개정 이전에는 5인 미만 사업장의 근로자의 경우 지역가입대상자에 포함되었으나, 법 개정 이후에는 사업장가입대상자에 포함되었다.

던 국민연금의 제도 시행에 대한 홍보 부족 등은, 국민연금을 확대하는 데 구조적인 제약점이었다. 이러한 상황에서 제도 확대에 급급한 나머지 제시했던 대안들은 행정편의주의로 전락하게 되었다.

애초에 국민연금제도가 도입된 이후 연금기금의 방만한 운용으로 국민연금기금에 대한 국민들의 불신은 꽤 심각한 것이었다. 기존의 국민연금제도에 대한 불신은 저부담·고급여로 시작한 연금 급여 수준과 방만한 기금운용의 상호작용으로 국민연금 재정에 대한 불만과 불안을 의미한다. 최근 국민연금공단이 실시한 여론조사에 따르면 국민연금기금운용 및 전반적인 운영에 대한 평가에서, 반수가 넘는 국민들이 부정적인 의견을 보인 것으로 나타났다. 이러한 결과는 국민연금의 확대에 있어서 국민들로부터 정당성을 확보받지 못하는 제도 성립상의 취약점으로 드러난다. 더욱이 국민연금의 도시자영자 확대 준비기에 국민연금의 타당성에 대한 충분한 홍보가 이루어지지 못함으로써, 국민연금의 국민적 불신은 더욱 커졌다고 하겠다. 즉 국민연금 가입 필요성조차 국민들의 공감대가 이루어지지 못한 상태에서, 국민연금의 도시자영자 확대는 성급한 제도의 확대로 비춰질 수밖에 없었던 것이다.

나. 신고권장소득 문제[72]

신고권장소득의 방식은 소득결정에 있어서 신고주의에 직권결정방식을 도입한 형태로 먼저 국민연금공단에서 파악한 자료를 기초로 가입자의 납부의무소득을 결정하고, 이에 따라 가입자가 소득신고를 하도록 하는 방법으로 공단에 제시한 소득의 80% 미만으로 신고할 경우에 공단 직권으로 80% 이상 신고하도록 유도하고, 이에 불응할 경우에 직권으로 80%로 결정하도록 하는 내용이다. 국민연금공단이 도시자영자의 소득파악을 위해 제시한 신고권장소득이, 개별가입자의 소득에 대한 구체적인 타당성이 결여된 상태에서 부과돼 민원이 거세지기 시작하였다. 즉 확대적용자에게 신고권장소득을 제시한 결과, 실제소득과 다른 신고권장소득으로 인하여 국민들의 반발을 일으킨 결정적인 계기가 되었다. 따라서 국민연금의 도시자영자 확대가 시

---

72) 현재 신고권장소득에 의한 표준소득월액의 등급제를 폐지하고, 실제소득을 기준으로 한 연금보험료를 부과하는 기준소득월액으로 변경하였다(2007년 7월 23일).

행되기 전에 확대적용 대상자에 대한 자격관리와 소득파악을 위한 충분한 사전준비의 부재로, 국민연금의 확대과정에서 언론의 비난을 받게 되었으며, 이러한 준비 부족은 제도가 확대된 직후 소득파악의 문제로 확대되면서 사회 전체의 주목을 받았다.

국민연금 도시지역 확대의 초점은 기존 농어촌지역가입자에 대한 소득결정 체계의 불공평성을 제고하는 데에 두었으며, 이를 위하여 '업종별 기준소득'에 의한 국민연금 가입근로자의 평균소득과 일치하도록 하였고, '신고권장소득방식'을 도입하여 직권결정에 의한 통보방식을 취한 것이 특징이다.[73] 하지만 공단에서 마련한 가입대상자에 대한 신고권장소득은 사업소득이 있는 사업자 등록 자영자를 중심으로 규정되어 있으나, 사업자 개인별 소득파악에는 상당한 한계성이 있을 뿐만 아니라 그 외의 가입대상자에 대해서는 일괄적용이라는 행정 편의주의적 방식을 취하고 있어, 실제 적용에는 미흡할 수밖에 없다.

도시지역 주민에 대한 국민연금의 적용 확대 준비는, 그동안 잠복되었던 사업장가입자와 지역가입자 간의 소득격차문제에 대한 논의를 표면 위로 부상시키는 계기가 되었다. 농어촌지역에 대한 확대경험상 도시지역 확대 시에도 소득하향신고는 광범위하게 재연될 것으로 예상되었다. 따라서 도시지역 적용대상자의 규모로 볼 때 확대사업 자체를 용이하게 할 뿐만 아니라, 확대 후 조기정착화를 위해서도 소득하향신고를 완화할 수 있는 대책들이 마련될 필요가 있었다. 정부가 1997년에 국민연금제도 개선기획단을 구성하게 된 결정적인 계기 중의 하나도 바로 이러한 필요성을 절감했기 때문이었다. 하지만 국민연금제도 개선기획단은 도시지역 주민의 소득하향신고에 따른 문제점을 완화하는 방안으로서, 국민연금제도의 구조를 전환하자는 것 외에는 소득파악을 개선하는 것과 관련하여 별다른 방안을 제시하지 않았다. 따라서 정부에서 독자적으로 마련한 대안이 신고권장소득방안이었다. 이 방안은 도시지역 적용대상자를 고용 형태와 자료보유 형태를 기준으로 하여 5개 집단으로 구분한 다음 각각의 집단별로 기준소득을 작성하고, 이 기준소득에 개인별 과세능력 또는 의료보험료 부담능력을 고려한 조정계수를 곱하여 산출한 개인별 신고권장

---

73) 김진수, 전게서, pp. 9-11.

소득액을 소득신고서에 미리 기재해 둠으로써, 도시지역 주민들이 가능한 한 신고 권장소득에 가깝게 소득을 신고하도록 유도하려는 방안이다. 하지만 이 대안은 사회단체와 학계의 회의적 태도에 부닥쳤고 도시지역 확대시 적용한 결과 소득을 신고하는 비율이 매우 저조하였으며, 상당수가 신고권장소득에 불만을 제기하고 이의 타당성에 대한 의문을 제기하였다.

다. 연금기금의 운영문제[74]

국민연금기금은 공공부문, 복지부문, 금융부문의 3부문으로 구분하여 운용하고 있다. 공공부문은 공공자금관리기금에 예탁되어 국·공채 인수 및 정부 재정투융자특별회계에 재예탁하여 사회간접자본의 확충을 위한 사업, 국민주택건설, 농어촌 지원 및 중소기업육성 등 정부의 공공사업을 지원하고 있다. 복지부문은 직장 및 민간보육시설과 유료 노인복지시설의 설치자금 대여, 가입자 및 연금 수급권자 등을 위한 국민연금 복지시설에 투자하고 있으며, 금융부문은 수익성을 높이기 위한 다양한 금융상품에 분산 투자하고 있다.

연금기금은 제도 시행 초기에는 공공부문과 금융부문의 비중이 비슷한 정도였다. 이는 연금기금의 성격상 수익성과 공공성을 조화시키고자 하는 정책적 시도로 두 부문에 동일하게 배분하는 것을 원칙으로 하였기 때문인데, 이후 1993년 공공자금관리기본법이 제정되고 국민연금기금의 재정예탁이 의무화되면서 공공부문의 비중이 급속도로 커졌다. 1994년에는 공공부문에의 예탁은 신규 조성자금의 92% 정도였으며, 그 이후 70% 정도로 꾸준히 예탁되고 있다.

연금기금의 공공부문 예탁이 연금재정과 관련되어 제기되는 가장 중요한 문제는 수익성이다. 즉 공공부문에 예탁되는 기금의 이자율이 낮기 때문에 기금의 손실이 발생하고, 이로 인해 장기적인 연금재정의 안정에 장애요인이 된다는 것이다.

공공부문의 이자율은 국·공채 금리수준과 예탁기관의 금융자산 운용수익률을 고려하여 예탁기간에 따라 공공자금 관리운용위원회에서 정한 이자율에 따라 지급한

---

74) 그동안 공공부문에 과중한 예탁으로 연금기금의 운영에 많은 문제가 제기되었는데, 2005년부터 공공부문이 없어짐으로써 연금재정의 안정성과 수익성을 추구할 수 있게 되었다.

다. 공공부문의 예탁이자율은 금융부문에 비해 최고 4.2%에서 최저 1.07%의 차이를 보이고 있고, 공공자금관리기본법이 시행된 1994년 이후에는 예탁비중이 커지면서 기금손실액이 급증하고 있는 형편이다.

정경배의 연구[75]에 의하면 공공부문에 투자를 하지 않는 경우에 적립기금의 고갈 시점이 2043년인 데 비하여, 적립기금을 모두 공공부문에 투자하는 경우에 적립기금의 고갈시점이 2037년으로 5년 앞당겨진다는 것이다. 이처럼 연금재정에 있어 기금의 공공부문예탁의 높은 비중은 기금의 안정성에 중대한 영향이 있다는 것이다.

공공부문에의 높은 예탁비중과 함께 연금기금의 안정성에 미치는 중요한 요인은 기금관리운영의 효율성이다. 기금관리운영의 효율성과 관련하여 전체 생보사와 자산 운용 수익률을 비교해 보면 국민연금의 주식시장에 투자를 시작한 1991년부터 지속적으로 생보사들의 자산운용 수익률보다 낮게 나타나고 있다. 이는 국민연금의 재정을 악화시키는 하나의 요인으로 지적되고 있다.

라. 제도 간 연계미흡

우리나라의 공적 연금제도는 공무원(1960), 군인(1963), 사립학교교직원(1975) 등의 특수직역연금제도와 일반국민을 대상으로 하는 국민연금제도(1988)가 실시되고 있다. 그러나 이들 제도는 각각 독립적인 배경과 특성을 가지고 제도가 형성되었기 때문에, 적용대상자의 전직이나 이동 시에는 연금제도 간 연계가 없으므로 연금수급권 확보가 곤란하다. 또한 우리나라 사회보험제도는[76] 사회안전망의 중추적인 역할을 담당하고 있으나 사회보험의 관리운영체계가 노동부(산재보험, 고용보험)와 복지부(국민연금, 의료보험)가 이원화되어 있어 노동정책과 사회복지정책의 연계를 통한 사회보장제도의 장기발전에 저해요소로 작용하고 있다. 특히 적용·보험료 부과·징수 등의 보험업무는 4대 사회보험 간 공통적 업무임에도 불구하고, 각 제도별로 독자적으로 시행되고 있다.[77] 한편 제도 간 연계가 미흡하여 급여가 중복 지급되는

---

75) 정경배, 국민연금의 재정안정과 기금의 적정운용, 한국보건사회연구원, 1991, p. 180.
76) 우리나라에는 현재 국민연금(1988), 의료보험(1977), 산재보험(1964), 고용보험(1995) 등 4대 사회보험 체제가 도입·실시되고 있다.

문제도 존재하고 있어 사회보험이 목표로 하고 있는 보편적 보호기능에 한계를 지니고 있다.

이러한 제도 간 연계미흡에 대한 대책으로 최근 정부는 제도 간 연계방안을 활발히 논의 중인 것으로 알고 있다.[78] 또한 최근의 국민연금의 도시지역가입자 확대 실시로 각 제도 간 연계의 필요성이 더욱 절실하게 제기되고 있다. 하지만 각 제도 자체의 성숙화가 되지 않은 상태에서 섣불리 제도 간 관리운영의 통합을 추진하기보다는, 점진적인 연계방안을 고려하여야 할 것이다. 한편 제도 간 연계 또한 통합이 주는 이점과 각 제도의 전문성을 살리기 위해 분립된 체계를 유지하는 것과의 기회비용 등을 충분히 고려하여, 어느 것이 보다 효율적인 시스템인지를 비교·분석하여야 할 것이다. 정치권의 논리나 이익단체의 편향적인 이기주의에 의한 결정은, 커다란 문제점을 야기한다는 것을 명심해야 할 것이다.

이러한 공적연금 또는 사회보험제도 간 연계성 미흡으로 인해 나타나는 문제점은 여러 가지가 있으나, 그 중 크게 다섯 가지로 나누어 볼 수 있다. 첫째, 과잉급여, 중복급여의 문제이다. 제도 간 연계가 부족하여, 급여의 중복 및 누락현상이 발생한다. 특수직역연금과 국민연금과의 연계가 이루어지지 않아 특수직역연금에 가입기간이 연금수급조건을 충족하지 못하고, 국민연금에 가입된 경우 가입기간이 산정되지 않아 연금수급을 할 수 없는 상황이 발생하고 있다. 반대의 경우도 마찬가지이다. 또한 사회보험 간 중복급여를 보면, 국민연금의 장애연금과 산재보험의 장애연금이 중복되어 지급되고 있다. 국민연금의 노령연금과 고용보험의 실업급여가 일시적으로

---

77) 이와 관련하여 최근 EDI(Electronic Data Interchange) 서비스와 4대 사회보험 정보연계센터(www.4insure.or.kr)가 있다. EDI 서비스는 4대 사회보험(국민 / 건강 / 고용 / 산재)에 대한 각종 신고(자격취득·상실신고 등) 및 국민연금의 신청(사업장가입자 가입증명 등) 업무를 인터넷을 이용하여 신고·신청하고 필요한 자료도 받아 볼 수 있는 민원처리 서비스이고, 4대 사회보험 포털사이트는 신고를 통해 4대 사회보험(국민연금, 건강보험, 고용보험, 산재보험)에 대한 각종 신고 및 자격·보험료 내역조회 등의 업무를 4대 사회보험 포털사이트에서 온라인으로 직접 접수 및 조회하고 처리결과를 즉시 확인할 수 있는 인터넷 민원처리 서비스이다.

78) 국무총리가 위원장인 사회보장심의위원회는 1998년 9월 사회보장통합추진기획단을 구성하여 사회보험통합의 개념 및 범위, 관리운영 및 전산운영 체계, 보험재정운영 등 사회보험 통합과 관련된 전반적인 사항을 연구 검토한다.

중복 급여될 수 있다는 것이다.

둘째, 제도간 비형평성이다. 특히 특수직역연금의 경우 급부율, 지급요건 등이 국민연금과의 차이를 나타내고 있는데, 이는 연금제도에 대한 일반국민의 불신감을 초래할 수 있다는 것이다. 또한 사회보험 간 보험급여수준 및 요건 등이 불균형적이다.

셋째, 피보험자 관리 및 제도운영의 비효율성이다. 제도 간 전산망 연계가 불비하여 인력 및 비용의 낭비가 발생하고 민원인의 불편을 초래한다. 특히 국민연금업무 경우 장기 저축성 현금급여로 가입자에 대하여 장기간에 걸쳐 반영구적인 관리가 필요하기 때문에, 특수직역연금 및 사회보험제도 간 전산망뿐만 아니라 각 기관 간 전산망 연계도 절실히 필요하다. 즉 주민 전산망 등 행정 전산망의 이용이 사실상 연계되어 있지 않아 주민의 이중신고, 동일업무를 각 기관에서 중복 관리하고 있다.

넷째, 각 제도 간 보험료 부과기준이 다르다. 예를 들어, 의료보험의 경우 세대의 소득수준 및 피보험자 수 등에 따라, 소득(재산)비례 및 정액보험료를 혼합하여 적용하고 있다. 반면, 국민연금의 경우 신고소득에 근거하여 피용자와 마찬가지로 표준소득월액 등급에 의해 부과하고 있다. 마지막으로 공급자 중심의 관리 운영체계이다. 각 제도별 납부기준, 납부시기, 납부기관 등이 모두 다르다는 것이다.

마. 소득파악체계의 미구축

실제로 소득이 있음에도 불구하고 소득신고 및 가입신고를 기피하는 경우 및 불법적인 방법에 의한 납부예외의 경우, 그리고 소득을 신고했지만 불성실하게 신고한 가입자의 경우가 문제가 되는데, 이에 대한 제도적 원인으로는 앞서 제시했던 연금체계 등이 주요할 수 있으나 보다 근본적인 원인으로는 관리효율상의 측면에서 소득파악체계가 구축되지 않음으로써 나타날 수 있는 문제이다. 물론 국민연금의 확대시행과 더불어 정부는 조세체계 및 부과체계의 개선을 통한 많은 노력이 있어왔다. 즉 국민연금 확대시행과 더불어 최근 특례 및 간이과세제도의 폐지, 신용카드 사용의 활성화, 표준소득률제의 폐지, 그리고 기장의무의 확대 등 조세제도의 개혁을 실시함으로써, 자영자의 소득파악이 더욱 용이해질 것으로 판단된다. 하지만 이러한 경우 행정효율상의 관리 측면에서 납부예외자와 미신고자 및 소득하향신고를 완전히 없애는 것은 불가능하다고 볼 수 있다. 따라서 가능한 한 최소수준으로 줄여나가는 것을 목표로 이를 위해서는 무엇보다도 인적 및 소득관련 정보인프라의 구축이 선행되어야 할 것이다. 주민등록전산망 자료, 의료보험·고용보험 등 사회보험자료, 국세청 소득자료, 병역, 학업관련 자료 등의 입수가 적기에 이루어지도록 하고, 금년부터 국세청에 새로이 구축되는 소득관련 정보인프라(과세자료수집 및 관리에 관한 특례법)가 적극 활용되어야 할 것이다. 이러한 공적 정보를 통해 납부예외자 및 미신고자를 파악하고, 특히 납부예외자가 소득활동을 재개하는 경우에는 보험료 납부자로 즉시 전환됨으로써 연금사각지대를 상당히 해소할 수 있을 것이다.

그러나 지금도 국세청 및 노동부 등과 긴밀히 협조하여 사업자등록자료 및 근로소득자료 등을 지속적으로 입수하여 활용하고는 있지만, 문제는 공적 자료가 없는 계층이다. 이들 중 실질적으로 소득활동을 하면서 공식통계에 포착되지 않는 납부예외자가 일부 있을 수 있다. 이들은 주로 도시의 비공식부문에 종사하는 사람으로서 정부행정력이 미치는 데에는 한계가 있는 집단으로 별도의 방법으로 접근해야 할 것이다. 예를 들어, 지속적인 홍보를 통해 자발적인 협조를 구하고 연금관리자도 적극적인 개별상담 등을 통해 제도 내로 흡수하도록 노력해야 할 것이다.

2) 행태적 결과

국민연금의 도시자영자 확대과정에서 정부 각 부처에서는 국민연금제도의 도시자영자 확대에 따른 문제점들을 제시하였는데 이러한 문제점들은 자영자 소득파악 문제가 주를 이루고 있다. 그러나 이러한 소득파악의 문제는 국민연금의 제도적 문제점으로 인해 나타나는 국민연금 가입대상자들의 행태적 결과에 해당한다. 이러한 제도적 문제점에 따른 행태적 결과를 구체적으로 나누어 살펴보면 미가입문제, 납부예외문제, 그리고 소득하향신고문제 등으로 나누어 살펴볼 수 있다.

(1) 미가입문제

국민연금은 매우 짧은 기간 내 전국민연금을 실시하였으나 확대 과정에서 대부분의 국민들은 확대실시의 필요성은 인정하지만 경제적 어려움 및 개인연금 등으로 가입 불필요, 기금운용에 대한 불신, 장기적인 재정불안정, 자영자 소득파악곤란에 따른 가입자 간 형평성 문제, 제도 간 연계미흡, 언론 매체의 국민연금에 대한 부정적인 오도, 사회보장제도에 대한 이해부족과 국민연금의 소득신고로 인한 소득노출의 회피(예를 들어 세무조사와의 연계성 우려) 등으로 신고 자체를 거부하는 가입자의 수도 상당수에 달하고 있다.

1999년 연금가입대상자의 일제신고결과에 따르면 신규 가입대상자 1,014만 명 중 997만명이 신고하였으며(신고율 96.3%), 이 중 적용제외자 113만명을 제외한 실적용대상자 884만 명 중 보험료 납부대상자는 403만 명에 달했다.[79] 그러나 확대적용대상자의 소득파악을 위한 소득추계모형의 개발과 시범사업이 충분히 이루어지지 않았으며, 소득파악을 위한 충분한 자료가 축적되지 않은 상태에서 무리하게 국민연금제도의 확대적용이 이루어졌다고 할 수 있다.[80]

〈표 2-20〉 가입 및 소득신고 현황

(단위: 만명, %)

신고 대상자	신고자 (A)	미신고자	신고자(A)				
			적용 제외자(B)	가입자(A - B)			
				계	소득신고	납부예외	
1,014(100.0)	977(96.3)	37(3.7)	93	884(100)	403(45.5)	481(54.5)	

자료: 국민연금공단(2000. 9)

이러한 상황은 전 국민을 대상으로 하는 연금시대가 열린지 1년이 지났지만 미가입자가 105만 명, 납부예외자가 516만 명에 이르는 등, 아직까지 국민연금제도에 참

---

79) 국민연금관리공단, 국민연금제도 도시지역 확대시행 1년의 평가와 발전방향, 2000, p. 92.
80) 전용준, 국민연금제도 도시지역 확대에 따른 문제점과 개선방안, 재정포럼 제37호, 한국조세연구원, 1999, p. 44.

여하지 못하는 사람이 650만여 명에 달하고 있다. 이는 국민연금 전체가입대상자 1,627만 명의 40%가 넘는 것이다. 1999년 4월 전국민연금 확대 당시 48만 7,000여 명에 불과했던 국민연금 미가입자가 이후에도 2배 이상 늘어 2000년 3월 말 현재 105만 7,000명으로 나타났다.

일제소득신고기간 동안 미신고자와 당시 사업장가입자 등으로 되어 있었으나, 현재 자영업 등에 종사할 경우 지역가입자 신규신고 대상자나 많은 가입대상자들은 신고 자체를 기피하고 있다. 예를 들면, 국민연금제도의 내용을 정확히 몰라 신고 자체를 의무적으로 하여야 한다는 사실조차 모르고 있고, 대부분 연금에 대한 이해가 없는 상태에서 가입안내 통지를 받고 의아해하는 경우도 다소 있다. 이들은 납부예외자의 경우와 마찬가지로 제도에 대한 충분한 사전 지식의 부족 및 홍보의 미흡 상태에서 짧은 기간 내에 제도를 확대 실시한 당연한 귀결일지도 모른다.

도시지역 확대는 IMF 관리체제의 여파로 인한 실직·실업이 가시화되었고 경기침체와 기업도산 등으로 우리나라 현대경제사에서 최초로 전반적인 소득수준의 감소를 국민 대부분이 체험한 때로, 민심이 크게 악화된 상황에서 이루어졌다. 또한 확대적용대상자도 천만 명에 달하는 대규모였다.

국민연금의 미가입문제는 국민연금의 수혜효과가 단시일 내에 가시화되지 않는 장기보험의 특성을 갖고 있다는 측면과, 아직까지 소득감소 및 상실로 인한 연금보험료 납부에 대한 부담, 연금에 대한 인식부족 등이 복합적으로 작용하고 있기 때문이다. 이러한 이유에서 미신고자 정리작업이 계속 추진되고는 있지만 쉽게 축소되지 않고 있는 실정이다.

<표 2-21> 미신고 사유별·연령별 현황(2000. 6월 말 현재)[1]

(명, %)

구 분	계	18-22세	23-29세	30-39세	40-49세	50-59세
계	626,875	1,901	176,742	193,381	152,523	102,328
	(100.0)	(0.3)	(28.2)	(30.8)	(24.3)	(16.3)
23세 도달자	6,619	-	6,619	-	-	-
사업장 상실	319,491	-	119,449	106,954	63,797	29,291
타연금 상실	9,139	-	3,014	1,903	1,831	2,391
18-22세 소득	1,901	5,197	-	-	-	-
단독세대 배우자등[2]	289,725	-	47,660	84,524	86,895	70,646

* 주: 1) 농어촌지역 포함
    2) 소득이 없는 단독세대 배우자(220,288명) 외에도 국민연금 등 연금수급권자로서 수급권이 정지·취소된 경우(5,373명), 생활보호대상에서 최근에 해제된 자(1,094), 수급권자의 배우자로서 단독세대를 형성하고 있는 배우자(3,784명), 소득이 있는 배우자(59,186명) 등이 포함되어 있으나 소득이 없는 단독세대 배우자가 압도적이었다.
* 자료: 국민연금공단

(2) 납부예외문제

납부예외제도란 보험료 납부가 어려운 실직자, 휴·폐업자, 학생, 군인, 제소자 등에게 일정기간 동안 보험료 납부 등을 면제하는 제도이다. 하지만 우리나라의 국민연금제도는 소득이 있는 사람을 대상으로 하는 특성이 있어 학생, 군인, 무직자 등 일정수준의 납부예외자는 항상 존재하게 되어 있다. 특히, 제도적 특성으로 인해 구조적으로 상당한 납부예외자가 발생할 수밖에 없다는 점이 중요하다. 즉 소득활동 여부와 소득수준을 기준으로 가입 여부를 결정하는 외국과는 달리, 국민연금은 소득활동 및 소득수준과 관계없이 연령기준(18세 이상~60세 미만)에만 해당하면 모두 가입대상자로 분류하게 되는 제도적 특성을 가지고 있다.

따라서 상당한 납부예외자의 발생은 이미 예견된 일이었다. 즉 실직자, 휴직자, 휴폐업자 등 경제활동인구, 그리고 심지어 학생, 군인 등 비경제활동인구도 국민연금 가입대상자로 되지만, 이들은 소득활동을 하지 않으므로 보험료 납부의 일시적인 예외상태를 인정하는 납부예외자로 분류하기 때문이다.

국민연금에서 이러한 납부예외제도를 둔 취지는 강제가입으로 인한 경직적인 속성을 보험료 납부가 어려운 경우에 납부를 유예해 줌으로써 완화하고, 보험료 납부가 어려운 경우에도 계속 가입자격을 유지하게 함으로써, 특히 장애 발생 시 소득보장이 이루어지도록 하기 위해서이다.[81] 외국의 경우는 이러한 납부예외제도가 거의 없다. 이는 소득활동을 하는 사람만을 가입대상으로 하거나 소득이 있더라도 일정수준 이상의 소득활동에 종사하는 근로자와 자영자를 적용대상으로 하기 때문에 납부예외자의 발생소지가 거의 없다. 외국의 경우에 일시적이든 영구적이든 적용에서 제외되는 계층을 우리나라는 제도 내로 적극적으로 끌어들이고 있는 것이다.

사람은 일생 동안에 걸쳐 실업, 육아, 질병, 병역, 학업 등으로 소득활동을 중단하는 경우가 있는데, 이러한 경우 아예 적용에서 제외하는 것보다 보험료 납부를 면제해 주되 가입자격은 최소한 유지시켜 줌으로써, 납부를 재개할 여지를 남겨두고 보장혜택을 받을 수 있도록 하는 것이 사회보장의 진정한 취지이기 때문이다.

국민연금의 납부예외자는 사유별로 보면, 크게 학생, 군인, 주소불명 등으로 인해 원천적으로 보험료 납부가 불가능한 집단(납부불능자)과 실직, 사업중단, 기초생활곤란 등으로 소득활동을 하지 않거나 거의 소득이 없는 집단(납부예외자)으로 구분된다. 납부불능자의 대부분은 비경제활동인구로서 합법적으로 납부예외자로 처리된 사람이다.

그런데 문제는 납부예외자 중 소득활동을 하고 있음에도 불구하고 보험료 부담을 기피하여 고의로 납부예외가 되는 경우이다. 납부예외자의 상당수가 이러한 경우에 해당되는 것으로 추정할 수 있다. 이들 중 소득이 높은 자도 있을 수 있으나, 이들의 대부분은 소득이 정기적·고정적으로 발생하지 않거나 극히 낮아 사실상 실업에 가까운 불완전취업자로 추측된다. 더구나 이들은 도시 비공식부문에 소득활동을 하고 있거나 주소지가 불분명한 사람 그리고 고의로 소득을 신고하지 않는 사람 등 관리행정상 접근이 매우 어려운 사람들이다. 이러한 납부예외자의 상당수는 신분의 변동 및 취업 등으로 납부예외 사유가 소멸하게 되면, 다시 보험료 납부대상이 될

---

81) 사보험의 경우는 임의가입으로 가입 자체는 유연성이 있으나, 일정기간 보험료를 납부하지 않는 경우에는 해약되어 보장이 이루어지지 않는 것과는 비교되는 부분임.

것이다. 그런데 앞에서도 언급한 바와 같이 문제가 되는 집단은 소득이 있음에도 불구하고 납부예외로 허위 신고하는 사람들이다. 이들의 규모에 대해서는 소득관련 정보인프라의 미흡으로 정확히 파악하기도 어렵거니와 관리 자체가 어려운 것도 사실이다.[82] 또한 영세자영자 혹은 영세사업장 및 일용직 근로자들의 보험료 납부능력도 문제가 된다.[83] 이들은 자영자로 분류되기 때문에 보험료 전액을 본인이 부담해야 한다. 정부는 단계적으로 보험료를 인상할 계획을 세우고 있는데, 이렇게 되면 영세자영자의 부담이 클 수밖에 없다. 따라서 이들을 사업장가입자로 포함시켜 보험료 부담을 나누거나, 일부를 국고에서 지원해 주는 방법으로 영세자영자를 보호해야 할 것이다.

많은 도시지역 주민이 국민연금에 가입하였음에도 불구하고 481만 3천 명의 많은 납부예외자가 발생하였다. 이는 경제여건의 악화로 실직 및 미취업자가 전반적으로 급증한데다가, 23세 이상의 학생·군인 등 소득활동에 종사하지 않는 사람이 다수 있어 소득이 없는 동안 연금보험료를 납부하지 않을 수 있도록 했기 때문이다.[84] 납부예외자 480만여 명 중 30%는 학생, 군인, 재소자 등이며 나머지 대부분은 IMF 관리체제의 영향으로 단기 실직자 및 휴·폐업자 등으로, 복지부에서는 실직자나 미취업층이 226만 7천명(47.1%), 휴폐업자가 125만명(26.0%)에 이르는 것으로 파악하고 있다.[85] 이들 허위신고자와 아울러 주소불명인 자, 불완전취업자 등 비록 소득활동을 하고 있을지라도 납부예외자로 남게 되는 이유는, 이들에 대한 사회전반적인 관리체계가 선진화되어 있지 못한 데도 일차적인 원인이 있으며, 또 개인의 근시안적 사고, 국민연금에 대한 불신 등에도 기인하고 있다.

이와 같이 납부예외자가 전체 도시지역가입자의 절반 이상을 차지하자 언론매체

---

82) 권문일(1999)은 각종 사회통계를 이용하여 비합법적인 납부예외자는 농어촌지역을 포함한 총 납부예외자 가운데 약 6%인 32만 명 정도로 추정하고 있다.
83) 김연명, 우려되는 국민연금 소득신고 현황, 복지동향, 참여연대 사회복지위원회, 1999, 5월호, p. 32.
84) 보건복지부,『보건복지백서』, 1999.
85) 김연명, 전게서, p. 6; 인경석, 전게서, pp. 8-9.

들은 정부가 사전준비 없이 일방적으로 도시지역 확대를 추진함으로써, '반쪽 국민연금' 내지 '절반의 국민연금'으로 전락하였다고 비난하였다. 정작 노후를 대비할 저축 여력이 낮아 우선적으로 보호되어야 할 저소득계층 대부분이 납부예외자에 포함됨으로써, 국민연금을 통한 노후빈곤 방비는 허울에 불과한 명분이 되어버렸다는 것이다. 또한 소득파악에 대한 철저한 준비 없이 도시지역 확대를 강행함으로써, 실제 소득이 있음에도 불구하고 소득이 없는 것으로 허위로 신고한 사람들을 가려내지 못하였고, 이들이 납부예외자에 대거 포함되는 결과가 초래되었다고 주장했다.[86]

(3) 소득하향신고문제

자영자의 하향소득신고가 문제가 되는 것은 소득재분배 기능의 역진성에 있다. 즉, 우리나라의 국민연금은 계층 간 소득재분배 기능이 가능하도록 급여체계를 구성하고 있는데, 도시자영자의 하향소득신고로 인해서 사업장가입자에게 근로자의 소득이 이전되는 비합리적인 소득재분배가 일어나게 된다. 소득재분배의 역진성에 대해서는 두 가지 견해가 있는데, 한 가지는 소득계층 간 소득재분배 자체가 문제가 아니라 실제로 소득파악이 제대로 되고 있지 않는 도시지역가입자가 실제보다 낮게 소득을 신고했을 가능성이 제기되면서, 부당하게 하향 신고한 고소득자에게 소득이 이전되는 재분배의 왜곡 가능성이 문제점으로 제기되고 있다.[87] 또 한 가지 견해는 연금 급여 중 소득재분배 기능을 수행하는 기초연금의 비중이 매우 높아, 평균적으로 소득수준이 높을 것으로 예상되는 자영업자들에게 소득재분배가 일어나는 소득역분배의 문제점이다. 이는 기초연금 수준의 높은 비중이 확대적용자의 소득 과소신고를 더욱 부추기는 유인을 제공하기 때문에 문제가 더욱 심각하다고 할 수 있다.[88]

자영자의 소득파악이 어려워 임금근로자가 손해를 본다는 주장은, 연금 급여산식 구조와 연결되어 있다.[89]

---

86) 권문일, 전게서, pp. 29−32.
87) 김용하, 국민연금 도시자영자 확대에 따른 정책과제와 개선방안, 재정포럼 제37호, 한국조세연구원, 1999, p. 54.
88) 전영준, 전게서, p. 42.
89) 김연명, 한국의 사회복지와 국민연금, 참여연대 강의자료.

<표 2-22> 자영자와 임금근로자의 평균신고소득 비교

(단위: 천명 / 천원)

유 형 구 분	I 유형 과세소득자 (고소득 자영자)	II 유형 과세 특례자	III 유형 영세상인 (구멍가게, 노점상)	IV 유형 5인 미만 영세사업장 근로자	V 유형 일용직, 임시직 근로자	계	사업장 가입자
신고자 수	707천명	939천명	1,181천명	638천명	560천명	403만명	470만명
평균신고소득	1,202	876	750	745	643	842	1,440

* 자료: 국민연금공단(www.nps.or.kr)

<표 2-22>를 살펴보면 도시지역연금대상자 약 890만명 중, 소득신고를 한 403만명의 평균소득신고소득은 842천원으로 임금근로자 평균소득월액(1999.4.1) 1,440천원의 58%수준이다. 자영자와 임금근로자가 같은 제도로 묶여 있는 국민연금의 특성상, 자영자의 낮은 신고소득은 전체 가입자의 평균소득을 낮춤으로써 임금대체율을 낮추는 효과를 발휘하게 된다.

하지만 소득 신고한 도시지역가입자 중 구멍가게, 노점상 등 영세상인과 5인 미만 영세사업장 근로자, 일용직·임시직 근로자가 59%를 차지하고 있고, 과세소득이 있는 자영자는 국세청 평균과세 소득의 144.2%로 신고되어 일률적으로 하향 신고되었다고 보기 어렵다. 그러나 변호사·배우·한의사·목욕탕업 종사 자영자 등 일부 고소득 전문직종에서 공적 자료보다 낮게 소득신고가 되었으며, 이는 정확하게 소득신고가 이뤄지고 있는 사업장가입자와의 불형평성 문제로 제기되어 국민연금에 대한 불신의 원인이 되고 있다. 이러한 사실은 I, II 유형의 평균소득이 사업장 근로자보다 낮기 때문에 I, II 유형에 속한 가입자들의 소득을 지금보다 훨씬 더 정확하게 파악하지 않으면 소득역진 현상은 지속적으로 문제가 될 것이며, 소득재분배 효과가 높게 설계된 국민연금제도는 오히려 소득역진 현상을 불러일으키게 될 것이다.[90]

---

90) 이에 최근 보건복지가족부와 기획재정부, 국세청 등 관련 정부부처와 전문가가 참여하여 자영자의 소득 파악과 관련된 세제·세정 제도의 개선 및 합리적인 소득추정기법의 개

지역가입자의 소득하향신고는 1990년대 초 농어촌지역 주민에게 국민연금의 확대적용을 준비하면서, 정책당국과 연금전문가들이 가장 우려하는 논의사항 중의 하나였다. 그래서 소득하향신고로 인한 문제를 완화하기 위해서 지역가입자에게는 45등급의 소득등급을 3 내지 4등급으로 보다 단순화하거나, 국민연금제도를 기초연금과 소득비례연금체계로 이원화하여 농어촌지역 주민에게는 정액기여의 기초연금만을 적용하는 대안들이 검토되었다.91) 하지만 실제 농어촌지역에 대한 국민연금 확대적용은 피용자에게 적용하는 방식을 그대로 적용하였다. 그 당시 가입종별 간 소득격차에 따른 문제는 잠복되었을 뿐, 사회환경 변화에 따라 언제든지 사회적 쟁점으로 가시화될 수 있는 것이다.

자영자들의 소득하향신고 경향에 따라 언론에서는 사업장가입자와 부담에 있어 불공평하다는 비판을 제기하였다. 특히 고소득 전문직 종사자와 몇몇 업종에 종사하는 가입자의 경우, 과세소득이나 통계조사소득에 비해 낮은 경우가 발견되어 형평성 문제도 제기되었다. 결국 소득하향신고에서 문제가 되는 것은 성실소득신고자와 불성실소득신고자와의 형평성 문제로 볼 수 있다.

(4) 연금보험료 징수문제

연금보험료 징수는 국민연금가입자가 매달 납부해야 하는 것으로, 직장가입자와 임의가입자 및 임의계속가입자의 경우는 문제가 되지 않는다. 왜냐하면 사업장가입자의 경우는 급여에서 원천적으로 징수하기 때문이고, 임의가입자 및 임의계속가입자의 경우는 본인이 스스로 국민연금에 가입하였기 때문에, 특별한 사유가 없는 한 납부하지 않을 이유가 없기 때문이다. 문제는 지역가입자인데, 1995년 12월에 가입대상자가 되었던 농어촌지역의 지역가입자와, 1999년 4월에 가입대상자가 된 도시지역의 자영업자 등의 지역가입자이다. 이들 가입자들은 가입 당시의 연금보험료 징수율을 살펴보면, 농어촌지역 지역가입자는 겨우 65%를 넘기고 있고, 도시지역의 자영업자 등의 지역가입자는 56.3%인 것으로 나타나고 있다. 그 이후 점차로 징수

발을 위하여 '자영자소득파악위원회'를 구성·운영하고 있다.
91) 정경배 외, 농어촌지역연금 실시방안 연구, 한국보건사회연구원, 1992.

율이 상승하고 있는 실정에 있다. 다음의 <표 2-23>은 가입종별 연금보험료 징수현황을 나타내고 있다.

〈표 2-23〉 가입종별 연금보험료 징수현황

(단위: %)

| 구 분 / 연도별 | 사업장 | | 지역가입자 | | | | | | | 임의 · 임의계속 | |
| | | | 소 계 | | 도 시 | | 농어촌 | | | | |
	건 수	금 액	건 수	금 액	건 수	금액	건 수	금 액		건 수	금 액
1995.12	98.3	99.3	67.3	66.7	-	-	67.3	66.7		100.0	100.0
1999.04	97.6	98.8	72.3	68.4	56.3	59.6	73.1	69.1		100.0	100.0
1999.12	98.0	99.1	75.3	73.5	77.9	78.5	74.3	70.3		100.0	100.0
2000.12	98.1	99.2	76.5	74.3	77.3	76.5	75.8	71.1		100.0	100.0
2001.12	98.1	99.2	77.2	73.8	76.4	74.6	78.1	72.2		100.0	100.0
2002.12	98.1	99.3	80.4	75.1	78.1	74.8	83.6	75.9		100.0	100.0
2003.12	97.9	99.2	82.2	75.1	79.4	74.5	86.6	77.0		100.0	100.0
2004.12	97.2	99.1	84.1	76.0	81.6	75.4	88.3	77.7		100.0	100.0
2005.12	97.0	99.1	84.6	75.7	82.3	75.2	88.6	77.1		100.0	100.0
2006.12	97.0	99.1	85.6	76.7	84.0	76.8	88.6	76.3		100.0	100.0
2007.12	97.2	99.2	87.4	79.4	86.0	79.5	90.0	79.1		100.0	100.0
2008.1	97.2	99.2	87.5	79.6	86.1	79.7	90.1	79.3		100.0	100.0

* 수납기준: 1999~2002년과 2004~2007년은 각각 다음 해의 1월 10일. 2003년은 2003년 12월 31일, 2008년 1월은 2008년 2월 10일임.
* 자료: 국민연금공단(www.nps.or.kr)

3) 국민연금의 제도적 문제점과 행태적 결과

이상의 논의를 살펴봤을 때 국민연금에 대한 국민의 불신을 안고 제도를 확대함으로써 여러 가지 문제를 파생시켰지만, 보다 근본적인 문제는 국민연금의 도시자영자 확대시 제기된 확대 방안에 대한 구조적인 한계를 의미한다. 본 연구에서는 국민연금의 제도적 문제점에 따른 행태적 결과를 구분하여 다음의 <표 2-24>로 나타내고자 한다.

〈표 2-24〉 국민연금의 제도적 문제점과 행태적 결과

	제도적 문제점	행태적 결과(정책불응)
연금체계	• 저부담-고급여 구조 (세대간 형평성 문제) • 효율적인 보험료 부과체계의 결여 (세대 내 형평성 문제) • 적용기준의 불합리성	• 미가입문제 • 납부예외문제 • 소득하향신고
관리효율	• 국민연금제도의 홍보 부족 • 신고권장소득 • 기금의 운영문제 • 제도간 연계문제 • 소득파악체계의 미구축	

<표 2-24>에서 정리한 국민연금의 제도적 문제점과 행태적 결과는 일종의 인과 관계로 파악할 수 있을 것이다. 이는 국민연금의 제도적 문제점이 원인이 되어 국민연금 가입대상자의 미가입문제 및 가입자의 불법적인 납부예외문제, 그리고 소득하향신고라는 행태적 결과가 나타난다는 것이다. 이러한 행태적 결과로서의 미가입문제, 납부예외문제, 그리고 소득하향신고문제는 크게 2가지로 대별해 볼 수 있다. 즉 납부예외문제를 포함한 미가입의 행태와 소득하향신고 행태로 나눌 수 있다. 즉 납부예외와 미가입은 전혀 다른 상태이지만(납부예외는 미가입 상태가 아니라 가입 상태임), 행태적인 성격상 같은 결과로 파악한다는 것이다. 이는 납부예외의 대부분의 경우가 불법적인 방법에 의한 국민연금의 가입에 대한 불응행위로서 미가입이나 마찬가지의 상태이기 때문인 것이다. 따라서 행태적 결과는 크게 국민연금의 미가입문제(납부예외문제 포함)와 소득하향문제로 대별해 볼 수 있다.

이러한 행태적 결과에 대한 제도적 원인으로, 우선 미가입문제(납부예외문제 포

함)나 소득하향신고 행태의 가장 근본적인 원인은 소득파악체계의 미구축일 것이다. 이러한 소득파악체계의 미구축은 인적 및 소득관련 정보인프라의 미구축을 의미하는 것으로 이는 미가입문제(납부예외문제 포함) 및 소득하향신고를 가능하게 하는 제도적인 불비일 것이다. 따라서 소득파악체계를 구축하기 위해서는 주민등록전산망 자료, 의료보험·고용보험 등 사회보험자료, 국세청 소득자료, 병역, 학업관련 자료 등의 입수가 적기에 이루어지도록 하고, 금년부터 국세청에 새로이 구축되는 소득관련 정보인프라(과세자료수집 및 관리에 관한 특례법)를 적극 활용하여야 할 것이다.

다음으로 미가입문제에 대한 제도적 원인으로는 연금체계에 있어서 보험료 부과체계의 문제와 적용기준의 불합리성, 관리효율상의 측면에서 국민연금제도의 홍보 부족과 기금의 운영문제를 들 수 있으며, 소득하향신고에 대한 제도적 원인으로는 연금체계에서의 효율적인 보험료 부과체계의 결여(세대 내 형평성 문제)와 적용기준의 불합리성을 들 수 있고, 관리효율상의 측면에서는 신고권장소득의 문제가 있다.

이를 구체적으로 분석해 보면 다음과 같다. 우선 국민연금 미가입 행태(납부예외 행태를 포함)의 원인으로, 우선 연금체계에서는 보험료 부과체계와 적용기준의 불합리성을 들 수 있겠다. 보험료 부과체계는 현재 단일체계의 보험료 부과체계로 말미암아 한 제도 내에 모든 가입자를 동일하게 적용함으로써 가입자 간 소득재분배가 자연스럽게 이루어져 평등성 확보에 유리할 수 있으나, 가입자를 구성하는 다양한 계층들의 요구 및 직업적 특성을 연금제도에 반영할 수 없는 단점을 지닌다. 이러한 단점은 국민연금 가입대상자로 하여금 지역가입자의 소득파악에 따른 문제 및 직장가입자와 지역가입자 간의 형평성의 문제를 제기할 수 있으며, 따라서 이원적 부과체계에 비해 상대적으로 보험료의 수준이 높아 연금가입대상자들이 국민연금에 가입하기가 용이하지 않다는 것이다.

국민연금 가입대상자의 미가입 행태에 대한 제도적 원인으로 연금체계 중 적용기준의 불합리성이 있다. 이는 지역가입대상자 중에서 5인 미만 사업장의 근로자는 5인 이상 사업장의 근로자에 비해 직장 및 사업주의 도움 없이 독자적으로 자신의 소득의 6%를 전액 본인이 부담해야 한다는 실정에 비추어 볼 때 직장가입자와의 형평성에 차이가 있는 것이다. 이러한 상황에서 볼 때 지역가입대상자인 근로자는 기꺼이 국민연금에 가입하지 않을 것이며, 설사 가입한다고 하더라도 불법적인 방법으로 납부예외의 행태로 나타날 것이다.

다음으로 국민연금 미가입(납부예외문제 포함)에 대한 원인으로 관리효율상의 측면에서 볼 때, 기금의 운영문제를 포함한 국민연금제도의 홍보 부족이 있다. 기금의 운영문제를 포함한 국민연금제도의 홍보 부족의 문제는 국민연금제도의 확대실시에 대비한 국민연금 가입대상자를 너무 소홀하게 대했다는 것이다. 즉 정부는 국민연금의 확대에 있어서 정책대상집단에게 너무 소홀하게 대한 나머지, 대다수의 사람들이 국민연금이 무엇이고 언제 누구에게 적용되는지조차 모르거나 몰랐다는 것이다. 이는 물론 국민연금의 운용상의 문제일 수 있으나, 중대한 제도적 결함으로 지적되고 있다는 것이다. 정책을 결정하고 집행하면서 진작 그 대상자인 국민들이 국민연금제도에 대해 몰랐다는 것은 정책담당기관이 너무나 큰 실수를 한 것이다. 이러한 국민연금제도에 대한 정부의 홍보 부족과 더불어 각종 언론매체에서의 국민연금기금의 문제가 쟁점화되면서 더욱 국민의 불신을 만들었다. 즉 각종 언론매체들은 정부의 국민연금기금운용의 능력문제를 제시하면서, 그 논리적 근거로 기타 공적 연금(공무원연금, 사학연금, 군인연금)의 기금고갈에 따른 정부에 비판을 가하면서 국민들은 신뢰감이 줄어들고 따라서 국민연금 가입대상자로 하여금 미가입의 행태를 불러일으켰으며 납부예외의 문제를 자아내게 하였던 것이다.

다음은 소득하향신고에 대한 제도적 원인을 살펴보고자 한다. 소득하향신고에 대한 제도적 원인으로는 연금체계에서의 효율적인 보험료 부과체계의 결여(세대 내 형평성 문제)와 적용기준의 불합리성을 들 수 있으며, 관리효율상의 측면에서는 신고권장소득의 문제가 있다. 하지만 연금체계의 효율적인 보험료 부과체계의 결여(세대내 형평성 문제) 및 적용기준의 불합리성은 미가입의 문제에 대한 제도적 원인분석의 내용과 같다. 따라서 관리효율상 측면의 신고권장소득의 문제에 대해서만 살펴보고자 한다. 원래 신고권장소득체계는 실소득 파악이 현실적으로 어렵고 신고주의에 입각한 보험료 부과가 하향소득신고를 유발하는 등 실효성이 없다는 것을 전제하고, 추정소득을 소득신고의 가이드라인으로 하는 동시에 성실성 여부를 판단하는 기준으로 설정한 소득결정체계이다. 그리고 신고권장소득체계는 도시지역 적용대상자를 고용 형태와 자료보유 형태를 기준으로 하여 도시지역 주민들이 가능한 한 신고권장소득에 가깝게 소득을 신고하도록 유도하려는 방안이다. 하지만 이러한 신고권장소득체계의 결과는 도시지역 확대시 적용한 결과 소득을 신고하는 비율을 매우 저조하게 하였으며, 상당수가 신고권장소득에 불만을 제기하고 이의 타당성에 대한 의문을 제기함으로써, 가입자들은 실제소득보다 낮게 소득신고를 하게 만드는 하나의 제도적 원인으로 나타났다.

제 3 절 국민연금제도에 대한 정책대상집단의 정책불응

위의 제2절에서 살펴본 바와 같이 국민연금제도는 국민연금의 제도적 특성에 따른 여러 가지 많은 문제점을 가지고 있다. 이러한 문제점은 국민연금제도의 직접적인 정책대상자인 국민연금 가입대상자로 하여금 정부정책에 대하여 여러 가지 반대의 입장을 가지게 할 것이며, 심지어는 정부정책을 무시할 수도 있는 것이다. 이러한 국민연금제도에 대한 정책대상집단(국민연금 가입대상자)의 부정적인 행태적 결과, 즉 국민연금 미가입문제, 납부예외자문제, 그리고 소득하향신고문제 등을 본 연구에서는 정책대상집단의 정책불응으로 간주하고자 하며, 이하의 본 절에서는 국민연금제도를 전제로 하여 정책대상집단의 정책불응에 대한 일반적인 이론적 논의를 살펴보고자 한다.

1. 정책대상집단의 정책불응

정책집행 과정에 있어서 정책순응이나 불응의 현상은 정책대상집단에만 나타나는 현상이 아니라 정책의 선택이 이루어지고 나서 일선행정기관이나 제3의 부문에서 집행이 이루어지기까지의 각 통과단계에 개입되어 있는 집행자들에게서도 일어나는 현상이다. 따라서 정책집행상의 불응의 주체는 정책집행자, 중간매개집단, 정책대상집단, 이익집단 등 다양하며, 이 모두가 정책집행과정에서 불응을 야기할 수 있는 가능성을 가지고 있다. 하지만 그중에서도 가장 전형적으로 불응을 야기하는 주체는 공식적 정책집행자, 정책대상집단 그리고 중간매개집단이라 할 수 있을 것이나,[92] 정책의 효과는 결국은 대상집단의 행태변화를 통해 이루어지는 것이며, 궁극적으로는 정책의 집행은 곧 대상집단의 행태변화에 관한 문제라는 것을 지적한 Sabatier와 Mazmanian의 모형[93]을 통해서 확인할 수 있다. 따라서 정책집행이 이루어지더라도 정책대상집단의 행태변화가 수반되지 않으면 정책집행은 실패하게 된다.[94]

1) 정책불응 및 정책대상집단의 개념

불응이라는 개념은 비단 정책에만 국한되는 것이 아니라, 인간이 모여 사는 사회라면 어느 부분이든지 존재하기 때문에 그 개념규정이 애매모호하다. 그러나 정책대상집단의 불응 여부가 성공적인 정책집행에 있어 중요한 요소라는 데는 어느 정도의 의견일치를 보이고 있다. 그러므로 정책대상집단의 불응을 개념화하기 위해서는 먼저 그 경계를 규정짓는 일이 선행되어야 한다.

그것은 불응의 주체로서 대상집단은 구체적으로 누구인가와, 무엇에 대한 불응이냐, 즉 정책의 내용 및 유형에 따라 대상집단이 수혜집단, 비용부담집단이 될 수 있기 때문에 대상집단의 불응을 규정짓기 위해서는 어떤 정책에 대한 불응이냐, 그리

---

92) 이상안, "정책대상집단의 규제불응요인에 관한 연구", 서울대학교 대학원 박사학위논문, 1987, p. 47.

93) Daniel A. Mazmanian and Paul A. Sabatier, *Effective Policy Implementation*(Lexington, Mass.: D. C. Heath and Company, 1981), pp. 23−27.

94) 정책이 일단 결정만 되면 자동적으로 집행(self−executing)되는 것은 아니며, 효과적으로 집행되어 소기의 정책효과를 발생시켜야만 비로소 정책목표를 달성하게 되는 것이다. 즉 성공적인 정책집행의 판단기준은 대상집단의 행태변화인데, 만약 정책대상집단이 불응할 경우 정책집행은 의도한 목적을 성취할 수 없고 중단하거나 실패하게 된다. 이는 사회문제가 기본적으로 사회구성원들의 행태에서 비롯되는 경우가 많으므로, 대다수 정책은 사람들의 행태에 영향을 미치거나 이를 통제하여 일정한 방향으로 변화시키기 위한 방법을 정책수단에 포함하고 있는 것이다. 그러나 현실적으로는 정책대상집단의 행태변화를 확보하지 못할 가능성이 아주 높고, 본 연구의 대상인 국민연금정책의 경우 정책이 요구하는 행동에 순응하지 않는 정책불응이 계속해서 발생하게 된다면 정책집행은 중단 내지는 정책실패로 이어질 수 있다. 정정길, 정책학원론, 대명출판사, 2000, p. 655.

고 불응과 순응의 판단기준을 규정짓는 일이 중요하다.

(1) 정책불응의 개념

정책집행이 정책과정에서 차지하는 중요한 의미는 정책의도의 실현 및 실질적인 정책내용의 구체적 결정, 국민생활과 직결되는 정부의 활동이라는 것이다.[95]

그러나 정책이 집행을 통해서 정책목표를 실현하고자 하더라도 자동적으로 집행되는 것이 아니며, 집행기관의 효율적인 집행과 정책대상집단의 순응(compliance)이 있어야 그 효과가 나타난다.[96] 미국 캘리포니아주의 조세거부운동, 미국의 인종차별 폐지정책에 대한 불응운동, 우리나라의 KBS 시청자 거부운동, 원자력발전소 건설에 대한 지방주민의 불응 등은 정책집행에 영향을 미치는 요인으로서 불응의 중요성을 잘 나타내 준다.

정책집행에 대한 관심이 높아지면서 근래에 와서 정책집행의 핵심적 과제인 순응(Compliance) 및 불응(Noncompliance)의 문제에 대한 연구가 진행되었다. 순응과 불응의 문제는 단지 정책에만 국한되는 것은 아니다. 이러한 순응과 불응의 문제는 인간의 사회적 관계 속에서 필연적으로 제기되는 것이므로 인간이 함께 살아가는 이 사회의 어느 부문이든지 존재하기 마련이다. 그러면 '불응이란 과연 무엇인가?' 여기서는 일반적인 의미의 순응의 개념 및 유사 개념들을 살펴보고 정책집행의 맥락 속에서 순응과 불응의 개념을 정의해 보고자 한다.

---

95) 정정길, 전게서, p. 468.
96) 정책대상집단의 효과적인 순응확보는 성공적인 정책집행을 위한 하나의 필요조건이므로 효과적인 순응확보가 반드시 성공적인 정책집행을 보장하는 것은 아니지만, 순응확보가 효과적으로 이루어지지 않고서는 정책집행의 성공을 기대할 수 없다. 즉 정책집행에서 순응을 중시하는 것은 정책순응의 확보가 효과적인 정책집행의 선결요건이고 나아가 정책효과(영향) 발생의 충분조건은 아니라 하더라도 의도한 정책영향 발생의 기초가 된다는 논리에 근거한 것이라 할 수 있다.
Fred S. Coombs, "The Bases of Noncompliance with a Policy", in John G. Grumm and Stephen L. Wasby(eds.), *The Analysis of Policy Impact*, Lexington: Health, 1981, p. 54; Donald S. Van Meter &, Carl E. Van Horn, "The Policy Implementation Process: A Conceptual Framework", *Administration and Society*, February 1975, p. 46.

불응에 대해서는 다양한 정의가 있으나 가장 일반적으로 인용되는 것은 Oran R. Young의 정의이다. Young에 의하면 '불응(noncompliance)이란 특정의 행위규범' 혹은 '순응체계의 요구에 따르지 않는 행위이다.'[97] 이때 행위규범(Behavioral Prescriptions)이란, 특정한 순응집단의 구성원이 특정한 상황하에서 따를 것을 기대하고 행동을 밝히고 있는 명백히 한정된 기준이며, 명확한 행동규범에는 요구되는 행위는 물론 관련된 대상집단의 범위와 특정한 상황이 반드시 포함되어야 한다고 한다.[98]

순응은 복종(obedience)과 구별할 수 있는데, 전자는 일반적인 행위규범이 구체적인 상황에 적용되었을 경우 행위자의 그러한 행위규범에 대한 반응이다. 그러므로 특정 행위자는 주어진 상황에서 특정한 규율과 혹은 사회적 규범에 따를 것인지의 여부를 판단한다. 그러나 후자는 구체적인 상황에서 신원이 분명한 권위적 인물이 내리는 명령에 대한 반응이다. 여기서 한 행위자는 다른 사람에게 무엇을 하게 하거나 금지하는 명령을 하고 그 대상행위자는 그러한 명령에 복종할 것인지 거역할 것이지를 판단하게 된다.[99]

Anderson은 정책집행에 있어서의 불응이란, 정책지시·지침상의 행동규정과 집행과정에서 요구되는 諸 행동규정에 대해서 정책집행자나 정책대상자가 일치되게 행동하지 않는 것으로 볼 수 있다.[100] 그리고 순응은 경쟁에서 제외된 기준에 대해서 이의 없이 받아들이고, 기득권의 변화를 감수해야 하며 행동규정이 요구하는 방향으로 행동변화를 일치시키는 것을 의미한다. 따라서 일반적으로 순응은 내면적 가치관의 변화까지를 포함하지는 않는다. 즉 마음속으로 어떻게 생각하든 겉으로 나타난 행동이 정책이나 법규에서 요구하는 것에 따르면 순응으로 보는 것이다.

기타 유사한 정의를 내리고 있는 국내 학자로서, 안해균은 불응이란, '정책집행자가 정책결정자가 정한 정책 및 제반 지시사항에 대하여 일치되지 않는 행동을 보이

---

97) Oran R. Young, *Compliance and Public Authority*(Baltimore: The Johns Hopkins Univ. Press, 1979), pp. 4－5.
98) Oran R. Young, Ibid., pp. 2－3.
99) Oran R. Young, Ibid., p. 5.
100) James E. Anderson, *Public Policy Making*, 3rd ed.(New York: Holt Rinehart and Winston, 1984), p. 88.

는 것과 동시에 정책집행과정에서 정책집행자가 환경에 대해 따라줄 것을 요구하는 사항에 대해 환경이 일치되지 않는 행동을 나타내는 것'을 의미하며, 순응이란 '정책집행자가 정책결정자가 정한 정책 및 제반 지시사항에 대하여 일치된 행동을 보이는 것과 동시에 정책집행과정에서 정책집행자가 환경에 대해 따라줄 것을 요구하는 사항에 대해 환경이 일치된 행동을 나타내는 것'을 의미한다고 정의하고 있다.[101]

정정길은 순응을 정책이나 법규에서 요구하는 행동에 따르는 행위이고, 이에 대해 행동에 따르지 않는 행위를 불응이라고 하였다.[102]

배점모는 불응을 정책집행자나 정책대상집단이 정책적 지시나 규칙에 대해 외관상으로 일치되지 않는 행동을 하는 것이고, 이에 반해 외관상으로 일치되게 행동을 하는 것을 순응이라고 하였다.[103]

이상안은 불응을 정책목표 달성을 위하여 설정된 정책지침이나 지시 등의 행동규정에 정책집행자 또는 정책대상자가 이와 불일치하는 방향으로 행동하는 것이고, 이에 대해 일치하는 행동이 일어나는 것을 순응으로 구분하였다.[104]

이상과 같은 일반적 의미에서의 불응 및 순응[105]의 개념을 살펴보았는데, 이를

---

101) 안해균, 정책학원론, 다산출판사, 2001, p. 468.
102) 정정길, 전게서, p. 653.
103) 배점모, "해운조직에 있어서 정책불응의 원인에 관한 연구", 고려대학교 대학원 박사학위논문, 1995, pp. 125-127.
104) 이상안, 전게논문, pp. 44-45.
105) 순응과 유사개념과 비교하여 살펴보면 다음과 같이 정리해 볼 수 있다.
   (1) 복종(obedience)이란 특정상황에서 자기 자신과 동일시하는 권위 있는 사람으로부터의 명령에 대한 반응을 의미하는 것으로 정의된다.
   (2) 동조(conformity)는 겉으로 명백히 나타난 또는 잠재되어 있는 규범에 일치하는 방향으로 행동을 수정하는 것을 의미하며, 순응과 수용을 포함하는 개념이다. 즉, 순응과 수용은 일종의 동조인 것이다.
   (3) 수용(conformity)은 순응이 외면적으로 나타난 행동이 특정 규범이나 규칙에 일치하는 것을 의미하는 데 반해, 태도의 변화를 의미하는 것이라는 점에서 서로 다르다. 즉, 수용은 외면적·표면적 행동의 변화뿐만 아니라 동시에 내면적인 가치체계까지도 변화되는 것을 의미한다.
   (4) 합의(consensus)란 둘 또는 그 이상의 행위자들 간의 관점의 일치를 의미하는 것으로서 인위적인 의식적 노력에 의해 조성되는 것이다. 물론 합의를 일반적인 일치라고 하여 순응과 같은 개념으로 볼 수도 있으나, 합의가 이루어졌다고 해서 자동적으로

정책집행상의 과정에서 순응 및 불응의 개념을 정리하면 다음과 같다.

정책집행에 대한 불응은 정책목표 달성을 위하여 설정된 정책지침이나 지시 등의 행동규정에 대하여 정책집행자 또는 정책대상자가 이와 불일치하는 방향으로 행동하는 것을 의미한다. 반대로 이에 대해 어떤 일치의 행동이 일어날 때 이를 순응이라고 정의한다.

그런데 규범의 적응유형은 여러 형태로 나타난다. 즉 정책결정자와 집행자의 관계에서 동조적 적응유형의 목적규범을 무시하고 수단규범만을 지키는 복종, 그리고 내면과는 달리 외형적으로만 충실히 이행하는 것처럼 꾸미는 각색 분장적 적응을 형식주의적 역기능으로 규정할 수 있다. 이는 상사에게 전적으로 의존하는 경우와 조직의 의사결정에 공식 참가자로 참여할 기회가 잘 주어지지 않는 최하 업무층의 정책집행자에게서 나타난다. 한편 정책집행기관의 집행자 간의 계층통로가 길어 역할부여자와 집행자가 역할측정이 어렵고 그러므로 왜곡·단합 등의 가능성이 있기 때문에 분장·각색 행위를 쉽게 지속할 수 있는 것도 이의 한 유형이다.

Merton은 목적과 수단의 규범에 대하여 개인이 적응하는 방법을 전술한 맹종, 분장 외 동조, 혁신, 개혁 등으로 구분하고 동조 외의 혁신에 의한 수단대체나 개혁에 의한 목적 및 수단규범의 대체가 개인 또는 집단 간에 발생할 수 있으며, 이것이 바로 동조에 의한 순응확보가 아닌 불응의 범주에 해당된다고 보았다. 이렇게 볼 때 순응과 불응은 완전순응, 완전불응의 개념화가 어려운 연속선상의 상대적 개념으로 볼 수 있다. 이상의 순응과 불응의 의미를 정리하면 다음의 <표 2-25>와 같다.

특정규칙이나 규율에 항상 일치하는 행동이 나타나는 것이 아니라는 점에서 구별되는 개념으로 보는 것이 바람직하다고 생각된다.
Oran R. Young, op. cit., p. 5; W. Jack Duncan, *Organizational Behavior*(2nd ed.), (Boston: Houghton Miffin Company, 1981), p. 192.

<표 2-25> 순응과 불응의 개념정의

구 분	순응과 불응
Young (1979)	불응: 특정의 행위규범이나 규칙 등에 따르지 않는 행위 순응: 이러한 규정사항에 일치하는 특정 행위자의 모든 행동
Duncan (1981)	불응: 외관상 나타난 행동이 특정 규범이나 규칙에 일치하지 않는 행위 순응: 이러한 규정사항에 일치할 때 발생
Anderson (1984)	불응: 정책지시·지침상의 행동규정과 집행과정에서 요구되는 제 행동규정에 대해서 정책집행자나 정책대상자가 일치되게 행동하지 않는 것. 순응: 제 행동규정에 대해서 일치되게 행동하는 것
배점모 (1997)	불응: 정책집행자나 정책대상집단이 정책적 지시나 규칙에 대하여 외관상으로 일치되지 않는 행동을 하는 것 순응: 정책집행자나 정책대상집단이 정책적 지시나 규칙에 대해 외관상으로 일치된 행동을 하는 것
안해균 (1990)	불응: 정책집행자나 정책결정자가 정한 정책 및 제반 지시상황에 대하여 일치되지 않는 행동을 보이는 것과 동시에 정책집행과정에서 정책집행자가 환경에 대해 따라 줄 것을 요구하는 사항에 대해 환경에 일치되지 않는 행동을 나타내는 것 순응: 정책집행자나 정책결정자가 정한 정책 및 제반 지시상황에 대하여 일치된 행동을 보이는 것과 동시에 정책집행과정에서 정책집행자가 환경에 대해 따라 줄 것을 요구하는 사항에 대해 환경이 일치된 행동을 나타내는 것
이상안 (1989)	불응: 정책목표 달성을 위하여 설정된 정책지침이나 지시 등의 행동규정에 정책집행자 또는 정책대상자가 이와 불일치하는 방향으로 행동하는 것 순응: 이에 대해 외관상으로 일치하는 방향으로 행동을 하는 것
정정길 (2000)	불응: 정책이나 법규에서 요구하는 행동에 따르지 않는 행위 순응: 정책이나 법규에서 요구하는 행동에 따르는 행위

(2) 정책대상집단의 개념

정책집행에 있어서 정책불응의 직접적인 반응 주체는 정책대상집단(policy target group)이다. Thomas R. Dye는 대상집단을 정책에 의하여 새로운 상호작용의 유형에 적응하도록 요구되는 사람으로 정의하고 있다.[106] Thomas B. Smith는 정책대상집단이란 정책에 의해 영향을 받는 조직이나 집단에 속하는 사람들로서 정책의 요구에 따라 새로운 상호작용의 행태를 작용하도록 요구되는 집단으로 규정하고 있다.[107]

---

106) Thomas R. Dye, *Understanding Public*, Englewood Cilffs(New York: Prentice Hall, 1972), p. 292.

107) Thomas B. Smith, The Policy Implementation Precoss, *Policy Science*, Vol.4, No.2, 1973, p. 204.

또한 E. S. Quade는 정책대상집단을 어떤 정책으로 인하여 직접 영향을 받는 사람과 그러한 요구를 충족시키기 위하여 일정한 행태의 변화가 요구되는 사람들을 의미한다고 하여 개인, 집단, 국민 전체가 이에 해당될 수 있다고 한다.[108] 다만 간접적으로 피해를 받거나 혜택을 받는 집단은 여기서 제외되고 관련이 있는 대중(relevant public)만을 포함한다고 보아야 한다.[109] 예컨대, 조세납부자로서의 국민은 그 수가 너무 많기 때문에 특정 정책이나 사업의 실시로 조세부담이 늘어난다 하더라도 정책대상집단으로 볼 수 없다.[110]

정책대상집단을 명확히 한계 지우기는 어렵다. 그것은 정책대상집단의 종류나 규모가 다양하고 복잡할 뿐 아니라 경우에 따라서는 그 경계가 어디인지, 구체적으로 누가 대상집단인지를 파악하기 어려울 때도 있으며 대상집단 내에서도 그 성격을 달리하는 여러 집단이 존재할 수 있고, 정책유형에 따라 그 형태가 매우 다양하기 때문이다.

예를 들면, 노사관계에 대한 규제정책의 경우에 정부는 제3자적 입장에 서게 되므로 노사쌍방이 정책대상집단이며, 환경오염 규제, 독과점 규제, 범죄 규제 등에서는 독점업자, 범죄자 또는 집단이 직접규제대상으로서 정책대상집단이 되며, 이때 국민 대중은 간접적으로 영향을 받는 비용부담 또는 수혜집단이 된다는 의미에서 볼 때 정책대상집단은 개인, 조직, 집단, 국민 전체 등이 되는 경우도 있다. 그러나 현행의료보험정책의 대상집단의 경우 그 한계가 명확하게 구분되어 있다. 즉, 현행 의료보험법에 따르면 농어촌지역 의료보험정책의 대상자는 농어촌지역(군지역)에 거주하는 주민 중에서 직장의료보험의 피보험자 및 피부양자, 공무원 및 사립학교교직원 의료보험의 피보험자 및 피부양자 그리고 의료보호와 의료부조대상자를 제외한 농어촌지역 주민으로 한정시키고 있다.[111]

---

108) E. S. Quade, *Analysis for Public Decisions*(2nd ed.), (New York: Elsevier Science Publishing Co.,) 1982, p. 310.
109) 정책의 적용을 받는 정책대상집단에는 크게 두 가지 서로 다른 집단이 있다. 첫째는 정책의 혜택을 받는 자들이고 둘째는 정책 때문에 희생을 당하는 자들이다.
110) 민진, "공공정책실패요인에 관한 연구", 한국행정학보, 제19권 제1호, 1985, p. 255.
111) 의료보험법 제5조, 제6조, 의료보험연합회, 의료보험법령집. 1988. 이하에서 언급되는

또한 대상집단이 수혜자인 경우도 있고 피규제자인 경우도 있는데, 정책유형에 따른 정책집행에서도 지적했듯이 정책대상집단이 주로 수혜자인 분배정책이나 재분배정책의 경우는 정책집행과정에서 상대적으로 불응의 문제가 덜 심각하다. 그렇다고 하여 배분정책이나 재분배정책의 경우에는 불응문제가 전혀 발생하지 않는다는 것은 아니다. 즉 집행과정에서 재화나 용역배분을 둘러싸고 수혜자 간의 경쟁이 불가피한 경우, 이들 수혜자 간의 갈등과 경쟁은 정책집행에 대한 불만과 불응으로 비화할 수도 있는 것이다. 그러나 일반적으로는 정책대상집단이 규제자가 되는 규제정책의 경우에 대상집단의 불응문제가 심각하다고 볼 수 있다.[112]

따라서 정책대상집단의 개념을 좀 더 명백히 하기 위해서 Lowi의 분류를 중심으로 분배정책(distributive policy), 규제정책(regulatory policy), 재분재정책(redistributive policy) 등으로 정책을 구분하고 정책유형별로 그 의미를 정확히 파악해 볼 필요가 있다.

첫째, 분배정책에서의 대상집단은 사회적 가치가 배분되는 대상이 누구냐에 따라 크게 2가지로 구분할 수 있다. 즉 수혜집단이 소수인 경우와 수혜집단이 다수인 경우가 그것이다. 특정 집단이나 개인에게 일정한 행위를 한 대가로서 일정한 사적재(private goods)를 제공하는 형태일 경우 이때의 정책대상집단은 특정 수혜집단이나 개인이 된다.

특정인이나 특정 집단에게만이 아니라 일반국민을 위해서 공공재(public goods)를 제공하는 형태가 있다. 이와 같은 경우가 재분배정책과 다른 점은 불우계층이나 집단을 위해 사회적 부의 이전을 꾀하는 것이 아니라 사회 전체의 수준향상을 위해 사회적 가치를 사용한다는 것이다. 이때의 정책대상집단은 수혜를 받게 되는 일반국민이 된다.

둘째, 규제정책은 이를 다시 보호적 규제정책과 경쟁적 규제정책으로 세분할 수 있다. 보호적 규제정책에서의 정책대상집단은 피규제집단으로서 이들은 가장 전형적

의료보험법 조항은 모두 본 법령집을 참조한 것임.
112) 박호숙. "정책집행에 있어서 순응확보의 전략개발에 관한 연구", 서울대학교 행정대학원 석사학위논문, 1984, pp. 19 - 20.

인 정책비용 부담자이다. 규제정책이라면 대부분이 이러한 보호적 규제정책의 형태를 취하고 있으며, 이들은 주로 정책수단을 실현하는 과정에서 일정한 피해를 입게 된다.

경쟁적 규제정책에서의 대상집단은 경쟁에서 승리한 집단뿐만 아니라 경쟁에서 패배한 집단도 정책대상집단으로서의 중요성을 지닌다.

왜냐하면 일정한 재화나 용역을 공급할 수 있는 권한을 부여받는 것은, 대개 커다란 이권이 되는 경우가 많으므로 경쟁에서 승리한 집단이 그 반대결부로서 일정한 규제에 복종하는 것은 큰 문제가 되지 않지만 패배한 집단은 정책내용의 부당성, 집행의 졸속이나 비능률 등을 끊임없이 내세울 뿐만 아니라 민간부문과의 연합, 정치권과 타 정부기관의 동원 등을 통해 규제활동을 폐지(deregulation) 또는 극소화하려고 노력함으로써 정책과정의 역동성을 야기하는 주인이 되기 때문이다.

셋째, 재분배 정책은 한 사회 내에 존재하는 계급이나 인종 사이에 부, 권리, 혹은 여타 가치 등의 할당을 재조정하려는 정책유형으로서, 정책대상집단은 정책의 시행으로 일정한 혜택을 입게 되는 수혜집단뿐만 아니라 부, 권리, 혹은 여타 가치의 이전이 강요되는 비용부담집단 모두가 된다. 하지만 이 정책유형에서는 무엇보다도 비용을 부담하는 집단이 대상집단으로서 중요성을 가지게 된다. 정부재정을 이용하여 혜택을 부여하고 사회적 형평을 꾀하는 경우는 별문제가 없지만, 특정 개인이나 집단으로 하여금 불우계층의 생활수준 향상을 위하여 비용을 부담하도록 하는 경우에는 이들은 당연히 이에 반발하고 자신들의 이익을 고수하려고 노력할 것이기 때문이다. 따라서 재분재정책은 3개 정책유형 중에서도 가장 갈등과 논란이 심한 분야이기도 하다.[113] 이러한 논의를 바탕으로 본 연구에서의 국민연금정책과 관련된 대상집단문제를 살펴볼 필요가 있다.

우선 국민연금정책은 그 목적이 국민 개개인(가입대상자)에게 노후의 생활을 보장해 준다는 것으로 비춰볼 때, 재분배정책으로서 성격을 갖는다고 볼 수 있다. 그러나 이러한 국민연금정책의 경우에는 일반적인 재분배정책의 경우와는 달리 국민연

---

113) 박호숙, 지방자치단체의 갈등관리: 이론과 실제, 다산출판사, 1996, pp. 127−128.

금정책이 가입대상자에게 주는 부정적 효과로 인하여 가입대상자가 이를 받아들이려고 하지 않는 데에서 갈등이 발생하는 것이다. 그리하여 재분배적인 복지정책에 있어서도 일반적인 재분배정책 과정에서 나타나는 목적 자체의 문제보다, 국민의 저항을 최소화하는 것이 보다 중요한 정책과제가 된다.[114]

따라서 정책집행의 맥락에서 보면 국민연금정책은 조세정책으로서의 재분배정책의 의미가 강하다고 할 수 있는데, 그것은 사회 전체의 입장에서 보면 정책에 의해서 희생을 당하는 자(개인으로서의 가입대상자의 국민연금의 가입)들은 공익을 위해서 희생을 하는 것(수혜집단으로서의 국민연금 수령자에 대한)으로의 성격을 가진다는 것이다. 뿐만 아니라, 국민연금정책은 국가체제에 대한 제도 및 정책의 설립이라는 구성정책으로서의 성격도 지닌다고 하겠다.

아울러 정책대상집단이 불응문제를 유발하는 경우라 하더라도 여기에는 매우 다양한 행태가 있을 수 있다. 예컨대 정책대상집단 전체가 불응문제를 일으키는 경우도 있고 특정 대상집단 내의 몇몇 소수가 불응문제를 일으키는 경우도 있을 수 있다. 또 정책대상집단의 불응문제가 더욱 복잡해지는 경우는 특히 대상집단이 수혜집단이고 이들 대상집단들 간에 상호조정과 합의가 있어야 정책집행이 용이한 경우도 있다. 이러한 경우에 이들 대상집단들 간에 조정이 여의치 못하면 정책집행과정상의 불응문제는 더욱 심각해지고 집행은 그만큼 어렵게 된다.

특히 농어촌지역 의료보험정책과 같이 집행과정에서 대상집단의 적극적인 역할을 강조하고 있는 경우 그 행태변화가 더욱 중요시된다. 그것은 정책의 집행에 있어 절대적으로 필요한 자원이 미리 확보되어 있지 않고 집행과정에서 확보되어야 하므로 자원확보 여부가 대상집단의 순응에 절대적으로 의존하고 있기 때문이다. 그러므로 이와 같은 유형의 정책에 있어서 대상집단의 순응이 곧 성공적인 정책집행을 좌우하는 가장 중요한 요인인 것이다. 왜냐하면 대상집단이 그들이 보유하고 있는 자원을 정책집행을 위해 제공하지 않는 한 정책의 집행은 불가능하기 때문이다.

결국 정책의 집행에 있어 정책대상집단이 중요하다고 할 수 있는데, 이는 정책의

---

114) 김동구, "비선호시설 입지정책에 대한 주민저항의 영향요인", 부산대학교 대학원 박사학위논문, 1993, pp. 52-53.

성과는 대상집단의 행태에 의해 크게 영향을 받게 된다는 의미이다.[115] Paul Sabatier 와 Daniel Mazmanian는 정책결정의 실제효과는 결국 대상집단의 행태변화를 통해 이루어지는 것으로 보고 있으며, 궁극적으로는 정책의 집행은 곧 대상집단의 행태변화[116]에 관한 문제라는 것을 지적하고 있는 것이다.[117]

2) 정책불응기준의 상대성(불응판단의 어려움)

정책목표 달성을 위하여 설정된 정책지침이나 지시 등의 행동규정에 대하여 정책집행자 또는 정책대상자가 이와 일치하는 방향으로 행동하는 것을 정책집행에 대한

---

115) Thoms B. Smith, "The Policy Implementation Process", *Policy Science*, Vol. 4, 1973, p. 198.
116) 정책집행에서 대상집단의 행태의 중요성은 크게 다음의 세 가지 측면에서 살펴볼 수 있다.

첫째, 정책집행이란 단순히 Max Weber적인 관료제를 통한 정책결정의 하향적이고 일방적인 추진이라기보다는 특정 정책에 관해 이해관계가 있는 다양한 행위자(actors)들이 그 정책을 중심으로 상호작용하는 과정이라고 볼 수 있다. 그러므로 정책의 효과적인 집행을 위해서는 행위자들의 중요한 부분을 차지하는 정책대상집단의 행태 및 상호작용을 면밀히 분석하고 검토할 필요성이 있게 된다.

둘째, 집행과정에서 행위자들은 정책결정자들이 추측 혹은 기대했던 방향으로 행동하기도 하나 그렇지 못한 경우도 있으며, 심지어 정책의 근본적 내용과 방향을 변경시키기까지 한다. 즉 정책집행과정에 정책대상집단의 순응이 낮을수록, 저항이 클수록 정책의 효율적인 집행은 어려울 것이다. 특히, 규제정책에 있어서는 대상집단이 일정한 기준에 따른 행동을 하거나 실제의 행동의 변화가 일어나도록 해야만 그 목표를 달성할 수 있다는 점에서 다른 정책유형보다도 정책대상집단의 순응확보가 중요한 의미를 갖는 것이다.

셋째, 이러한 대상집단의 행태 및 상호작용의 역학관계를 면밀히 분석하여 정책형성과정에 반영시켰을 때 제기된 정책문제에 용이하게 접근할 수 있다. 또한 이와 같은 정책과정을 통하여 보다 바람직한 정책산출(policy output)이 이루어지게 된다.

김병준, "정책집행연구의 비판적 고찰", 한국행정학보, 제18권 제2호, 1984, p. 481, 김기환, "정책집행에 있어서 대상집단의 행태에 관한 연구", 연세대 대학원 석사학위논문, 1989, p. 29.
117) Daniel A. Mazmanian and Paul A. Sabatier, *Effective Policy Implementation*(Lexington, Mass.: D. C. Heath and Company, 1981), pp. 23-27.

순응이라 하고, 반대로 이에 대해 어떤 불일치의 행동이 일어날 때 정책집행상의 불응이라고 정의할 경우, 이론상으로 볼 때 정책집행에 따른 관련자(정책집행자 및 정책대상집단)의 순응 정도는 실제의 순응행동과 가능한 전체 순응행동과의 比로 정의[118]할 수 있다.

그러나 어떤 경우에는 실제로 정책집행자 및 정책대상집단이 결정된 정책에 순응했는지 또는 불응했는지를 분명히 규명할 수 있는 경우도 있으나, 대체적으로 분명한 판단이 어려운 경우가 많다. 그 이유로서[119] 행위 자체가 구체성을 결여하고 있기 때문이라든가 그 판단에 필요한 정보를 획득하기 어렵거나 또는 그러한 정보수집에 많은 비용이 들기 때문이라는 점 등을 들 수도 있으나, 가장 중요한 이유는 대부분의 순응 및 불응 주체들이 어떤 정책에 대해 완전히 순응하거나 또는 완전히 불응하는 것이 아니라, 부분적으로는 순응하면서도 동시에 다른 부분적으로는 불응하고 있기 때문에, 어떤 정책이 불응상태에 놓여 있느냐 아니면 순응상태에 놓여 있느냐를 구별하기가 참으로 애매한 것이다. 그리고 정책대상집단은 특정영역에 대한 완전한 순응과 완전한 불응 사이의 선택문제에만 직면하고 있는 것이 아니라는 의미에서 부분적 순응(partial compliance)뿐만 아니라, 형식적 순응의 문제도 발생할 수가 있는 것이다.[120] 따라서 이러한 경우 정책대상집단의 행동을 순응으로 볼 것인지를 판단하는 것은 지극히 어려운 일이다.[121] 그러나 결정된 정책이 얼마나 충실히 이행되었느냐의 여부를 판단하기란 사실상 어렵지만 그만큼 중요한 일은 없을 것이다.[122]

---

118) Oran R. Young, op. cit., p. 104.

119) 이와 같이 순응과 불응에 대한 판단상의 어려움은 공식집행자, 정책대상집단, 중간매개집단 등을 고려하여 그 이유를 살펴보면 첫째, 구체성의 결여, 둘째, 조작가능성, 셋째, 정보수집의 어려움, 넷째, 정보획득에 따른 비용편익분석, 다섯째로 기술상의 난점 등이다.

120) 본 연구에서의 불응은 제2장 제3절 제2항의 정책불응의 유형에 제시한 바와 같이, 완전한 불응을 능동적 혹은 참여적 불응으로, 부분적 불응을 수동적 불응으로 명명할 수 있다고 생각한다. 이러한 분류유형은 불응의 종류를 일종의 서열적인 측면을 강조하여 능동적(참여적) 불응, 수동적 불응, 그리고 순응으로 구분하고자 하는 의미이다. 그리고 수동적 불응은 적극적 불응과 소극적 불응으로 구분할 수 있는바, 본 연구에서 종속변수를 수동적 불응에 한정하여 이를 적극적 불응과 소극적 불응으로 구분하여 분석에 사용하였다.

121) 박호숙, 전게논문, pp. 14-15.

그러므로 정책집행자가 순응을 완전한 순응과 불응의 양자택일적 개념으로 인식할 경우 정책대상집단의 심각한 저항에 직면할 수 있다.

국민연금정책의 경우, 정책지시를 내린 사람이 그 집행자의 순응 여부를 파악하기 위해서는 국민연금정책에 대한 전문지식이 없이는 불가능할 뿐만 아니라, 정책집행자의 정보의 통제 등은 물론 정보획득에 드는 비용의 과다 등이 중복적으로 작용하여 순응과 불응에 대한 판단을 더욱 어렵게 할 수 있다. 또한 여기에서 간과할 수 없는 사항은 정책결정자가 내린 결정에 정책집행자가 순응할 것인가 불응할 것인가에 대한 선택의 문제가 제기된다. 왜냐하면 정책지시나 상관의 의도에 대한 정확한 파악이 불가능할 경우와 집행자의 능력부족 및 자원이 부족한 상태에서는 순응할 것인지 불응할 것인지에 대한 집행자의 선택의지와는 상관없이 불응이 일어날 수도 있다는 것이다. 이러한 경우 정책집행자의 행동을 순응행동으로 볼 것인지 불응행위로 볼 것인지 판단을 내리는 것은 매우 어렵다. 순응과 불응에 대한 판단은 경우와 상황에 따라 달라질 수 있을 것이다. 따라서 순응과 불응을 완전히 구별할 수 있는 양자택일의 문제로 보는 것보다는 하나의 연속선상에서 한쪽 끝을 완전히 순응으로 보고 다른 한쪽 끝을 완전한 불응으로 규정하여 순응과 불응의 문제를 정도의 문제로 파악하는 것이 바람직하다고 생각된다.[123]

---

122) Oran R. Young, op. cit., p. 108.

123) M. W. Giles와 D. S. Gatlin은 인종차별폐지정책의 대중순응사례분석에서 정책의 정당성을 인정하고 정책지침에 일치된 행동을 보이는 자를 완전 순응자(complies)로, 정책정당성에 대해 심리적으로 못마땅하게 여기지만 행동은 순응하는 사람들을 잠재적 순응자(potential avoider)로 규정하고 실제 설문자료를 바탕으로 불응의 근본원인이 무엇이며 불응의 심리상태에서 순응행동을 하게 만든 조건이 무엇인가를 분석하고 있다.
Micheal W. Giles and Douglas S. Gatlin, "Mass－Level Compliance with Public Policy: The Case of School Desegregation", *The Journal of Politics*, vol. 42, 1980, pp. 722－746.

3) 국민연금제도에 있어서 정책불응의 의의[124]

(1) 국민연금정책의 불응의미

지금까지의 제2장 제2절에서 국민연금의 제도적 특성 및 제도적 특성에 따른 국민연금제도의 한계 및 문제점을 살펴보고, 이러한 제도적인 문제점으로 인한 정책대상집단인 국민연금 가입대상자들의 행태적인 결과를 정책불응으로 간주하여 이에 대한 이론적 논의를 살펴보았다. 여기에서는 본 연구의 연구사례인 국민연금정책에 대한 불응의 의미가 구체적으로 무엇인가를 개념정의를 하고자 한다. 즉 본 연구에서의 정책불응이란, 국민연금의 제도적 문제점에 따른 행태적 결과를 의미하는 것으로서 정책대상집단의 외현적 행동이 정부정책에 대하여 불일치하는 것으로 규정하고자 한다. 구체적으로는 국민연금의 가입대상자 중 가입신고를 하지 않거나(미가입자), 가입을 했다 하더라도 비합법적인 기준 및 방법으로 납부예외대상자로 분류되는 경우(비합법적인 납부예외자)와 또한 소득을 신고했다 하더라도 소득을 하향하여 신고한 경우(소득하향신고자) 그리고 보험료 납부대상자 중 보험료 납부가 장기간 체납된 경우(보험료 체납자)와 기타 고지서 반송 등의 경우를 본 연구에서 국민연금정책에 대한 정책대상집단의 불응의 의미로 규정하고자 한다는 것이다.

이러한 불응의 개념을 고찰해 볼 때, 정책대상집단의 불응의 의미가 무엇인가에 대해서 살펴볼 필요가 있는데, 이는 정책불응에 대한 다양한 연구관점에 의해 불응의 의미를 파악할 수 있는 것이다.

그러나 본 연구에서는 정책불응에 대한 다양한 연구관점 중에서 국민연금제도에 대한 많은 정책대상자들이 다양한 이해 관계적 입장에서 합리적인 기대효용을 극대화하는 행태를 보이게 된다는 것을 전제로 한다. 즉 정책불응의 설명이론(연구관점)을 정책불응의 행위자요인으로서 합리적 선택 모형을 채택하고자 한다. 따라서 국

---

124) 본 저자가 정책불응과 관련하여 해외 Web site를 검색해 본 바에 의하면(2001년 기준), 최근 미국의 학위논문 및 구미학술지 등에서는 행정 및 정책현상과 관련된 정책불응연구는 거의 없고(사례연구로서 몇몇 존재할 뿐이고), 대부분의 연구가 조세불응 및 조세회피와 관련된 연구이다.

민연금정책에 있어서의 정책대상자(국민연금 가입대상자)는 행위자[125]로서의 합리적 선택 관점에서 순응 및 불응(연금가입)의 여부를 결정할 것이라는 가정이다.

따라서 본 연구에서는 합리적 선택 모형이 다른 연구관점에 비해 상대적으로 설명력이 있다고 가정하여 이를 기본적인 연구관점으로 택하기로 한다.[126] 즉 이 모형에서는 행위자로서의 개인을 국민연금정책에 대한 기대효용을 극대화하는 합리적 개인으로 가정하여, 국민연금정책에 대해서 불응하는 것이 기대효용 극대화를 추구하는 합리적 개인의 계산된 선택이라고 본다는 것이다. 다시 말하면, 이러한 관점은 국민연금 가입대상자들을 국민연금에 대한 합리적 행위자로 가정하여, 국민연금에

---

125) 정책불응에 직·간접적으로 관련되는 기존의 이론체계를 행위자의 입장에 따른 관점이며, 어떤 환경하에서 상황을 정의하고 자신의 행동(의사결정)을 선택하는 행위자(정책대상자) 자체를 어떻게 볼 것인가에 대한 관점이다. 이는 특정한 연구목적의 달성에 필요한 범위에서 분석에 활용할 변수들을 선정하고 그 변수들의 관계를 구조화하는 과정에서, 행위자의 선택과정에 어떤 요인이 중요하고 그것이 불응에 어떻게 영향을 미치는지를 설정하기 위한 것으로, 이를 위해서는 불응의 주체인 행위자에 관한 모형이 필요하다는 것이다.

126) 정책불응에 대한 연구관점으로 기존의 문헌들은 이를 크게 합리적 선택모형(rational choice model), 학습이론 모형(learning model), 그리고 정의모형(justice model) 등의 세 가지의 관점에서 파악해 볼 수 있다. 첫째 행위자가 협소하고 단기적인 자기이익을 추구하는 존재이고 충분한 정보와 계산능력을 바탕으로 이를 달성해 가는 존재로서 전제하는 합리적 선택 모형(rational choice model), 둘째 자기이익 중심의 타산적인 행위자를 전제하지만 인지적 능력(정보, 계산) 측면에서 합리적 선택 모형의 그것에 비해서는 훨씬 약한 전제에 입각하는 학습이론 모형(learning model), 셋째, 행위자가 자기이익과는 무관한 의무감, 이타적 동기 또는 공동체의 이익을 추구하는 측면에 초점을 맞추는 정의 모형(justice model)이 그것이다. 이러한 구분에 대해서는 다음을 참고. Tom R. Tylor, Kenneth A. Rasinski, and Eugene Griffin, "Alternative Images of the Citizen: Implications for Public Policy", American Psychologist, Vol. 41, No. 9, 1986, pp. 970-978; Tom R. Tyler, Why People Obey the Law(New Haven, CT: Yale University Press, 1990), pp. 3-68; Young, op. cit., pp. 15-28; John T. Scholz, "Coopertation, Deterrence, and the Ecology of Regulatory Enforcement", Law & Society Review, Vol. 18, No. 2, 1984, pp. 179-224; Robert V. Stover Contributions of Utility Theory," Social Science Quarterly, Vol. 56, No. 3, 1975, pp. 363-375; 안성호, "정책반응모형에 관한 연구", 서울대학교 대학원, 1987, pp. 19-62; 이상안, 전게논문, pp. 31-44; 박재공, "정책대상집단의 순응결정에 있어서 효용이론의 한계", 관대논문집 제18집, 1990, pp. 259-272; 배점모, 전게논문, pp. 30-36.

가입하여 사회적 안전망으로서 사회보장의 혜택을 받는 것보다, 불응함으로써 개인적인 사회보장을 취하는 것이 효용의 차원에서 더욱 편익이 크다는 것이다.[127]

아울러 본 연구에서는 국민연금정책에 대한 정책대상집단의 이러한 불응이 국민연금 재정(기금)과 관련하여 국민연금기금의 정부부처 그리고 여러 정치적 이해집단에 의해 전용될 위험성과 아울러 국민연금보험료가 국가재정의 일환으로서의 정부예산 및 국민조세로서의 성격으로 인해, 이러한 국민연금정책의 불응을 일종의 조세불응의 성격이 강한 것으로 파악하고자 한다. 즉, 국민연금의 기금은 가입자가 부담하는 보험료 수입에 의해 적립되므로 많은 국민연금의 가입대상자들은 국민연금정책을 소득중단 혹은 소득상실에 대비한 사회보장의 의미로서가 아니라, 조세적 의미의 성격으로 파악하여 이를 조세불응으로 간주하며 이는 곧 조세회피의 성격을 고려하고자 한다는 것이다. 본 연구에서의 이러한 개념은 방대한 규모의 국민연금기금이 금융시장을 통해 통화신용정책에 큰 영향을 미칠 뿐만 아니라, 만약 연금재정에서 적자가 발생할 경우 결국 정부 일반회계에서 적자보전을 할 수밖에 없다는 것을 미루어 볼 때, 연금기금의 활용은 국가의 거시경제정책 일부로서 활용되고 있다는 사실에 입각한 것이다.

따라서 본 연구에서는 정책대상집단의 불응에 대한 합리적 선택의 관점에 따라 국민연금정책의 불응을 각 행위자들의(국민연금 가입대상자) 합리적인 결정으로 파

---

127) 단, 현실적으로는 정책불응이라고 하는 연구대상에의 적합성을 고려하여 합리적 선택이론의 지나치게 엄격한 가정으로부터 다음과 같이 다소 완화(현실화)된 가정을 채택하고 있다. 첫째, 합리성에 대해 경제학 등에서 쓰이는 완전한 합리성이 아닌 제한적 합리성을 가정한다. 즉 본 연구에서 불응행위는 제한적 합리성(bounded rationality)하의 효용극대화 관점에서 설명될 수 있다고 전제된다(정책불응연구에서 이와 같은 관점은 이 분야 최초의 일반이론을 제시한 Young과 그 후 Schutz 등이 채택한 바 있다. Young, op. cit., pp. 16-18; Schutz, op. cit., p. 180.
이와 같이 완화시킨 이유는 현실적으로 사람들은 완전한 합리성을 찾을 수 있는 것이 아니라 제한적 합리성에 봉착하게 되는데, 왜냐하면 현실적인 문제들은 너무나 복잡하여 그들은 해결하기에는 인간의 인지적 사고능력은 제한되어 있기 때문이다. Herbert A. Simon, *Administrative Behavior*, 3rd ed.(New York: The Free Press, 1976), pp. 80-96.

악하고, 동시에 이러한 정책대상집단의 불응을 조세불응의 성격이 강한 것으로 이해하고자 하며, 본 연구의 목적과 관련하여 이러한 조세불응의 성격을 조세회피의 의미가 강한 것으로 고려하고자 하는 것이다.

이에 본 연구에서는 국민연금정책에 대한 정책대상집단의 불응요인을 고려함에 있어, 조세회피이론에서 제기되는 조세회피요인을 아울러 검토하여 제3장에서의 분석 모형을 정립하고자 한다.

아울러 이하에서는 합리적 선택이론과 조세회피에 대한 개요 및 조세회피요인에 대해 살펴보고, 이를 기존연구에서의 정책불응요인과 종합하여 제3장의 분석 모형의 설정과 조사설계 부분에서 다루고자 한다.

(2) 정책불응의 설명이론(연구관점): 합리적 선택에 따른 조세회피적 성향

가. 합리적 선택 모형[128]

이는 일반적으로 경제학적 관점의 행위모델로서 효용이론과 선택이론을 그 핵심으로 하고 있다. 전자는 사람들이 개인적 이익을 극대화하려 하며, (주로 물질적인) 보상에 의해서 동기 유발되며, 단기적인 손익에 집중한다는 것이다. 후자는 흔히 주관적 기대효용 모형으로 지칭되는데 이에 따르면 행위의 결정은 확률판단과 가치부여라는 두 가지 요소의 결합에 의해 지배되는 것으로 가정한다. 이러한 가정은 간단히 말해 행위가 자기이익 동기 빛 상당히 정교한 계산적 판단의 밀로라는 것이다.

효용이론[129]은 원래 경제학에서 인간의 경제행위를 결정하는 이론으로 발전된 것

---

128) 박상주, "정책불응에 관한 합리선택론적 연구", 연세대학교 대학원 박사학위논문, 1998; 배정모, "해운조직에 있어서 정책불응의 원인에 관한 연구", 고려대학교 대학원 박사학위논문, 1995; 이상안, "정책대상집단의 규제불응요인에 관한 연구", 서울대학교 대학원 박사학위논문, 1987. 등의 논문을 참조하여 정리함.

129) 효용이론은 개인이 심리적 만족(psychological hedonism)에 의해 동기화된다는 것을 가정할 뿐만 아니라, 개인의 행동이 집합적 행동(behavior of aggregates)을 설명하는 것도 마찬가지의 논리에 따른다. 이는 기대가 집합적 형태 속에서도 정확하다고 가정하고 효용이론을 확대하는 것이다. 구체적으로 살펴보면, 본래적 의미로 원래 효용의 측정단위가 개인의 심리적 만족에 두는 미시적 견해에서 출발하지만, 정부의 행태를 분석할

으로 인간의 행동 선택은 선택 결과가 가져다줄 효용에 의해서 결정된다고 한다.

정책불응 연구에서 이러한 모형의 연원은[130] 주로 법경제학 분야에서 찾을 수 있는데, 법에 대한 경제적 접근에 내포된 기본 아이디어는 분석의 단위를 개인으로 삼아 인간의 이기성 및 효용극대화를 가정하는 것이다.[131] 그리고 이 경제적 접근은 한계접근(margianal approcach)으로서, 법과 사회의 급격한 변화를 다루지 않고 점진

때에는 소비자 선택이론(consumer choice theory)에서 택하고 있는 것과 유사한 방법으로 효용의 극대화를 가정한다. 이것이 사회적 효용(social utility) 또는 사회적 후생으로서 정부를 주민과 구별하여 독자적 행동을 하는 유기체로 보는 것이 아니라, 개개의 주민들이 공공부분에 관한 결의에 집합적으로 참여하는 수단으로 간주한다는 점과, 사회적 효용은 개인적 관점이다. 이상의 정부 전제를 토대로 공공선택이론(public choice theory)은 선거를 통한 결정방법 등으로 만족상태를 측정하게 된다.
그리고 Schultze는 거시경제학을 정부개입(govermnetal intervention)의 전략분석에 응용하여 집합적 수준에서 보아 효용이론의 중심원리가 사회를 위한 재산배분에서 능률성을 가장 크게 향상시키는 데 있다고 보고, 이 능률성 향상은 사회적 이익이 사회적 손실을 초과하게 한다고 보는 것이다. 김동건, 현대재정학, 박영사, 1984, pp. 104-105, C. L. Schultze, *The public Use of Private Interest*(Washingtom, D. C.: Brookings Institute, 1977), J. Brigham and D, W, Broun, op, cit., p. 49.

130) 정책불응의 연구에서 효용이론을 그 모형으로 채택한 국내외 문헌을 살펴보면 다음과 같다. Charles A. Johnson and Jon R. Bond, "Coercive and Noncoercive Abortion Deterrence Policies", in Brigham and Vrewn(eds.), op. cit., 1980, pp. 185-207; Herbert Jacob. "Deterrent Effects of Formal and Informal Sanctions", in Brigham and Brown(eds.), op. cit., 1980, pp. 69-88; Michael W. Giles and douglas S. Gatlin, "Mass-Level Compliance with Public Policy: The Case of School Desergregation", Journal of Politics, Vol. 42, No. 3, 1980, pp. 722-746; Kenneth J. Meier and David R. Morgan, Citizen Compliance with Public Policy: The National Maximum Speed Law," Western Political Quarterly, Vol. 35, June 1982, pp. 258-273; Raymond J. Burby and Robert G. Paterson, "Improving Compliance with State Environmental Regulations", Journal of Policy Analysis and Management, Vol. 12, No. 4, 1993, pp. 753-772; 정홍익, "피통제자 인식과 법규준수", 행정논총 제18권 제2호, 1980, pp. 281-292, 안성호, "정책반응모형에 관한 연구", 서울대학교 대학원 박사학위논문, 1987; 이상안, 전게논문, 김종래, "한국의 행정규제에 있어서 순응행태에 관한 연구" 한양대학교 대학원 박사학위논문, 1994; 김영우, "정책대상집단의 순응성에 관한 연구" 단국대학교 대학원 박사학위논문, 1995; 배점모, 전게논문, 박영주, "환격규제의 실패요인분석", 성균관대학교 대학원 박사학위논문, 1996.

131) 즉, 형법에 의한 처벌(가혹성과 회수)이 기대 점재 이익을 줄이는 요인이 된다고 보고 이것이 범죄를 줄이고 보다 큰 억제효과를 가질 것으로 본 것이다. Paul Burrows & Cento G. Veljanovski, *The Economic Approach to Law*(Butterworth, 1981), p. 1.

적 변화를 분석하는 데 초점을 두고, 사전적 접근으로서 미래 기대를 주는 법의 변화에 대응하는 사람들의 예측반응과 유인에 중점을 둔다. 개인이 불확실한 사건에 대하여 기대효용을 극대화하는 선호를 가진 합리적 개인으로 가정된다. 여기에 따르면 정책불응의 결정도 일종의 직업적 선택, 즉 기대효용 극대화를 추구하는 합리적 개인에 의한 계산된 선택이라고 본다.[132]

이러한 시각의 정책불응 모형은 국민들이 제각기 비용편익분석을 수행하는 것으로 간주한다. 국민들은 순응과 불응에 관련된 기대편익과 기대비용으로부터 기대순편익, 즉 기대효용을 계산할 것이다. 그러므로 강제적 제재를 강화함으로써 불응의 기대비용을 증가시키거나, 경제적 편익을 늘임으로써 순응의 기대편익을 증가시켜 정책순응의 가능성을 높일 수 있다. 그리고 이러한 개인적 비용편익계산들이 모여 국민 전체의 정책순응 수준이 결정된다고 보는 것이다.[133]

효용이론가들 가운데 Brown과 Stover는 효용이론이 다양한 순응, 불응 분석을 통합한다고 주장하고[134] 순응행동은 순응과 불응의 상대적인 B/C 함수로서 볼 수 있다고 주장한다. 따라서 만약 $Bc-Cc>Bnc-Cnc$라면 순응을 기대할 수 있게 된다는 것이다. 즉 사람은 순응하는 것이 불응하는 것보다 손해가 덜 되거나 순응이 지불할 가치가 있다고 보면 순응하게 된다는 것이다. 즉 효용이론[135]에서는 인간의 행동

---

132) 이 모형은 경찰이나 법규위반자나 이기적이고 합리적이기는 마찬가지라고 보아, 어떤 직업에 종사하는 편익이 감소하거나 비용이 증가하면 그 직업에 종사하는 사람들이 줄어드는 것과 동일한 논리에 의해, 법규위반 행위를 설명할 수 있다는 것이다. 예컨대 강도예방을 위해 모든 사람이 총기를 휴대하고 다닌다면 강도범도 보다 안락한 생활을 추구하여 그 수가 현저히 감소할 것이다. Dacid friedman, "Rational Crimainals and Profit-maximizion Police", in Mariano Tommasi and Kathryn Ierullie(eds.), *The New Economics of Human Behavior*(New York: Cambridge University Press, 1995), p. 43.

133) 안성호, 전게논문, pp. 28-29.

134) R. V Stover and D. W. Brown, "Understanding Compliance and Non-Compliance with Law: The Contributions of Utility Theory", *Social Science Quarterly*, Vol 56, Dec 1975, pp. 363-375.

135) Becker는 그의 모형(Becker's model)에서 인간의 범죄행태를 경제적 이론으로 설명하는 데 그 특징적 요소는 범죄와 결부된 보상의 본질적 불확실성에 둔다는 데 있다. 즉 범죄행위로부터 얻게 될 불확실한 대가인 구속과 그 다음의 형벌의 가능성을 합법적 경제활동에 종사함으로써 얻게 되는 대가와 비교하게 된다는 것이다. Becker의 주장에 의

의 결정은 즐거움을 주는 것을 선호하고 고통을 주는 것을 회피하려는 성향이 있는 것으로 보고 있으며, 순응행동은 순응 또는 비용의 상대적 비용(relative costs)과 상대적 편익(relative benefits)에 의해서 결정된다고 한다. 순응편익(benefits of compliance)에서 순응비용(cost of compliance)을 차감한 순응의 순편익(net benefits of compliance)이 불응편익(benefits of noncompliance)에서 불응비용(costs of noncompliance)을 차감한 불응의 순편익(net benefits of noncompliance)보다 클 때 순응행동이 일어난다는 것이다. 결국 순응 주체의 순응의 결정은 자신에게 가져올 순응의 순편익이 불응의 순편익보다 클 때 순응행동이 일어나는 것으로 본다. 즉 $B_c - C_c > B_{nc} - C_{nc}$일 경우에는 순응결정을 하게 되며, 반대로 $B_c - C_c < B_{nc} - C_{nc}$일 경우에는 불응결정을 하게 된다고 한다(단, B_c: 순응편익, C_c: 순응비용, B_{nc}: 불응편익, C_{nc}: 불응비용).

한편 최근에는 이러한 모형에서 한 걸음 더 나아가 정책불응을 집행기관과 대상자 간의 전략적 상호작용 측면에서 포착하려는 게임이론(game theory)적 시각이 대두하게 되었다. 이는 위에서 살펴 본 바와 같은 기대효용이론이 정책대상자 측면의 의사결정에 초점을 맞출 뿐 대상자와 집행기관이라는 두 행위자 간의 상호작용을 다루지 못했다는 문제의식에서 비롯된 접근이다.[136] 기대효용 모형이 주어진 유인구조에서 정책대상자 측이 취할 수 있는 합리적 의사결정, 즉 정책이 포함하고 있는 제재수단(주로 처벌의 크기, 확률) 등에 의해 일정한 유인구조가 주어졌을 때, 정책대상자들이 순응과 불응의 기대효용을 평가하여 선택하는 측면에 초점을 맞춘다. 그런데 게임이론은 여기서 더 나아가, 그러한 합리적 행위자로서 정책대상자뿐만 아니라 집행기관을 함께 모형에 포함시켜 양자 간의 상호작용과정으로서 정책불응을 파악한다. 그리하여 게임이론에서는 정책대상자뿐만 아니라 집행기관 모두가 각

하면 개인은 범죄를 행함으로써 얻게 될 기대효용이 대안적인 합법활동에 종사함으로써 얻게 될 효용보다 클 때 범죄를 저지른다는 것이다.
David J. Pyle, *The Economics of Crime and Law Enforcement*(N. Y.: The Macmillan Press, 1983), pp. 10 - 11.

136) Michael J. Graetz, Jennifer F. Reinganum, and Louise L. Wilde, "The Tax Compiance Game: Toward an Interactive Theory of Law Enforcement", *Journal of Law, Economics, and Organization*, Vol. 2, No. 1, 1986, pp. 1 - 32.

각의 유인구조에 따라, 그리고 상대방의 행위를 고려하여 자신의 기대효용을 극대화할 수 있는 전략을 선택해 가는 일종의 균형(equilibrium) 도달의 과정으로 불응현상을 파악한다. 따라서 상대적으로 볼 때 게임 모형은 기대효용 모형에 비해 보다 동태적이다.

이상에서 살펴본 바와 같이 정책불응에 있어서 합리적 선택 모형은 기대효용이론과 게임이론으로 나누어 볼 수 있는데, 전자의 경우는 일반적으로 합리선택론 중 게임이론과 구별하기 위해 의사결정이론(decision theory)으로 지칭되고도 있다.[137] 양자의 순응·불응의 결정요인으로 개인의 (기대)효용을 핵심으로 설정한다는 점에서 기본적으로 관점의 바탕은 다르지 않다. 단, 의사결정이론에 비해 동태성이 가미된 게임이론은 규제자와 피규제자의 행위까지를 고려하여 효용극대화를 지향한다는 점을 부각시키며, 보다 전략적인 정책처방을 시사할 수 있다는 점에서 차이가 있음을 알 수 있다.

나. 조세회피이론

위에서 정책대상집단의 불응에 관한 본 연구의 연구관점으로 합리적 선택 모형(효용이론)을 제시하였다. 이러한 모형에 의하면 정책대상집단은 국민연금정책에 불응하는 것이 합리적이라는 것이며, 이러한 불응은 국민연금을 조세의 의미가 강한 것으로 파악하여 조세불응 및 조세회피의 성격임을 전제로 할 때, 국민연금정책에 있어 정책대상집단은 연금가입을 회피하는 것이 합리적인 선택이며 효용가치가 있다는 것이다(조세불응 및 조세회피의 성향).

따라서 여기에서는 기대효용 극대화라는 합리적 선택이론에 입각하여 국민연금정책에 대해서 정책대상집단이 불응한다고 전제하고, 이를 조세회피의 성격이 강한 것으로 이해하고자 한다.

---

137) 김성철·최문기 역, 합리적 선택, 신유, 1993, pp. 128-129.

① 조세회피의 개념

사람들이 사회생활을 하면서 정해진 규칙을 준수하는 가장 초기의 단계가 순응(compliance)의 단계라고 한다.[138] 순응의 단계를 납세행위와 결부시키면 조세납부성실도(tax compliance)라는 개념이 생기는데, 이것을 미국의 IRS는 '국세청의 개입 없이, 납세자가 자신이 실제 납부해야 할 세금을 기한 내에 정확하게 신고하는 것'으로 정의하고 있다.[139] 조세회피(tax evasion)란 이 같은 조세납부 성실도를 유지하지 못하는 것을 뜻하는데, 이는 납세자가 조세납부로부터 벗어나려는 모든 행위이다. 다시 말하면 조세회피란 법률상 행위형식을 남용하여 부당하게 조세부담을 경감시키고자 하는 모든 행위라고 정의된다.

오늘날 납세자의 조세회피현상은 보편화된 경향이다.[140] 더욱이 재정수요의 증대와 더불어 국민의 조세부담이 늘어나고 세제의 수평적·수직적 형평을 보장하지 못하는 상황하에서는 조세도피 내지 조세회피는 더욱 심화되어 갈 것이다. 조세회피가 보편화되어 조세 도의는 더욱 악화되었고 조세회피를 하는 납세자의 행위가 오히려 합리적으로 간주되는 상황이 초래되고 있다.

이를 유형별로 검토해 보면 소득세 신고와 관련된 사항과 세금의 납부와 관련된 사항으로 분류된다. 소득세 신고에 관한 유형으로는 세무신고를 전혀 하지 않는 유형(nonfilers)과 세무신고는 하지만 실제소득보다 미달되게 신고하는 유형으로 나뉜다. 실제보다 미달되게 신고하는 유형은 다음과 같이 세분된다. 첫째는 수입금액을 과소하게 신고하는 경우(underreported income)이며, 둘째는 개인기업의 경비를 과다하게 계상하는 경우이고(overreported busines expenses), 셋째는 소득세와 관련된 각종 공과금액을 과다하게 계상(overstated personal deductions)하는 것이다.

다음으로 세금의 납부와 관련된 조세회피의 유형으로는 고용주가 원천징수를 과소하게 하거나, 납세자가 기한 내에 신고한 세금을 납부하지 않는 경우를 포함한다.

---

138) J. Vogel, "Taxation and Public Opinion on Sweden: an Interpretation of Recent Survey Date", *National Tax Journal*, Dec. 1974, pp. 509.

139) B. R. Jackson & V. Milliron, "Tax Compliance Research: Findings, Problems, and Prospects", *Journal of Accounting Literature*, 1986, pp. 125－165.

140) 이필우, 조세론, 법무사, 1997, p. 430.

결국 위의 세분화된 유형 중 어느 것에나 관련되면, 조세회피를 한 것으로 간주되는 것이다.

② 조세회피행태의 영향요인

현대사회에서 이러한 조세회피의 문제는 매우 심각한 것으로 인식되고 있으며 세무당국에서는 조세회피를 어떻게 통제할 것인가 하는 문제를 심각하게 고려하고 있다. 따라서 조세회피에 영향을 미치는 요인을 파악하지 않고서 규제를 시행한다는 것은 생각할 수 없기 때문에 조세회피에 영향을 미치는 요인에 관하여 생각해 보고자 한다.

선행연구를 통해 알 수 있다시피, 납세자의 조세회피 행위에 영향을 미치는 요인은 매우 많다.[141] 기본적으로는 납세자의 사회인구학적인 특성에서부터 조세제도적인 측면, 납세자의 태도나 동기, 조세회피 기회에 이르기까지 아주 다양한 요인들이 납세자의 조세회피 행위에 영향을 미친다. 여기에서는 선행연구에서 밝혀진 납세자의 주요한 조세회피요인들을 살펴보면 크게 조세제도적 요인과 주관적 인식요인, 사회인구학적 요인으로 나누어 볼 수 있다.

조세제도적 요인은 과세 관청이 세수확보를 목적으로 규정한 일종의 외적인 것으로 조세회피에 대한 정부의 제재, 세율 및 조세부담금, 그리고 조세기관의 적발확률 등이 있고, 주관적 인식요인에는 납세자가 조세에 대해서 가지고 있는 개인적인 태도로서 과세공평성, 납세윤리, 동료집단의 조세회피 정도, 정부에 대한 신뢰도, 그리고 세제의 복잡성에 의한 이해부족의 정도 등이며, 인구사회학적 요인에는 연령, 교육수준, 소득수준, 그리고 소득원 등으로 구분해 볼 수 있다.

---

141) 이에 대한 선행연구 결과를 비교적 잘 요약 정리하여 제시하고 있는 연구는 Jackson과 Milliron의 연구결과가 있다. B. R. Jackson & V. Milliron, op. cit., pp. 127-129.

③ 연구결과의 검토[142]

㉮ 이론적 연구결과

1970년대에 들어서면서 많은 학자들이 납세자의 조세회피 행위에 영향을 주는 요소들에 관해서 연구해 왔다. 1973년을 전후해서 M. G. Allingham과 A. Sandmo,[143] T. N. Srinivasan,[144] S. Yitzhaki[145]는 여러 학자들의 연구를 종합하여 납세자의 조세회피 행위에 대한 이론적 분석 모형을 개발하였다. 이들은 세율, 적발확률, 벌금률과 조세회피와의 관계를 규명해 보려고 노력하였다. 이론적 분석 모형은 납세자가 기대효용함수를 극대화시키고자 한다는 가정에 입각하고 있다. 즉 조세회피는 납세자가 자신의 소득이나 부를 극대화시키기 위한 개인적인 의사결정이라고 보는 것이다.

이 분석 모형에는 몇 가지 특징이 있는데, 우선 납세자는 불확실한 상황하에서 의사결정을 한다는 것이다. 다시 말하면, 납세자는 자신의 조세회피 행위가 적발될 것인지 아닌지를 알지 못하는 상황에서 소득액 전부를 신고할 것인지 여부를 결정한다.

둘째, 납세자는 자신의 조세회피 행위가 적발될 주관적인 확률 및 그 행위가 적발되었을 경우에 부과될 처벌에 입각해서 조세회피 의사결정을 내린다.

셋째, 납세자는 납세신고와 관련되는 한 도덕성과 윤리성이 결여되어 있다는 점이다. 요컨대 납세자는 발생 가능한 모든 결과와 자신의 효용수준을 고려해서 조세회피 의사결정을 내리게 된다는 것이다.

이론적 연구 방법에서는 주로 세율인 제재와 같은 조세제도적인 요인들을 중심으로 납세자의 조세회피 성향을 밝히고자 했다. 연구자에 따라 연구 변인과 연구 결

---

142) 임원식, "조세회피 행태에 관한 실증적 연구", 호남대학교 대학원 박사학위논문, 1998, pp. 34-80.
143) M. G. Allingham, and A. Sandmo "Income Tax Evasion: A Theoretical Analysis", *Journal of Public Economics*, Vol. 1, 1972, pp. 323-338.
144) T. N. Srinivasan, "Tax Evasion: A Model", *Journal of Public Economics*, Vol.2, 1973, pp. 339-346.
145) S. Yitzhaki, "A Note On Income Tax Evasion: A Theoretical Analysis", *Journal of Public Economics*, Vol. 3, 1974, pp. 201-202.

과가 약간씩 다른 점이 있기는 하지만, 대체적으로 누진세제도하에서는 세율을 높일수록 조세회피 성향은 증가하고, 세무조사 횟수나 가산세율이 높을수록 조세회피 성향은 감소하는 것을 알 수 있다.

　㉯ 실증적 연구결과

　납세자의 조세회피 행위에 영향을 미치는 변인들의 중요성은 연구자에 따라 전반적으로 일치하는 것도 있고, 상이하게 나타나는 것도 있다.

　우선 조세제도적 요인을 살펴보면, 세율과 조세회피 성향은 양(+)의 상관이 있다고 할 수 있다. 즉 세율에 대해서는 소득세율이 높은 상황의 납세자는 소득세율이 낮은 상황의 납세자에 비하여 높은 조세회피 성향을 보이는 것으로 나타났다.

　두 번째로 주관적 인식요인에서는, 납세자가 인식하는 과세 공평성과 납세자의 납세윤리 등은 모두 조세회피 성향과 음(-)의 상관이 있다. 즉, 과세가 공평하다고 생각하고 납세윤리가 높은 납세자일수록 조세회피 행위를 하지 않는다. 이에 비해 동료집단의 납세 풍토는 조세회피와 양(+)의 상관이 있는데, 동료집단에 조세회피를 하는 사람이 많을수록 납세자의 조세회피 행위는 증가한다고 할 수 있다. 그리고 정부신뢰도가 높을수록 조세회피 성향은 감소하는 것으로 나타났다.

　마지막으로 인구사회학적 요인을 살펴보면, 인구학적인 변인 중 연령과 조세회피 성향은 음(-)의 상관이 있다고 결론 내릴 수 있다. 즉, 연령이 많을수록 조세회피 성향은 줄어드는 반면, 젊은 사람들 사이에서 조세회피 행위가 많이 발생한다. 그리고 업무종사기간, 소득 수준이 탈세성향과 양(+)의 관계가 있는 것으로 나타났다. 직업 면에서는 근로소득자의 납세윤리의식이 가장 높고, 음식숙박업자와 운송업자 및 도·소매업자의 납세윤리는 낮은 것으로 나타났다. 또한 Vogel의 연구[146] 결과에 의하면, 교육수준이 높은 경우, 연령이 낮은 경우, 그리고 남성의 경우에 조세회피 가능성이 높은 것으로 나타났다. 그리고 자영업자의 경우에 원천징수대상자에 비해 조세회피 성향이 강한 것으로 나타났다.

---

146) J. Vogel, "Taxation and Public Opinion on Sweden: An Interpretation of Recent Survey Date", *National Tax Journal*, December 1974, pp. 499-513.

<표 2-26> 조세회피의 실증적 연구 결과

연구자 \ 변수	연령	성별	교육 수준	소득 수준	소득 원천	동료 집단	불공 평성	납세 윤리	정부 신뢰도	세무 조사	세율
Vogel(1974)	−	+	+			+					
Spicer & Lundstedt (1976)	−			−		+	+			−	
Song & Yabrough (1978)			−	−				−		−	
Friedland et al (1978)	−										+
Ekstrand (1980)	−		+	+							
Dean et al (1980)							+				+
Spicer & Becker (1980)		+					+				+
Clotefelter (1983)											+
홍학표(1988)			−	+		+	+	−		+	
전태영(1990)				−					−	+	+
이종환(1992)										−	+
유시영(1992)						+	+	−		−	+
이우윤(1996)	−			+			+			−	

※ (+): 조세순응의 정도와 양의 상관관계, (−): 조세순응의 정도와 음의 상관관계
* 자료: 임원식, 전게논문, 1998, p. 62 참조.

2. 정책불응의 유형 및 불응영향요인

1) 정책불응의 유형

불응은 여러 가지 관점에서 여러 가지로 분류할 수 있는데, Sorg의 유형과 본 연구의 유형을 살펴보기로 한다.

(1) Sorg의 유형

다음은 정책의 집행과정에서 정책대상집단이 어떠한 형태로 불응을 하는지를 살펴본다. 불응형태의 정확한 인식은 대상집단의 순응확보의 전략으로서, 그리고 정책개선이나 수정에 중요한 토대가 된다. Sorg는 일선관료들(street-lever bureaucrats)의 집행행태를 중심으로 불응의 유형을 고찰하고 있으나 그의 주장은 일선관료뿐만 아니라 대상집단의 불응행태를 이해하는 데 많은 도움을 준다. Sorg는 <표 2-27>과 같이 외형적 행동과 내부적 의사에 따라 대상집단이나 집행자의 행태를 (1) 의도적 순응, (2) 비의도적 순응, (3) 비의도적 불응, (4) 의도적 불응으로 분류하고 있다.

〈표 2-27〉 순응과 불응의 유형

내부적 의사 ＼ 외형적 행동	순 응 (compliance)	불 응 (non-compliance)
순응하고자 하는 의도	의도적 순응	비의도적 불응
불응하고자 하는 의도	비의도적 순응	의도적(고의적) 불응

* 자료: James D. Sorg, "A Typology of Implementation Behaviors of Street-level Bureaucrats", *Policy Studies Review*, vol. 2, 1983, p. 393.

여기서 불응의 유형을 구체적으로 살펴보면 다음의 <표 2-28>과 같다.

첫째, 의도적 순응이란, 순응하고자 하는 의도를 가지고 있는 순응을 말하는데, 정책집행의 관점에서 볼 때 가장 이상적인 행태라고 할 수 있다. Sorg는 의도적 순응에 속하는 행태를 다시 "순응"과 "수정을 위한 시도"로 세분하고 있는데, "수정을 위한 시도"란 일단 정책에 순응하기는 하나 정책의 부당성 등을 지적하고 이를 수정하고자 시도하는 것을 말한다.

둘째, 비의도적 순응이란, 정책대상집단이 순응하려는 의도는 없으나 외면적으로는 순응하고 있는 경우인데, Sorg는 이에 관하여 거의 언급하고 있지 않다.

<h2 align="center">〈표 2-28〉 불응의 유형</h2>

행 태 유 형	불응의 행태
의도적 순응	순응, 수정을 위한 시도
비의도적 순응	
비의도적 불응	과잉, 부족
의도적 불응	전환, 수구적 행태, 지연, 수정을 위한 시도, 기만, 이탈

* 자료: 유훈, 정책학원론, 법문사, 1999, p. 454.

셋째, 비의도적 불응은 정책대상집단이 내면적으로는 순응하고자 하는 의사를 지니고 있는데도 불구하고 외형상으로는 불응하는 경우이다. 이러한 경우는 "과잉"과 "부족"을 들 수 있다. 우선, 과잉이란 대상집단이 정책적 지시를 제대로 파악하지 못하거나 또는 정책에 대한 이해의 불충분이나 능력의 부족으로 정책에 순응하려는 의도는 있으나, 결과적으로 불응을 초래하는 경우인데, 무자격자에게 의료보호의 혜택을 주는 경우가 좋은 예라 하겠다. 다음으로 부족이란, 정책의도를 파악은 하고 있으나, 정책대상집단의 능력 및 자원 부족으로 그 지시를 이행할 수 없는 경우에 발생한다.

넷째, 의도적 불응은 대상집단이 내면적으로 불응하고자 하는 의사를 지니고 있을 뿐만 아니라 외형적 행동으로도 명백히 불응하고 있는 경우이다. 이러한 유형은 정책대상집단이 정책의도를 파악하고 있을 뿐 아니라, 순응에 필요한 능력이나 자원을 가지고 있는데도 불구하고 고의적으로 저항하는 경우에 나타나는 것이 일반적이다. 또한 이 유형은 불응의 가장 전형적인 모습일 뿐만 아니라 정책집행과정에서 지극히 중요한 의미를 지니고 있다. 다음은 현실세계에서 다양한 형태로 존재하는 의도적 불응의 구체적 행태를 살펴본다. 이때 중요한 사실은 다양한 불응행태는 상호 독립적인 것이 아니라 동시에 복합적으로 발생할 수 있다는 것이다.

㉠ 전환(Replacement): 정책에 명시된 목표와 절차를 변경하려는 행태를 말한다. 여타의 의도적 불응과 다른 점은 다른 의도적 불응들은 정책의 집행이 이루어지지

않는 데 대하여 전환은 정책목표나 절차에 수정이 가해지기는 하나 집행이 이루어진다는 점이다.

ⓒ 수구적 행태(ritualistic Behavior): 새로운 정책을 무시하고 낡은 정책을 집행하는 것을 말한다. 수구적 행태가 후술하는 기만과 다른 점은 기만은 종래의 정책을 집행하나 새로운 정책을 집행하는 것처럼 외양을 갖추는 데 대하여 의식적 행태는 그러한 외양조차도 갖추지 않는 경우이다. 이와 같이 볼 때 수구적 행태는 낡은 정책을 대신하는 새로운 정책이 수립되었을 때에만 나타나는 현상이라 하겠다.

ⓒ 지연(delay): 단순히 정책의 집행을 연기시키는 행위뿐만 아니라 집행과정에 있어서의 관계자들에게 영향을 미치기 위하여 전술로서 사용하는 행위까지를 포함한다. 지연을 전술로서 사용하는 것은 ① 관련자들의 특정 정책에 대한 관심이 줄어들기를 기다리거나, ② 환경의 변화로 인하여 정책을 집행하지 않아도 될 상황이 초래되기를 고대하며, ③ 정책반대자들의 동조세력이 확대되어 특정 정책이 폐지되기를 기다리는 데 그 목적이 있다고 하겠다.

ⓔ 수정을 위한 시도(voice): Sorg는 'voice'라는 표현을 '어떤 반대되는 정책으로부터의 회피가 아닌 수정을 위한 모든 시도'라고 설명한다. 이에 반하여 의식적 행태는 정책을 변경시키려는 목적 없이 이루어진다. 그리고 후술하는 이탈이 집행상황을 떠남으로써 정책의 집행을 회피하는 행위인 데 반하여 Voice는 정책결정자와 대결하여 정책의 변화를 시도한다.

ⓜ 기만(Bluffing): 외형상 순응하는 듯하면서 실질적으로는 불응하는 행태를 말한다. 즉 감시가 있을 때에는 순응하나 감시가 없어지면 불응하는 경우이다. Bluffing은 규칙이 경직적이며 수정을 위한 시도가 적합지 않고 불응의 대가가 높을 때 일어날 가능성이 많다고 하겠다.

ⓑ 이탈(Exit): 조직으로부터의 사퇴, 전출요구 등과 같이 정책집행을 회피하려는 욕구를 나타내는 모든 행태를 말한다.

(2) 본 연구의 불응분류 모형[147]

본 연구자는 Sorg의 불응의 유형을 기초로 순응 및 불응의 정도와 행위자(정책대상집단)의 관점(입장)에 따라서 본 연구의 분석에 사용될 분류 모형을 제시하고자 한다. 여기서 정도란, 원래 불응 및 순응의 기준은 상대적인 개념으로 양자택일적이지 못하지만, 일종의 서열적인 측면에서 유형화시킬 수 있다는 것이다. 즉 Sorg에 의하면, 불응의 유형을 의도적 순응, 비의도적 순응, 의도적 불응, 그리고 비의도적 불응으로 구분한 바 있는데, 본 연구자는 순응이든 불응이든 내부적 의사는 중요하지 않다고 보며, 그 외현적인 행동이 중요하다고 생각되어 이를 순응 및 불응의 정도 차원에 따라 구분하고자 하는 것이다. 즉 심리적인 내부의 의사표시인 인지적·감정적·평가적 태도와 외현적인 행동은 반드시 일치하지 않으며, 비록 내부적인 심리상태(태도)가 순응이라 하더라도 외현적인 행동이 불응이면, 객관적인 측면에서 불응일 뿐만 아니라 주관적인 측면에서도 불응하게 된다는 것이다. 여기서 주관적인 측면에서의 불응이란, 외현적인 행동이 불응이면 내부적·심리적인 태도까지도 구속하게 됨으로써 결국 심리적인 태도도 불응으로 변하게 됨을 의미한다.148)

그리고 기존이론에서의 불응이란, 정책이나 법규에서 요구하는 행동에 따르지 않는 행위라고 정의하였는데, 이러한 개념은 환경에 대하여 수동적이고 소극적인, 즉 정책결정자(집행자)의 관점에서 정책대상집단이 정책을 어떻게 받아들이고 어떻게 따르느냐에 대한 문제라는 것이다. 즉 행위자로서 정책대상집단이 능동적이고도 적극적인 참여문제를 제외한 것으로, 이는 정책대상집단이 정책에 대하여 결정만을 행하는 수동적인 존재가 아니라 집단을 구성하여 자신들의 의사를 적극적으로 표출함으로써 불응(순응)을 할 수 있다는 것을 고려하지 않은 결과라는 것이다.

따라서 외현적인 행동에 따른 불응(순응)의 구조는 환경과 행위의 두 차원의 영향에 따라서 능동적 불응과 수동적 불응, 그리고 순응으로 분류해 볼 수 있고, 이때 수동적 불응은 적극적 불응(소극적 순응)과 소극적 불응(적극적 순응)으로 구분할 수 있는 것이다. 여기서 능동적·참여적 불응이란, 행위자가 환경에 대하여 능동적

---

147) 제3장 제2절 불응(종속변수)에 대한 개념화 및 조작화 부분을 참조.
148) 예를 들면, 행동이 마음을 결정한다는 것으로 일정한 행동을 취하면, 그러한 행동이 일종의 환류작용에 의해서 내부의사, 즉 태도를 구속하게 되어 결국 외현적인 행동과 내부적·심리적인 태도가 일치하게 된다는 논리이다.

으로 불응하는 것으로 항의, 진정, 서명운동, 시민연합운동, 시위, 농성, 폭력행사 등을 통하여 일정한 정책(제도) 그 자체를 거부하고 반대하는 요구를 의미하고, 순응이란 행위자가 환경에 대하여 일정한 정책(제도) 그 자체를 수용·지지를 통한 능동적인 순응을 의미하되 주로 긍정적, 합법적인 방법을 통한 지지를 의미할 수도 있다(지지표명 등). 반면에 수동적 불응(순응)이란 일정한 정책에 대하여 고의적이든 비고의적이든 일정한 부분을 동의하고 수용하되, 태도가 분명치 않는 경우를 의미하는 것으로 그 정도(강도)에 따라 적극적 불응, 소극적 불응으로 구분할 수 있으며 순응의 측면은 그 반대로 해석하면 될 것이다. 이러한 수동적 불응(순응)은 물론 상대적인 개념이지만, 일정한 자극(정부정책)에 대해 수용하되 그 반응이 다소 강하게 나올 수도 약하게 나올 수도 있다는 내용이다. 이때 적극적 불응(순응)이란, Sorg의 불응의 유형과 결부시켜 보면 일정한 정책에 대하여 일단은 수용하되 보다 적극적으로 거부하는 형태로서 의도적 불응(순응)을 의미하고, 소극적 불응(순응)이란 Sorg에 의하면 비의도적 불응 혹은 비의도적 순응 등에 비유할 수 있을 것으로 판단할 수 있다는 것이다. 예를 들면, 국민연금제도에서 능동적·참여적 불응[149]이란 항의, 진정, 서명운동, 시민운동 등 의도적으로 국민연금제도 그 자체에 대하여 원천적으로 거부하고 반대하는 불응을 의미하고, 수동적 불응 중에서 적극적 불응이란, 국민연금제도 그 자체에 대해서는 인정은 하더라도 보다 강하게 불응하는 유형으로서, 일정한 이유에 의해 가입을 거부한다든지, 혹은 본인이 실제 가입신고를 따로 하지 않고 있다 하더라도 국민연금공단의 직권 혹은 동(면)사무소의 직권으로 가입을 강제했을 경우에 개인적인 사정을 들어 비합법적인 방법으로 납부예외자로 신청하는 경우이다. 그리고 소극적 불응이란 역시 국민연금제도 그 자체를 인정하여 어쩔 수 없이 가입은 했지만 소극적으로 불응하는 것으로, 실제 정상적인 소득신고를 하지 않거나 실제 소득을 신고했다 하더라도 보험료 등을 체납하는 경우에 해당된다. 따라서 순응 및 불응의 정도를 기준으로 우선 능동적·참여적 불응과 수동적 불응(순응), 그리고 순응으로 구분하고, 수동적 불응(순응)을 적극적 불응과 소극적 불응(순

---

149) 참여적 불응과 관련하여 시민들이 anti-국민연금(결사반대 국민연금)을 결성하여 인터넷상의 홈페이지도 구축되어 있다(www.antinpc.com).

응)으로 구분할 수 있다고 판단된다. 물론 이러한 분류유형은 일종의 서열적인 측면에서 본 상대적이고 주관적인 측면이 강하다. 이러한 불응분류유형을 구체적으로 살펴보면 다음의 <그림 2-5>와 같다.

〈그림 2-5〉 본 연구의 불응분류 모형

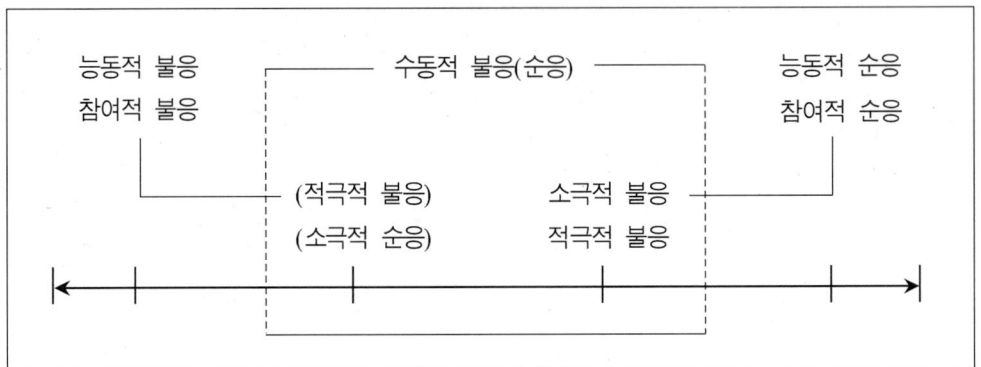

주) 본 분류 모형에서 해석의 차이가 있다. 즉 불응의 입장에서는 순차적으로 능동적 불응, 수동적 불응(적극적 불응, 소극적 불응), 그리고 순응으로 파악하고, 순응의 입장에서는 순차적으로 능동적 순응, 수동적 순응(적극적 순응, 소극적 순응), 그리고 불응으로 파악한다. 이것은 불응의 입장이냐 순응의 입장이냐에 따라 순차적인 반대입장은 능동적 혹은 참여적이라는 용어가 빠진 그냥 순응 및 불응이라는 것인데, 이는 반대입장에서의 능동적 순응 및 능동적 불응은 의미가 없기 때문이다.

본 연구에서는 본 연구자의 분류유형인 행위자 및 불응(순응)의 정도 차원과 관련하여 다음의 실증적 분석을 위한 제3장 조사설계에서는 능동적·참여적 불응은 제외하고, 수동적 불응(적극적 불응과 소극적 불응)과 순응만을 분석의 대상으로 삼고자 한다. 즉 국민연금정책의 불응을 적극적 불응과 소극적 불응으로 구분하되, 적극적 불응은 국민연금의 미가입과 비합법적 방법에 의한 납부예외로 한정하고, 소극적 불응은 소득의 하향신고로 구분하며, 순응은 국민연금에 가입하면서 소득을 하향 신고하지 않고 실제소득을 정확하게 신고한 경우로 구분하여 본 연구의 분석에 이용하고자 한다.

2) 불응영향요인

정책집행과정은 복잡한 참여자와 개입동기들로 구성된다. 정책집행에 참여하는 동기는 상호 이해관계의 조건을 위한 것이 주종을 이루나 관여자의 종류와 범위는 정책결정자, 정책집행기관, 중간매개집단, 비용부담집단, 수혜집단, 이익집단의 로비스트 등 다양하다.[150] 이 중에서 정책집행에 있어서는 크게 두 집단의 순응이 중요한 바, 첫째는 정책대상집단(policy target group)이고 둘째는 정책집행을 직접 담당하는 공식집행자(formal implementers)로서 이들 두 집단의 순응이 없으면 정책집행은 실패하게 된다.[151] 그러나 궁극적으로는 정책대상집단이 정책에 부응하는 행태변화의 여부가 정책집행의 성패는 물론 정책 자체의 목적달성을 좌우할 수 있는 핵심요인이다. 이는 정책집행이 실패할 개연성이 대상집단의 규모와 정책을 필요로 하는 행태변화가 클수록 증대되기도 한다. 반대로 정책이 초래하는 현상의 변화가 크지 않고 정책목표에 대한 합의수준이 높은 것을 정책집행의 성공 조건으로 보면 정책대상집단의 불응은 중요한 요인이다.

대상집단이 정책에 대하여 불응을 하게 되는 요인은 여러 가지가 있다. 많은 학자들이 불응요인에 대한 견해를 제시하였는데, 이들 요인들은 성공적인 집행을 좌우하는 요인들과 대부분이 중복되므로 정책집행에 영향을 미치는 요인에 대한 추가적인 설명이라고 하여도 무관하다. 그것은 불응요인은 정책집행에 영향을 미치는 요인과 본질적으로 같은 성질의 것이라고 볼 수 있기 때문이다. 예를 들면, 자원은 성공적인 정책집행에 대한 대표적인 요소 중의 하나인 동시에 그 정책이 대상집단에 직접적인 영향을 미칠 경우 대상집단의 정책수용을 확보하기 위한 중요한 변수가 되기 때문이다. 따라서 정책집행의 성공을 좌우하는 요인과 불응요인에 관한 諸이론을 함께 제시하여 상호유기적인 관점에서 살펴보는 것이 더욱 바람직스럽지만, 여기에서는 선행연구에서 제시된 불응에 영향을 미치는 요인만을 살펴보기로 한다.

---

150) 이상안, 전게논문, p. 47.
151) 정정길, 전게서, p. 564.

(1) 선행연구에서의 영향요인 검토

정책불응에 영향을 미치는 요인이 무엇인가에 대한 연구는 최근에 이르러서야 학자들의 관심을 끌기 시작하였다. 그동안 기존의 정책연구는 불응의 문제를 기껏해야 문제시했을 뿐 이에 대한 체계적이고 경험적인 연구가 이루어지지 않아 정책과정의 중대한 측면인 불응의 문제를 소홀히 하고 있다고 지적하고 있다.[152]

이 문제는 1970년대 이후 정책집행에 관한 연구가 활발히 이루어짐에 따라[153] 성공적인 정책집행의 한 요인으로서 불응요인들이 검토되었으나, 어떤 요인들이 정책불응을 가장 잘 해소할 수 있느냐에 대해서는 학자들 간의 합의에 도달하지 못하였다.[154] 다만 연구의 대상과 기준을 달리하여 Coombs,[155] Anderson,[156] Smith,[157] Durant,[158] 정정길 교수, 안해균 교수 등의 논의가 간략하게 제시되고 있을 뿐이다.

이들이 제시한 정책불응문헌을 검토해 보면 다음과 같다.

가. Nakamura의 분류

Nakamura에 의하면 정책불응의 요인은 ① 정책자체요인(정책의 소망성, 명료성, 일관성, 유인성 등), ② 정책기관요인(정당성, 신뢰성, 조직구조, 구성원의 자질, 태도, 자원, 정보 등). ③ 정책대상집단요인(능력부족, 의욕부족, 손익계산, 동료들의 압력, 무지, 조직화, 리더십, 경험 등), ④ 중간매개집단(Intermediary Group)요인,[159] ⑤ 환

---

152) J. S. Coleman, "Problems of Conceptualization and Measurement in Studying Policy Impacts" in K. M. Dolbeare(ed.), Sage Yearbooks in Politics and Public Policy, Vol. II: *Politic Policy Evaluation*(Beverly Hills: Sage Publication, 1975), pp. 19−20.

153) 유훈, 정책학, 법문사, 1983, p. 70.

154) 이러한 결과는 한마디로 간략하게 언급할 수 없지만 연구자나 연구지역 및 특정시기 등에 따라 상이한 결과를 제시하고 있으며 이는 문화적 배경과 연구방법을 달리함에 따른 당연한 결과일는지 모른다.

155) Fred S. Coombs, op. cit., pp. 53−61.

156) James E. Anderson, op. cit., pp. 101−108.

157) Thomas B. Smith. op. cit., pp. 202−204.

158) McClellan, Brown, Thomas and Durant, "From Compliance Toward a Theory of Intragovernmental Regulation", *Administration and Society*, Vol. 17, No. 4, 1986, pp. 433−453.

159) 위임을 받는 정부집행기관이 정책집행과정에 많이 개입될수록 이들의 태도나 성향, 자

경적 요인(이익집단, 의회, 정당, 우리나라의 비제도적 정치단체인 재야세력, 언론 등에 의한 영향력 행사, 정치, 경제, 사회·문화적 환경 등)을 중심으로 구성되고 있다.[160] 이 가운데 정책대상집단의 정책에 대한 불응발생요인을 Coombs는 다음과 같이 정리하고 있다.[161]

나. Coombs의 분류

① 의사전달의 저해로 인한 불응(Communication-based Noncompliance)

정책집행대상집단은 정책의 내용을 명확히 알고 있어야 하며 정책에서 요구되는 행위가 무엇인지 구체적으로 알아야 순응할 수 있다.

특정 정책이 애매모호하거나 복잡하면 정책대상집단이 이해하기 어려워 정책결정자가 의도하는 대로 정책대상집단의 행동을 변화시키기가 어렵다. 이와 같이 정책이 애매모호하게 되는 이유로는 기술적 제약성, 개념적 복합성 및 정치적 연합형성을 들 수 있다.

첫째, 기술적 제약성이란 정책목표를 달성하기 위한 수단에 대한 구체성이 명백하지 않을 경우를 의미한다. 예를 들면 개발부담금에 대한 관련 법규의 애매모호성

질 등이 정책집행의 불응요인을 크게 좌우하는데, 이는 집행과정상의 의사결정점이 많아지기 때문이다. 교육부의 교육정책을 위임받아 수행하는 대학을 보면 중간정책집단의 특성을 가지고 있는 예이다.

160) Robert T. Nakamura & Frank Smallwood, *The Politics of Policy Implementation*(N. Y.: St Martin's Press, 1980), p. 47.

161) 정책집행과정의 불응문제를 깊이 있게 연구한 Coomb는 정책이 의도한 결과를 가져오기 위해서는 정책집단의 행태에 변화가 있어야 함을 지적하고, 정책대상집단의 행태를 정책이 의도된 대로 변화시키는 데 실패하게 되는 기초로 이상의 5가지를 제시하고 있는데, 이를 좀 더 세분해서 설명하면, 의사전달에 기인한 불응과 정책에 기인한 불응은 정책내용요인으로 설명할 수 있고, 자원에 기인한 불응과 행동에 기인한 불응은 정책대상집단과 관련된 요인으로 설명할 수 있으며, 마지막으로 권위에 기인한 불응은 정책결정기관 및 정책집행기관과의 관련요인으로 구분할 수 있다. 따라서 Coomb도 불응의 영향요인으로서 정책내용요인, 정책대상집단요인, 그리고 정책결정기관 및 정책집행기관과의 관련요인으로 나누어서 제시하고 있음을 알 수 있다. Fred S. Coombs, op. cit., pp. 889-893.

으로 인해 개발부담금 납부 여부가 명백지 않은 경우가 있다.

둘째, 개념적 복합성은 정책결정자 상호간에 해결하려고 하는 문제가 무엇인지 합의할 수 없을 때 애매모호한 정책이 나온다. 미국 도시에서의 폭행증가원인에 대한 해석으로 법질서 유지의 불충분, 인종차별, 개혁속도에 대한 흑인들의 불만, 흑인들의 권력화장운동, 낮은 소득, 무법 상태, 도시화의 부작용 및 소외감 등을 들고 있어,162) 해결하려는 문제의 원인이 제시될 수가 없었다.

셋째, 정치적 연합형성은 정책결정자들 간의 이해관계로 인하여 정책목표나 수단의 구체적인 내용에 합의는 못하고 서로 모순, 대립되는 내용을 포함시켜 정치적인 합의를 얻을 때 일어난다. 이러한 정책형성단계에서 모순, 대립되는 내용에 대한 합의는 애매모호한 정책을 만들어 내게 된다.

② 자원부족으로 인한 불응(Resource based Noncompliance)

정책집행대상집단은 정책이 요구하는 의미를 파악했더라도 이를 이행할 자원이 부족할 경우 불응하게 된다. 자원, 재능, 시간 및 에너지는 정책이행에 있어서 필수불가결의 요건이다.

자원부족의 원인으로 불응하게 되는 정책은 재원의 보충으로 인해 해결될 수도 있으나 적절히 재원도달이 안되면 정책집행대상집단의 불응을 초래한다. 이와 같은 자원요인으로 인해 정책집행대상집단이 정책집행에 불응을 하는 경우는 정책집행에 따른 예산의 뒷받침 부족, 정부가 정책집행대상집단에 대해 막대한 설치비 및 운영비의 지원 없이 공해방지시설을 요구하는 예에서 볼 수 있다. 자원부족으로 인한 불응은 필요한 자원공급으로 해결된다. 예산부족의 경우는 예산의 증액이 따라야 하고 특수한 기능이나 대상집단의 행태변화가 요구되는 경우에는 훈련을 실시한다.

③ 정책으로 인한 불응(Policy based Noncompliance)

정책집행대상집단은 정책 자체에 결함이 있을 경우 불응하게 된다. 이 요인에는

---

162) Charles E. Lindblom, The Policy Making Process(2ed.), (Englewood Cliffs: Prentice Hall, 1980), p. 46.

두 가지가 있는바, 첫째는 목표에 대한 불응으로 정책집행대상집단이 정부의 목표 자체를 인정하지 않는 경우나 부족한 자원으로 인해 그 정책의 목표에 낮은 우선순위가 부여되는 경우에 발생된다. 인종차별 우대 폐지지역에서 흑·백인 간의 갈등을 막고자 이른바 버싱(busing)정책을 마련했는데, 이는 백인 밀집지역의 학교로 흑인 학생을 버스에 태워 통학시키는 인종통합정책이다. 그런데 부모들이 정책 자체를 인정하지 않기 때문에 통학버스에 그들의 자녀들을 태우지 않았다. 둘째로는 신념에 대한 불응이다. 원칙적으로 집행대상집단이 정책목표 자체에는 반대하지 않으나 그 정책이 시행된다 하더라도 본래의 정책이 의도한 결과를 초래하지 못할 것으로 인식하여 그 정책에 불응하는 경우이다. 예를 들면 인종차별 우대 폐지 학교의 정책목표에 반대하는 것이 아니라 통학버스에 태우는 방법으로 인종차별우대 폐지라는 정책이 성공할 수 없다고 믿고, 이와 같은 방법으로 도심부에서 거주하는 백인들을 교외로 쫓겨나가게 하여 도심부의 학교들은 전보다 훨씬 더 인종차별이 심하게 된다고 생각하여 통학버스에 태우지 않는 것이다.

④ 행동으로 인한 불응(Action based Noncompliance)

정책집행대상집단은 특정 정책의 목표를 지지하고, 그 정책이 요구하는 행동이 정책의 목표를 얻을 수 있을 것이라는 데에 동의한다. 그러나 불응의 중요성보다는 규정된 행동을 따르기가 성가시고 경제적 비용부담이 싫어서 불응하는 경우이다. 대부분의 정책집행은 대상자에게 부담을 수반하고 성가신 특성을 지니고 있다. 이와 같은 종류의 불응에 관한 예는 환경보호법을 위반하면서 유해화학물질을 수로에 배출하는 화학공장이다. 이 화학공장 사장은 환경보호법에 찬동하고 이 법에 순응한다면 오염되지 않은 환경을 유지시킬 수 있다고 믿고는 있으나 환경보호법 준수를 위한 시설물의 설치로 부가적인 비용부담을 원치 않기 때문에 불응을 하게 된다. 또한 시속 70㎞의 경제속도를 유지하는 규정이 운전자의 안전은 물론 휘발유 절약에도 도움이 된다는 것을 알고 있으면서도 지키지 않는 것은 정책이 지닌 성가신 특성 때문이다.

⑤ 권위에 기초를 둔 불응(Authority based Noncompliance)

정책집행기관이나 권위 있는 기관이 불법을 행하거나 정책으로부터 부당한 이익을 위한다고 정책집행대상집단이 느낀다면 불응은 발생한다. 반대로 정부에 대한 신뢰는 집행기관의 권위를 높여 정책집행대상집단에 정책의 지지를 유발시킨다. 따라서 정책을 결정하거나 집행하는 기관이 정통성과 정당성을 상실하고 있는 경우 순응의 확보는 그만큼 어려워진다.

다. Anderson의 분류

Anderson은 법규의 애매모호한 정책이 정당한 절차와 권한의 문제에 따른 정당성의 권위의 결여 때문에 불응이 발생한다고 보고 있으며 불응의 근본적 문제가 된다고 언급하였다. 또한 기존의 가치, 관습, 도덕 등과 심한 갈등을 일으킬 경우에 대상집단이 불응할 가능성이 높아지는데 상충의 정도가 클수록 불응문제는 더욱 심각하다. 특히 도덕·관습·신념·가치체계 등에 기인한 순응과 불응은 지역이나 사회에 따라서 상당히 다른 차이를 나타낼 것이다. Anderson의 불응 영향요인[163]을 구체적으로 살펴보면 다음과 같다.

① 기존 가치체계와의 대립

정책의 실질적 내용이 바람직스러워야 순응 주체가 쉽게 이에 따른다. 그러나 정책의 목표나 수단의 소망성 판단은 사람마다 다른 주체적 가치판단이므로 아무리 국가, 사회의 입장에서 객관적으로 보아 소망스러운 정책도 순응 주체의 입장에서 보면 그렇지 않을 수가 많다. 규제정책의 경우가 대표적이다. 이와 같이 어떤 정책이나 그 집행이 정책집행자 또는 사회의 가치체계나 도덕률 또는 신념과 갈등을 일으키는 경우 불응이 발생할 수 있다.

---

163) James E. Anderson, op. cit., pp. 103 – 108.

② 준거집단(reference group)의 영향

준거집단이란 사람들이 자아정체감을 얻고 행동의 기준을 배우며 거기에서의 지배적인 규범에 따라 행위를 하게 되는 그런 집단을 말한다. 동료들이나 집단의 성원들이 순응에 좋지 않은 영향을 미치는 수가 있다. 정부나 법규를 백안시하는 사람들이나 탈법을 정당화 또는 합리화하는 사람들, 또는 범법자들과 교제할 경우 일탈적인 규범이나 가치를 갖게 되어 불응을 일으키게 되는 것이다.

③ 금전적 욕심

어떤 정책이나 법규에 순응하지 않음으로써 사적인 금전상의 이득을 볼 수 있을 것이라는 욕심 때문에 그 정책이나 법규에 순응하지 않는 경우가 있다. 이러한 금전적 욕심은 윤리적 양심이나 도덕적 계율보다 지위의 유지 또는 상승이나 생활의 윤택을 바라는 현실적 사익추구가 앞서기 때문에 일어난다고 볼 수 있다.

④ 자원과 능력부족

자원이란 예산, 인력, 기술, 시간, 정보 등을 말한다. 순응할 의욕은 있으나 이러한 자원이 부족하여 정책이 요구하는 행동이 부담이 되기 때문에 불응이 발생하는 경우가 많다. 경우에 따라서는 정책을 수정하거나 변호시켜야 하고, 불집행에 이르기도 하는 불응이 발생되기도 하는 것이다.

⑤ 정책의 모호성 및 기준의 혼란

정책목표와 그 수단을 분명하고 확실하게 하여야 정책을 성공적으로 집행할 수 있다. 그런데 정책집행자나 그 대상자가 무엇을 어떻게 하여야 하는가를 잘 몰라서 그 정책에 순응하지 못하는 경우가 많다. 한편 동일한 정책을 시간적으로나 공간적으로 서로 다르게 집행하여 그 집행기준이 일관성을 잃는 혼란이 있을 때 불응이 일어나기도 한다.

라. Young의 분류

Young은 불응요인으로서 ① 개인적 이익, ② 강제적 법집행, ③ 유인, ④ 사회적 압력, ⑤ 의무감, ⑥ 관습과 실례를 제시하고 있는데[164] 이와 같은 요인들이 부정적으로 작용할 경우 불응이 발생한다고 볼 수 있다.

마. 정정길의 분류

국내 학자로서 우선 정정길 교수는 정책집행에 있어서 불응 영향요인[165]으로 ① 정책 내용(정책의 소망성, 정책의 명료성과 일관성), ② 정책결정 및 집행기관과 관련된 요인(정책집행자의 태도와 신뢰성, 정책결정기관과 집행기관의 정통성, 중간매개자 및 집행관료의 인식), ③ 순응 주체와 관련된 요인(순응 주체의 능력부족, 순응 주체의 순응의욕 부족) 등으로 나누어 고찰하고 있다.[166] 이를 구체적으로 살펴보면 다음과 같다.

① 정책의 내용

㉠ 정책의 소망성

정책의 실질적 내용이 바람직스러워야 순응 주체가 쉽게 따른다. 여기에는 몇 가지 내용이 포함되어 있는데 첫째, 정책목표가 바람직스러워야 하고, 정책수단이 정책목표 달성을 위하여 바람직스러운 것이라야 한다. 택시 승합금지의 목적은 택시 교통 질서의 확립이지만 이로 인해 출퇴근 시에 겪게 되는 승차난 때문에 합승금지의 타당성을 인정하지 않고 따라서 합승행위가 계속되는 것이 목적관련 불응의 예

---

164) Oran R. Young, op. cit. pp. 18－25.

165) 정정길, 전게서, p. 565－574.

166) 정정길은 순응하지 않는 행위를 불응으로 간주한다. 따라서 불응의 요인과 순응의 요인을 따로 구분하지 않고 순응을 이끌어내지 못하는 것이 불응의 요인이 된다고 보고, 순응이나 불응의 발생요인을 크게 세 가지로 나누고 있다. 정책의 내용과 관련된 요인, 정책결정 및 집행담당자와 관련된 요인 그리고 순응 주체와 관련된 요인인 그것이다. 정정길, 전게서, pp. 568－574.

이다. 과외공부를 허용하게 되면 학부모의 경제적 부담이 커지고, 교사들이 과외지도에 몰두하여 학교수업이 등한시되며 결과적으로 부유층의 학생들이 유리하게 되는 문제를 해결하기 위해서 과외금지정책을 설정한 경우, 이 정책목표에는 찬성하지만 과외를 하는 사람의 적발, 처벌이 유명무실하여 음성적 과외가 만연한다면 유명무실한 과외단속이라는 정책수단으로는 과외금지라는 정책목표를 달성할 수 없다고 믿고 나 혼자만 과외를 하지 않아서 손해 보는 것보다 과외를 하는 것이 좋다고 생각하여 과외금지에 불응하는 것이 수단관련 불응이다.

둘째, 정책의 목표나 수단의 소망성 판단은 사람마다 다른 주관적 가치판단이다. 그러므로 아무리 국가, 사회의 입장에서 객관적으로 보아 소망스러운 정책도 순응 주체의 입장에서 보면 그렇지 않은 수가 많다.

Ⓛ 정책의 명확성과 일관성

정책이 외형적인 측면에서 보아 분명하여야 순응이 쉽다. 정책내용의 명료성은 세 가지의 내용을 포함한다.

첫째, 정책목표나 정책수단들이 상호 모순되지 않고 우선순위가 분명하게 나열되어 있어야 하고, 둘째, 정책내용이 일관성을 잃지 않아야 한다. 셋째, 정책의 내용이 순응 주체에게 정확히 알려져야 한다.

② 정책결정 및 집행기관과 관련된 요인

㉠ 정책집행자의 태도와 신뢰성

정책대상집단의 입장에서 보면 일선집행관료들의 태도가 순응 여부에 결정적인 영향을 미친다. 이들이 스스로 외형적으로만 집행을 하는 척하면 정책대상집단이 정책내용에 절대로 순응하지 않게 된다.

집행기관의 신뢰성도 대상집단의 순응을 크게 좌우하는데, 이것은 집행기관의 태도 및 집행의 일관성에 의해서 크게 영향을 받고, 또한 평소에 집행기관이 어떻게 일하는지에 의해서도 영향을 받는다.

ⓛ 정책결정기관과 집행기관의 정통성

정통성(legitimacy)이 약한 정책담당기관이 결정하거나 집행하고 있는 정책에 대해서는 정책목표의 순수성에 대한 의심 때문에 정책대상집단이 순응하지 않는 것은 후진국에서 흔히 볼 수 있는 현상이다. 1970년대에 각종 치안관계나 보안관계의 법규가 당시 정통성이 약했던 박정희 정권으로 인해 그 순수성을 의심받았으며 이 때문에 정책집행과정에서 정책대상집단의 저항을 받았다. 정책결정 및 집행기관의 정통성이 약하면 정책목표가 아무리 순수하더라도 일반국민은 정부를 불신하여 아무런 이유 없이 정책을 싫어하게 되거나, 정책대상집단도 이를 기회로 자신들에게 불이익을 주는 정책의 내용에는 순응하지 않으려고 한다.

ⓒ 중간매개자 및 집행관료의 인식

정책담당기관의 신뢰성이나 정통성도 이들의 순응에 크게 영향을 미친다. 상부 책임자나 중앙정부가 정책지침이나 태도를 수시로 변경하는 경우에는 신뢰성을 상실하여 일선관료나 지방정부는 집행과정에서 정책지침이나 명령에 충실히 순응하지 않게 된다.

③ 순응 주체와 관련된 요인

㉠ 순응 주체의 능력부족

순응 주체가 지적 능력이 부족하여 정책내용을 이해할 수가 없거나 정보를 획득하지 못하여 정책내용을 모르고 있으면 순응이 안 된다. 그리고 일반적으로 정책대상집단이 경제적 부담 때문에 정책내용에 순응하지 못하는 경우가 있게 된다.

ⓛ 순응 주체의 순응의욕 부족

순응의욕이 없는 경우는 크게 두 가지의 약간 다른 원인이 있다.

첫째, 순응하는 것이 귀찮아서 또는 심리적으로 거부감이 생겨서 불응하는 경우이다. 쓰레기 분리수거정책에 대해서 시민들이 쓰레기를 분리 처분하지 않는 것이 귀찮기 때문인데, 이것이 전자의 예이다. 그리고 일선관료들의 경우 과거부터 따르던 SOP나 습관을 깨뜨리는 새로운 정책의 내용에 대해서 저항하는 것이 후자에 속한다. 이와 같은 경우에는 정책이 요구하는 행태변화의 범위가 클수록 심리적 부담감이 더욱 커져서 불응의 가능성도 커진다.

둘째, 순응에 따르는 경제적 비용을 부담하기 싫어서 즉 경제적 능력은 있으나 손해를 보기 싫어서 순응의욕이 없는 경우이다. 공장폐수를 방류하지 않아야 한다는 것을 알면서도 폐수정화기를 설치하려면 돈이 들기 때문에 정책에 불응하는 경우이다.

바. 기타의 분류

강신택은 정책불응의 원인을 크게 의사전달의 저해로 인한 불응, 자원의 결핍으로 인한 불응, 정책으로 인한 불응, 행동으로 인한 불응, 권위에 기초를 둔 불응으로 구분하였고,167) 이상안은 정책자체요인, 대상집단의 태도 및 능력, 집행체제의 내·외적 환경으로 나누었다.168)

안해균은 정책불응 요인으로 ① 기존 가치체계와 대립, ② 금전적 욕심, ③ 정책의 모호성 및 기준의 비일관성, ④ 그 밖의 요인으로 기술적 제약성, 개념의 복잡성, 의사전달체계의 결함, 집행자나 환경의 능력 및 자원의 부족, 개인적 이익추구, 정책 자체에 대한 회의적 평가나 또는 상관과 부하 간 및 정책집행체제와 환경 간의 불신관계를 들었다.169)

---

167) 강신택, "이론으로서의 정책구성", 정책학(과정과 분석), 법문사, 1989, pp. 302–307.
168) 이상안, 전게논문, pp. 48–53.
169) 안해균, 전게서, pp. 381–382.

구 분	정책불응의 요인
Young(1979)	① 개인적 이익 ② 강제적 법집행 ③ 유 인 ④ 사회적 압력 ⑤ 의무감 ⑥ 관습 및 실례
Coombs(1981)	① 의사전달의 저해 ② 자원의 부족 ③ 권위의 결여 ④ 정책 자체의 결함 ⑤ 요구되는 행동의 결여
Anderson(1984)	① 기존 가치체계와의 갈등 ② 준거집단의 부정적 영향 ③ 금전적 욕심 ④ 자원 및 능력 부족 ⑤ 정책의 모호성과 기준의 혼란성
강신택(1989)	① 의사전달의 저해 ② 자원의 결핍 ③ 정책으로 인한 불응 ④ 행동으로 인한 불응 ⑤ 권위에 기초를 둔 불응
이상안(1989)	① 정책 자체 ② 대상집단의 태도 및 능력, ③ 집행체제의 내·외적 환경요인
김성재(1997)	① 정책변수: 정책내용의 소망성과 실현가능성, 명확성과 일관성 ② 정책체제변수: 정책담당기관의 정통성, 신뢰성 ③ 정책주체변수: 집행담당자의 능력·태도, 정책담당집단의 능력·태도
안해균(1990)	① 기존 가치체계와 대립 ② 금전적 욕심 ③ 정책의 모호성 및 기준의 비일관성 ④ 기타 기술적 제약성, 개념의 복잡성, 의사전달체계의 결함 등
정정길(2000)	① 정책내용과 관련된 요인 ② 정책결정 및 집행기관과 관련된 요인 ③ 순응 주체와 관련된 요인

노화준 교수는 강제성, 타산성 및 상황요인 등을 기준으로 강제적 순응, 타산적 순응, 규범적 순응, 상황적 순응으로 구분하고, 불응요인은 위에 든 정책순응요인들의 연속선상에서 반대쪽에 있는 것이라고 설명하고 있다.170)

그 외에도 정책과 관련된 요소로는 정책의 소망성과 일관성·명료성, 형태변화의 크기, 강제성을, 정책담당자와 관련된 요소로는 정책담당자의 권위와 능력 및 태도를, 정책대상집단과 관련된 요소로는 정책대상집단의 성격과 능력, 참여자, 조직화, 개인적 이익을, 환경적 요소로는 정치·사회환경, 여론의 방향 등을 들고 있기도 한다.171)

위에서 살펴본 바와 같이 학자들에 따라서 불응의 발생요인을 매우 다양하게 지적하고 있는데, 이는 정책불응이 어떤 일정한 요인에 의해서 발생하는 것이 아니라 특정한 정책과 정책이 집행되는 상황과 관련하여 다양한 요인들에 의해 발생함을 의미하는 것이다.

특히, 정책유형에 따라 정책과정의 성격이 달라진다고 주장한 학자가 있는데, 이는 Teodore J. Lowi와 Ripley & Franklin을 들 수 있다. Lowi는 정책을 둘러싸고 일어나는 정치적인 특성에 따라 정책유형을 분배정책, 규제정책, 재분배정책, 구성정책으로 구분하였다.172)

그러나 Ripley와 Franklin은 이러한 Lowi의 분류를 보다 확대 적용하여 국내정책을 재분배정책, 분배정책, 경쟁적 규제정책, 보호적 규제정책으로 분류하여 설명하면서, 정책집행과정상 일어나는 정치적인 복잡한 갈등과 현상은 정책유형별로 다르게 나타난다고 설명하고 있다.

즉, Ripley와 Franklin은 정책유형에 따라 정책의 집행과정이 달라지고, 성공적인

---

170) 노화준, 정책학원론, 박영사, 1995, pp. 417－420.
171) 오을임·이계만·김석배, "정책대상집단의 정책순응에 관한 연구", 사회과학연구 제13집, 조선대학교 사회과학연구소, 1990, pp. 7－9.
172) Teodore J. Lowi는 1964년 그의 논문 "American Business, Public Policy, Case Studies and Political Theory", *World Politics*, July 1964, pp. 677－715에서는 규제정책, 재분배정책, 분배정책으로 분류하였으나, 1972년 논문에서 구성정책(constituent policy)을 추가하였다. "Four Systems of Policy, Politics and Choice", *Public Administration Review*, Vol. 32, No. 4, 1972, pp. 298－309.

집행과정도 달라진다고 하며, 그 원인은 정책의 유형에 따라 참여자 및 참여자 상호간의 관계에 차이가 나기 때문이라 한다.[173] 이들의 주장에 의하면 정책불응도 참여자와 그들 상호간의 관계에 의존한다는 것을 추론할 수 있다. 정책불응에 영향을 미칠 수 있는 집행과정의 참여자는 의회, 정책결정자, 정책집행자 혹은 집행기관, 중앙매개집단, 정당, 수혜집단, 피규제집단, 이익집단, 언론 등을 들 수 있다.[174] 보다 중요한 참여자는 정책결정 및 집행자와 중간매개집단 그리고 정책대상집단으로 요약할 수 있으며, 중간매개집단은 정책집행자의 범주에 포함시킬 수 있다.

이 외에도 정책집행에 영향을 미치는 요인으로서 이익집단, 의회, 정당, 언론 등의 환경적 요인이 작용하게 되며,[175] 이때 정책은 하나의 순환과정으로 인식할 수 있는 것이다.[176]

(2) 본 연구의 영향요인 분류

가. 정책내용과 관련된 요인

불응에 영향을 미치는 정책과 관련된 요인은 다양하다. 이때 정책내용요인의 의미는 정책이 갖추어야 할 요건을 충족하지 못함으로써 대상집단이 불응하는 경우를 말한다. 이는 정책이 갖추어야 할 당위적인 측면에서 정책적인 해결을 지향하는 대상집단에게 실제로 필요하거나 요구되는 것뿐만 아니라 마땅히 있어야 될 것 혹은 당연히 바람직한 것까지 내용으로 포함하고 있어야 함을 의미한다. 이에는 학자마다 연구의 관점과 기준에 따라서 다양하게 제시하고 있다.

이제 불응에 영향을 미치는 정책내용과 관련된 요인을 발견하기 위해서 여러 학

---

173) R. B. Ripley and G. A. Franklin, op. cit., 1986, pp. 224－231.

174) Robert T. Nakamura and Frank Smallwood, *The Politics of Policy Implementation*(N. Y.: St. Martins Press, 1980), pp. 46－53; James E. Anderson, op. cit., pp. 91－93.

175) Ripley와 Franklin은 미연방정부의 정책집행에 있어서 의회를 주요한 참여자로 인식하며, Nakamura와 Smallwood는 이익집단과 언론을 주요한 참여자로 본다. R. B. Repley and G. A. Franklin, op. cit., 1986, pp. 224－231; R. T. Nakamura and F. Smallwood, op. cit., pp. 46－53.

176) 박영강, 조세정책의 불응요인분석, 부산대학교 대학원 박사학위논문, 1990, p. 19.

자들의 논의를 검토해 보기로 하겠다.

우선 정책내용과 관련된 요인에 의한 불응은 크게 정책의 소망성 및 정책의 명확성, 일관성 등의 두 가지 측면에서 살펴볼 수 있다.

첫째, 정책의 소망성(desirability)의 측면에서 불응이 발생하는 이유를 살펴보면, 정책집행자, 정책대상집단(특히 규제정책의 피규제자) 기타 집행에 관련된 사람들이 정책을 바람직스러운 것으로 인식하면 정책집행의 성공가능성이 커지고 반대인 경우는 실패할 가능성이 커진다고 볼 수 있다. 집행관련자들의 태도에 영향을 미치는 것은 이들이 주관적으로 인식한 정책내용의 소망성이다. 그러한 이들은 일반국민 또는 전체여론이 정책을 소망스럽게 보게 되면 비록 개인적으로 싫어하는 정책이라도 그 객관적 소망성을 어느 정도 인정하여 정책집행에 크게 반대하지 않게 된다. 사회 전체의 여론이나 관련자들이 정책의 소망성을 인정하는 데는 두 가지 측면이 영향을 미치는바, 정책이 객관적으로 보아 실질적 내용적 측면에서 바람직스러워야 하고, 절차적 측면에서 정책결정과정이 민주적이어야 한다.

우선 정책내용이 실질적 측면에서 바람직스러워야 한다는 면에서 살펴보도록 한다.

F. Coombs는 정책대상집단의 정책에 대한 불응발생요인으로 의사전달, 자원, 정책, 행동, 권위로 나누면서 특히 정책대상집단의 정책 자체에 대한 불응을 '정책에 기인한 불응(Policy-based noncompliance)'이라 칭하고, 이를 다시 '목표로 인한 불응(goal-based noncompliance)'[177]과 '신념으로 인한 불응(belief-based noncompliacne)'[178]

---

[177] 목표에 기인한 불응은 대상집단이 정책목표를 반대하거나 혹은 그렇지 않다고 하더라도 자원배분의 우선순위를 낮게 하여 결과적으로 정책집행에 불응하게 되는 경우를 말한다. 최근 인종 무차별지역에서 인종 무차별 학교제도의 목표는 가치가 없는 것이기 때문에 자녀를 학교버스에 태우기를 거절하는 부모가 그런 예에 속한다.

[178] 신념에 기인한 불응은 정책수단이 잘못되었다고 생각하는 경우이다. 보통 부모가 자녀를 똑같은 버스에 태우기를 거절하는 것은 인종 무차별 학교 제도의 목표에 대한 원칙을 반대하기 때문이 아니라 자녀를 학교버스에 태우는 것이 인종 무차별의 정책목표를 달성한다고 믿지 않기 때문이다. 그들은 인종 무차별의 정책목표를 위해서 그녀의 자녀를 학교버스에 태우는 것은 백인들을 교외에 나가서 살도록 자극할 것이고 그렇기 때문에 도심의 학교는 전보다 훨씬 더 인종차별이 심해질 것이라고 생각한다. 이와 같이 그들은 정책결정자와 집행자가 정책규정의 근거로 삼는 목표수단의 가정에 찬성하지 않음으로써 불응한다는 것이다.

으로 구분, 정책목표가 사회의 기존 가치체계와 배치·갈등되거나 정책대상집단의 가치체계와 상치될 때에는 불응이 발생한다고 보았으며, 정책대상집단이 정책의 목표 자체를 반대하거나 정책목표의 우선순위를 낮게 부여하는 경우에도 불응이 발생한다고 보았다. 그리고 신념으로 인한 불응은 대상집단이 정책의 목표 자체에는 반대하지 않으나 정책결정자 및 집행자의 가정에 찬성치 않는 경우에 발생한다고 보았다.179)

또한 Anderson은 정책에 대한 불응요인으로서 정책집행기간의 정도를 지적하고 있다. 정책에 따라서는 정책집행기간에 따라서 불응으로 나타날 수 있다는 것이다.180) 즉, 어떤 정책이 장기간 지속적으로 집행되면 비록 처음에는 불응했던 사람이라도 그것에 익숙해지면 순응하게 되는 경우도 있다. 더욱이 어떤 정책이 계속적으로 집행되면 처음 그 정책에 나타나게 된 상황을 경험하지 못한 사람들까지도 그것을 당연한 것으로 느껴 순응을 하게 되기도 한다는 것이다. 이와는 반대로 처음에는 정책에 대하여 순응했다고 하더라도 정책기간이 장기화되면 불응의 형태로 나타날 수 있다는 것이다. 한편, Durant는 불응요인을 규제이론 및 갈등의 문제와 상호 유기적인 관점에서 파악하여 정부 내 규제에 의해서 정부 간 또는 조직 간 갈등이 심화되어 불응의 본질, 범위 및 강도에 실질적인 변화가 있다고 주장하고 있다. 불응의 결과를 조직 간의 갈등으로 보고 있는 이들은 이러한 불응에 영향을 미치는 요인으로서 정책의 허구성에 대한 확실성이 더해 갈 때 집행상의 자원이 적정성과 신뢰성에 대한 불신이 심화될 때 그리고 정치적 압력 등을 불응요인으로 제시하고 있다.181)

한편 정책수단이 정책목표의 달성을 위하여 바람직스럽지 못할 때에도 불응이 발생한다고 볼 수 있는데, 정책대상집단이 정책목표에는 찬성하지만 현재 추진하고 있는 정책수단이 유명무실하여 많은 사람들이 음성적으로 정책에 불응하는 경우 유명무실한 정책수단으로는 정책목표를 달성할 수 없다고 믿어 정책에 불응하는 소위 수

179) Fred S. Coombs, op. cit., pp. 55－59.
180) James E. Anderson, op. cit., pp. 105.
181) McClellan, Brown, Thomas and Durant, op. cit., pp. 433－453.

단관련 불응이 발생하는 것이다.[182]

다음으로 정책결정과정이 민주적이어야 하는바, 정책결정과정이 폐쇄적이어서 관련자의 참여가 제한되면 결정된 정책의 내용이 객관적으로 보아서 바람직스러운 것이라도 관련자들의 정책소망성에 대한 인식이 나빠지며 정책집행에서 이들의 협조를 얻기 어렵다. 한편 정책목표의 소망성 판단에 있어서는 객관적·분석적·합리적 판단보다는 대립되는 집단 간의 타협 등의 정치적 판단에 보다 많이 의존하게 되는데 정치적 판단이 바람직스럽게 진행되려면 민주적 절차에 따라 정책결정이 이루어져야 한다. 따라서 정책이 정당한 절차와 권한에 문제가 있어 정당성의 권위가 결여될 때 불응이 발생하며 이것은 불응의 근본적 문제가 되기도 한다.[183]

그러나 정책의 목표나 수단의 소망성 판단기준은 사람마다 다른 극히 주관적인 것이기 때문에 아무리 객관적으로 보아 소망스러운 정책도 순응 주체의 입장에서는 그렇지 않을 수가 많아서 불응이 발생하기도 한다.[184]

둘째, 정책의 명확성과 일관성에 관한 것으로 정책의 목표나 내용이 모호하거나 상반되는 정책집행기준이 제시될 경우에도 불응이 발생한다. 즉 정책의 내용이 순응 및 불응 주체에게 정확하게 알려지지 않는 경우로서 특히 불응 주체 중에서도 정책대상집단이 문제가 되는데 정책내용이 의사전달의 잘못으로 순응 주체에게 알려지지 않은 경우도 있지만 주로 정책내용이 대상집단 전체를 상대로 추상적으로 획일적·일반적인 원칙을 제시하기 때문에 문제가 발생하는 것이다. 그리고 정치적 협상과정에서의 목표수정으로 인한 당초목표의 변경, 정책문제의 개념정의에서 야기될 수 있는 정보의 왜곡, 그리고 기술적 제약성 등을 들기도 한다.[185]

---

182) 정정길, 전게서, pp. 568-569.
183) 이상안, 전게논문, p. 49.
184) 따라서 정책의 소망성 또는 정당성 측면에서 불응요인을 논의할 때는 어떠한 순응 주체의 입장에서 소망성, 정당성을 판단하고 있는가를 분명히 해야 할 필요가 있다. 정정길, 전게서, pp. 568-569.
185) James. E. Anderson, op. cit., p. 381.
    한편 Nakamura와 Smallwood는 이를 기술적 제약성, 개념적 복잡성, 정치적 고려의 세 가지를 들면서 그중에서 가장 중요한 것이 정치적 고려라고 강조하고 있다.
    Robert T. Nakamura and Frank Smallwood, op. cit., pp. 34-39.

이는 Coomb의 불응요인 중 의사전달에 기인한 불응의 한 행태에 포함시킬 수 있다. 즉, 의사전달에 기인한 불응은 대상집단이 정책이 의도한 바를 쉽게 이해하지 못한다면 정책집단의 행태를 변화시킬 가능성은 거의 없다는 것이다. 정책에 수용되기를 기대하는 모든 사람에게 정책의 지침 및 지시를 잘 홍보해야 한다는 것은 여러 정책영역에서 잘 인지된 문제이다.[186]

특히 의사전달문제에 있어서 교묘한 것은 모든 정책의 처방은 형식적 면에서 일반적으로 대상집단과 상황이라는 하나의 하위집합체(a subset)에 적용하려고 의도되었다는 사실에서 기인한다. 물론 정책이라고 하는 것은 대상집단의 범위, 처한 상황, 기대되는 행태 등에 관하여 본질적으로 모호성을 가지고 있다 할 수 있다. 이러한 모호성의 한 원인은 정책과정 그 자체에 있다는 것이다. 즉, 정부당국은 정치적 반대자나 유권자들로부터 수용 가능한 정책을 만드는 과정에서 어떤 중요한 포인트(point)를 의도적으로 애매모호하게 하는 때가 있다는 것이다.[187] 이러한 모호성은 하위집행자들이 어느 정도의 재량권을 가져야 한다는 점에서 중요한 일면이 있으며 어느 정도의 모호성은 어떤 정책이든 존재한다 할 수 있다. 그리고 그는 이러한 의사전달에 기인한 불응을 해소하기 위해서는 대상집단들에게 왜곡되지 않은 의사전달이 가능해야 하고 또한 보다 명백한 정책이 필요하다고 지적하고 있다.

다음으로 정책의 내용이 일관성(consistency)을 잃는 경우에 정책불응이 야기된다. 일관성의 기준은 결정 및 집행규칙이 정책대상집단, 상황, 시간, 공간에 따라 변함 없이 지속·적용되는가의 의미이며, 이는 법의 기본가치인 규범성, 즉 공평성, 균형성 등을 시간적·공간적 차원에서 평가한 것이다. 정정길 교수는 여기에서 두 가지를 제시했는데,[188] 그는 정책의 내용이 일관성을 잃는 경우를 두 가지로 제시하고 있는데 첫째, 정책내용이 집행현장에 따라 다르게 집행되어 공간적인 측면에서 일관성 없는 경우와 둘째, 비록 공간적으로는 차이가 없으나 시간적으로 정책의 내용

---

186) S. L. Wasby, *Small Town Police and Supreme Court: Hearing the Word*(Lexington, Mass: Lexington Books, 1976), p. 95.
187) C. O. Jones, *An Introduction to the Study of Public Policy, 2nd ed.*(North Scituate, Mass: Duxbury Press, 1977), p. 152.
188) 정정길, 전게서, pp. 658-661.

이 일관성을 잃는 경우 불응이 나타나기 쉽다는 것이다.

안해균 교수도 비슷한 맥락에서 불응의 원인으로 정책의 모호성 및 기준의 비일관성을 제시하고 있다.[189] 정책의 목표나 내용에 모호하거나 상반되는 정책집행 기준이 제시될 경우 정책집행자와 환경은 그 정책 및 집행에 불응하게 된다는 것이다. 즉 정책집행자나 그 대상집단이 무엇을 어떻게 하여야 하는가를 잘 몰라서 그 정책에 순응하지 못하는 경우가 있으며 한편 동일한 정책을 시간적으로나 공간적으로 서로 다르게 집행하여 그 집행기준이 일관성을 잃어 혼란이 있을 때 불응이 일어나기도 한다는 것이다.

그 밖에 일반적으로 불응 및 불신을 연구한 학자들이 제시해 온 요인을 보면 이종범 교수는 정책을 중심으로 나타나는 불응요인으로서 정책현실성, 정책의 일관성, 정책결정과정의 폐쇄성, 적용상의 자의성이라 주장하고[190] 문태현 교수도 정책신뢰에 영향을 미치는 요인으로 정책내용, 정책결정자, 정책과정, 정책홍보 등을 제시하고 있고[191] 이상안 교수도 불응요인을 발생원인 면에서 정책자체요인을 들고 있다.[192]

이와 같이 기존 학자들의 연구는 연구의 대상 및 기준에 따라서 다양하게 연구가 진행됨을 알 수 있다. 그러나 이런 학자들이 제시한 요인들은 나름대로 근거와 주장을 가지고 설명하고 있지만, 경험적 검증을 통한 이론의 과학화 및 일반화를 하는 데 있어서는 설득력이 부족하다. 따라서 정책불응과 정책내용요소 간의 관계는 보다 세련된 측정도구에 의해 많은 검증을 필요로 하고 있음을 알 수 있다.

나. 정책대상집단과 관련된 요인

정책대상집단은 정책불응의 직접적인 반응 주체이다. 정책대상집단 또는 정책대상자로 불리는 이 대상은 어떤 정책으로 인하여 직접 영향을 받는 사람과 그러한

---

189) 안해균, 전게서, p. 381.
190) 이종범, "행정과 국민들 간의 거리감: 정책의 신뢰성 확보를 위한 절차적 방안의 모색", 국민과 정부관료제(서울: 고려대학교 출판부), 1986, pp. 190 - 200.
191) 문태현, "공공정책의 신뢰성에 관한 연구", 한국외국어대학교 박사학위논문, 1987, p. 64.
192) 이상안, 전게논문, pp. 47 - 48.

요구를 충족시키기 위하여 행태의 변화가 요구되는 사람들을 의미한다.[193] 이러한 정책대상집단은 각종 정책유형에 따라 그 형태가 매우 다양하다. 그 규모나 종류가 매우 다양·복잡할 뿐만 아니라 경우에 따라서는 정책대상집단의 경계가 불분명해서 구체적으로 어느 것이 정책대상집단인지를 파악하기 곤란한 경우가 많다. 정책대상집단이 수혜자인 경우도 있고 피규제자인 경우도 있는데 정책대상집단이 주로 수혜자인 배분정책이나 재배분정책의 경우는 집행과정에서 불응문제가 덜 심각하지만 정책대상집단이 피규제자가 되는 규제정책의 경우는 특히 정책대상집단의 불응문제가 심각하다고 볼 수 있다.[194]

그리고 정책대상집단의 규모 및 대상 면에서 보면, 정책대상집단 전체가 불응문제를 일으키는 경우도 있고 특정 대상집단 내의 몇몇 소수가 불응문제를 일으키는 경우도 있을 수 있다. 특정 정책에 관련된 대상집단의 수가 많거나 대상집단 간에 조정이 여의치 못하는 경우 정책집행과정상의 불응문제는 더욱 복잡해진다고 볼 수 있다.

정책대상집단요인과 관련하여 불응요인을 구체적으로 살펴보면 다음과 같다.

우선 일반적으로 정책대상집단(대상자)의 사회적 배경요인을 들 수 있다. 이에는 나이, 성별, 인종, 거주지, 거주형태, 계층, 교육수준, 직업, 소득, 종교 등을 주된 하위요인으로 분류해 볼 수 있는데, 이는 정책대상집단의 개인적 특성에 따라 차이가 있을 수 있다는 것으로 매우 중요한 요인이라고 할 수 있다. 이는 정책대상집단이라는 집단적 차원이 아닌 대상자 개개인에 관련된 요인이라고 볼 수 있다. Smith는 대상집단과 관련된 요인으로서 ① 대상집단의 조직화, ② 대상집단의 리더십, ③ 대상집단의 과거정책경험 등을 지적하고 있다.[195]

여기서 대상집단의 조직화는 대상집단이 얼마나 조직화되어 있느냐 하는 문제로

---

193) E. S. Quade, *Analysis for Public Decisions*, *2nd ed.*(N. Y.: Elsevier Science Publishing, 1980), p. 310; 이상안, 전게논문, p. 50에서 재인용.
194) 박호숙, 전게논문, pp. 19-20.
195) Thomas B. Smith, "The Policy Implementation Process." *Policy Sciences*, June, 1973, pp. 202-204.

서 고도로 조직화되면 될수록 그들 행동을 변화시키는 데 더 어렵다는 것이다. 그리고 대상집단의 리더십은 그 특성에 따라 정책을 지지하거나, 반대할 수도 있고, 무관심할 수 있는 등 불응에 영향을 끼친다는 것이다. 또한 대상집단의 과거 정책경험은 대상집단이 과거의 정책에 영향을 받은 경험이 있거나, 정책에 대하여 정책집단이 어떠한 반응을 보였는가 하는 문제도 중요하다는 것이다. 과거의 정책에 대하여 순응을 했는가, 불응을 했는가 혹은 무관심했는가 하는 대상집단의 정책에 대한 경험이 새로운 정책의 불응에도 영향을 미친다는 것이다.

Coombs는 불응 주체와 관련된 불응을 자원에 기인한 불응과 행동에 기인한 불응이라고 나누어서 설명하고 있다. 이것은 대상집단이 정책에 대하여 가지는 태도와 그들이 가지고 있는 능력과 밀접한 관련이 있다 할 수 있다. 정정길 교수도 대상집단과 관련된 요인으로 대상집단의 능력부족 및 대상집단의 순응의욕 부족 등으로 크게 두 가지로 나누어서 설명하고 있는데 이는 Coombs의 견해와 궤를 같이한다할 수 있다.

따라서 정책대상집단으로부터 발생 가능한 불응요인은 정책대상집단의 태도요인과 능력요인에서 찾아볼 수 있다.

첫째, 정책집행에 있어서 대상집단이 발생시킬 수 있는 태도요인으로는 집행기관에 대한 권위의 정당성 인정부여와 집행기관에 대한 선호 및 적대적 태도 여부가 중요한 요인이 된다.[196]

---

196) 이러한 측면에서의 불응태도는 두 가지 측면에서 생각할 수 있다. 첫째, 순응에 대한 대상집단의 단순한 번거로움이나 심리적 거부감이다. 이 경우 정책이 요구하는 행태변화의 정도가 클수록 심리적 부담감이 더욱 커져 불응의 가변성이 높아진다(박재공, 전게논문, pp. 39-40). 둘째, 순응에 따르는 경제적 부담의 회피로서 이는 불응태도의 가장 일반적인 형태이다(James E, Anderson, op. cit., p. 105). 이러한 형태의 불응은 대상집단이 정책목표를 지지하거나 요구된 행위가 목표달성에 효과적이라는 것을 수긍하지만 비용부담의 이유로 불응할 수 있다는 것이다(Fred S. Coombs, op. cit., p. 58). 경제적 부담으로 인한 불응의 경우 불응자는 의식적으로든 무의식적으로든 불응으로 희생되는 기호부담을 고려하여 불응 여부 및 정도를 결정하게 된다. David J. Pyle, *The Economics of Crime and Law Enforcement*(New York: The Macmillan Press, 1983), pp. 10-11; Paul Burrows and Cento G. Veljanovski, *The Economic Approach to Law* (Butterworth, 1981), p. 1.

즉 정책대상집단이 정책집행기관에 대해 평소 투입과 지지도가 낮거나 집행기관이 폐쇄적이고 노력이 부족할 때 적대적인 태도로 변하게 된다. 또한 정책대상집단이 불응함으로써 얻는 개인적 이익이 클 때[197]와 현상을 변경코자 하는 압력에 대하여 현상을 유지하려는 모든 행위, 즉 변화에 대한 저항 등이[198] 불응을 야기하게 된다.

Coombs는 이를 행동에 기인(Action-based noncompliance)한 불응이라고 설명하고 있다. 그는 행동에 기인한 불응을 대상집단이 정책목표 및 수단에 대해서도 동의하지만 정책이 요구하는 것이 경제적으로나 심리적으로 부담이 되기 때문에 불응하는 경우로 설명하고 있다.

한편 안해균 교수는 대상집단의 요인으로서 금전적 욕심을 불응에 영향을 미치는 중요한 요인으로 지적하고 있다. 어떤 정책에 순응하지 않음으로써 어떤 금전상의 이득을 볼 수 있을 것이라는 욕심 때문에 정책에 순응하지 않는 경우도 있다는 것이다. 정책집행과 관련된 각종 부정부패를 그 예로 들 수 있다. 이러한 금전적 욕심은 윤리적 양심이나 도덕적 계율보다 지위의 유지 또는 상승이나 생활의 여유를 바라는 현실적 사리욕구가 앞서기 때문에 일어난다고 볼 수 있다. 특권을 가진 자는 교만해지기 쉽고 또한 부패해지기 쉽다는 것을 알 수 있는데 정책에 순응해야 할 특권을 가진 자가 오히려 변질 또는 왜곡을 가져와 불응을 야기하는 경우가 많다.

둘째, 정책대상집단의 능력요인으로는 지적·물질적 자원, 정보 등의 문제 해결능력을 들 수 있으며 Coombs가 논의한 자원, Anderson의 Communication 활동 등이 이와 관련된 불응요인들이다.[199] 정책이 그들에게 어떤 행태변화를 요구하고 있는지

태도와 관련된 불응은 때때로 윤리적 문제와 관련되어 있을 수도 있으나, 대체로 시간, 에너지, 돈의 절약을 위한 전략으로 생각되며, 이러한 정책영역에서의 순응을 위해서는 자극을 주어야 하는데, 그것은 주로 보상과 징벌의 형태이다(Fred S. Coombs, op. cit., p. 59).

197) J. E. Anderson, op. cit., p. 105.

198) Gerald Zaltman and Robert Duncan, *Strategies for Planned Change*(N. Y.: John Wiley & Sons, 1977), pp. 62-89.

199) 대상집단의 능력은 대상집단의 지적 능력, 정보의 부족 등으로 정책내용을 이해하지 못하거나 경제적 부담능력이 부족하여 정책의 불응을 야기할 수 있다. Coombs는 의사전달로 인한 불응(Communication-based Noncompliance)에서 대상집단의 문맹과 매스미디어

를 정책대상집단이 알지 못하는 경우에 불응이 발생하는 것으로 정책대상집단의 무지 정도, 정보의 터득·전달·인지 능력이 부족할 때 발생되며 지적·육체적 능력이 낮을 때에도 문제가 된다. 한편 정책대상집단이 정책이 그들에게 요구하고 있는 행동규범이 무엇인지를 알고는 있으나 요구에 순응하는 데 필요한 자원을 동원할 수 있는 능력이 없기 때문에 불응이 발생하기도 한다. 즉 비록 대상집단이 정책이 그들에게 요구하는 것이 무엇인가를 알고 있고 정책에 대해서도 신뢰하고 있더라도 정책이 요구하는 바에 순응하는 데 필요한 자원이 부족한 경우에는 불응이 발생한다는 것이다. Coombs는 이를 자원에 기인한 불응이라 설명하고 있다. 그는 자원에 기인한 불응으로서 불충분한 자원으로 대상집단이 불응할 수 있음을 강조하고 있다. 대상집단이 정책이 요구하는 것을 완전하게 이해하고 있다고 하더라도 재원, 능력, 시간 또는 에너지가 부족하면 정책수용의 가능성은 희박해질 것이다. 그는 자원에 기인한 불응은 재정적 자원에만 한정된 것이 아니고 어떤 정책들은 기술, 에너지 비용 또한 대상집단이 가지고 있지 않는 정신적 능력(mental ability)의 부족 때문에 불응이 생길 수 있다고 지적하고 있다. 그가 제시하고 있는 자원에 기인한 불응은 경제적 능력뿐만 아니라 지적인 능력까지도 불응에 영향을 미치고 있음을 밝히고 있다.

Edwards는 순응에 필요한 자원으로서 인원, 정보, 권한, 건물과 소모품 등 시설을 들고 있으며,[200] Coombs는 금융재원, 인력, 시간, 에너지, 기술, 정신능력을 들고 있다. 이 중 정책집행과정 중에 요청되는 정책대상집단의 능력은 우선 정책을 이해할 수 있는 정보, 기술 그리고 경제적 자원 등이 중요한 요소라 할 수 있다.[201]

에의 접근제약이 불응을 유발할 수 있다고 하며, 자원으로 인한 불응(Resource-based Noncompliance)에서 자금, 재능, 시간, 에너지 등이 부족할 때 순응 정도가 낮아질 것이라 한다. F. S. Coombs, op. cit., pp. 55-56. Edward III는 자원으로서 인원, 정보, 권한, 시설 등을 들고 있다(G. C. Edwards III, Implementing Public Policy(Washington D. C.: Congressional Quarterly Press, 1980), pp. 53-78.

200) G. C. Edwards III, op. cit., pp. 53-78.
201) F. S. Coombs. op. cit., p. 888.

다. 정책결정기관 및 집행기관과 관련된 요인

이는 일반적으로 정책집행자의 태도 및 신뢰성과 정책결정기관과 집행기관의 정통성 그리고 중간 매개자 및 집행관리의 인식 등 3가지를 제시하고 있다.[202]

첫째, 집행자의 태도와 신뢰성이 대상집단의 불응발생의 주요한 요인이 되고 있다. 이들이 스스로 외형적으로만 집행을 하는 척하게 되면 정책대상집단이 정책내용에 절대로 순응하지 않는다는 것이다. 반대로 성실하게 그리고 일관성이 있게 집행을 계속하고 평소에 추진하는 정책이 믿을 만하고 평소 태도가 성실 공정하면 정책대상집단이 정책의 내용에 쉽게 순응한다는 것이다

둘째, 정통성이 약한 정책담당기관이 결정하거나 집행하고 있는 정책에 대해서는 정책목표의 순수성에 대한 의심 때문에 정책대상집단이 순응하지 않는 것은 후진국에서 흔히 볼 수 있는 현상이다. 따라서 정책결정 및 정책기관의 정통성이 약하면 정책목표가 아무리 순수하더라도 일반국민은 정부를 불신하여 아무런 이유 없이 정책을 싫어하게 되거나 정책대상집단도 이를 기회로 자신들에게 불이익을 주는 정책의 내용에는 순응하지 않으려고 한다는 것이다. 그러므로 정책집행기관의 신뢰성과 정통성은 대상집단의 불응을 좌우하는 중요한 요인이다.

셋째, 정책담당기관의 신뢰성이나 정당성은 정책대상집단만이 아니라 상부기관에 대하여 느끼는 신뢰성이나 정통성도 이들의 불응에 크게 영향을 미친다. 상부책임자나 중앙정부가 정책지침이나 태도를 수시로 변경하는 경우에는 신뢰성을 상실하여 일선관료나 지방정부는 집행과정에서 정책지침이나 명령에 충실히 순응하지 않게 된다.

한편, Coombs는 이를 권위에 기인한 불응(Authority-based noncompliance)이라 설명하고 있는데[203] 그에 의하면 권위에 기인한 불응은 정책을 결정하거나 집행하는 기관이 비합법적으로 행동하거나 정책으로부터 부당한 이득을 획득할 것이라는 느낌(feeling)으로부터 발생한다고 설명하고 있다. 순응에 대한 거절이 정책 그 자체는 반대를 하지 않지만 그것을 제정하고 해석하는 정부, 입법기관, 집행기관 및 집행자

---

202) 정정길, 전게서, pp. 571-172.
203) Fred S. Coombs, op. cit., p. 891.

의 정당성에 문제가 있기 때문에 불응하는 경우가 있는데 이것을 그는 권위에 기인한 불응이라고 설명하고 있다. 권위에 대한 효과는 2가지 점에서 작용을 하는데 권위가 잘 형성되면 집행에 도움을 주지만 잘못 형성된 권위는 집행에 비효과적으로 작용할 수 있다. 예컨대, 미대법원의 권위는 1960년대에 많은 남부시민들이 학교 인종 무차별정책에 순응하는 데 용기를 준 중요한 요인이 되었다는 것은 폭넓게 인정되어 왔지만 닉슨행정부의 1974년 OPEC의 오일(oil) 수출금지기간 동안 제정된 에너지 보존 정책에 대한 지지를 얻기 위한 노력은 일련의 워터게이트(watergate) 사건의 폭로로 행정부의 정당성이 떨어져 그 정책에 대한 지지가 현저하게 감소되었음을 알 수 있다.

결과적으로 정책대상집단의 입장에서 정책에 대한 순응 여부에 영향을 미치는 정책집행자의 요인을 보면, 정책집행자와 정책결정기관의 태도 및 집행의 일관성과 관련된 정책집행기관의 신뢰성(reliability)과 정통성(legitimacy)이라고 할 수 있다.

정책결정기관 및 정책집행기관의 신뢰성은 대상집단의 순응을 크게 좌우하는데, 정책결정기관 및 집행기관이 성실하게 그리고 일관성 있게 정책집행을 계속하고 평소에 추진하는 정책이 믿을 만하고 또 평소의 태도가 성실·공정하면 정책대상집단이 정책의 내용에 쉽게 순응하게 된다.

정책결정 및 집행기관의 정통성이 약하면 정책목표가 아무리 순수하더라도 정책에 불응하거나 형식적인 순응을 하게 된다. 특히 규제정책의 집행에 있어서는 정책담당기관의 정통성이 정책에 대한 정책대상집단의 순응 여부에 크게 영향을 미치는 바, 정책결정 및 집행기관의 정통성이 약하면 정책목표의 순수성에 대한 의심 때문에 정책대상집단이 순응하지 않으려고 한다. 또한 일관성을 결여한 정책집행은 정책대상집단의 불응을 야기한다.

라. 환경적 요인

정책대상집단에 영향을 미치는 환경적 요인으로는 정치체제의 특성 및 사회경제적 여건 등 정치·경제·사회·문화·자연·기술적 환경을 들 수 있으나, 보다 직접적인 것은 국회, 정당, 이익단체, 언론 등을 들 수 있으며, 기존의 정책 혹은 새로운 정책도 특정 정책에 영향을 미치는 환경적 요인이 될 수 있다.[204] 환경적 요인은 대상집단의 불응요인으로서 비교적 경시되고 있는데,[205] 이러한 이유는 환경적 요인이 개인의 배경적 변수[206]와 마찬가지로 대상집단의 태도에 우선적으로 영향을 미치므로 태도요인에서 설명될 수 있기 때문이다.

이상의 여러 학자들이 제시한 정책집행의 불응에 영향을 미치는 요인을 종합하여 검토해 보면, 크게 ① 정책요인, ② 정책대상집단요인, ③ 정책결정 및 정책집행요인, ④ 환경적 요인으로 구분해서 연구되어 왔음을 발견할 수 있다.

물론 학자에 따라 강조하는 부분이 다르고, 앞에서 언급했던 여러 요인들 중 한두 가지 요인에 의해 대상집단의 불응이 발생하기도 하지만, 상당수의 경우에는 그러한 여러 요인들이 상호작용하여 발생되기 때문에 구체적으로 어느 요인에 의하여 불응이 발생했는가를 파악하기가 곤란한 경우도 있다.

그리고 초기에는 대상집단요인과 환경 요인이 강조되었으나, 나중에는 정책요인이 중요시되는 경향으로 바뀌고 있다. 최근 정책집행 과정에서의 참여문제, 정책의 일관성문제, 정책집행기관의 행태문제, 정책신뢰문제 등에 관심을 돌리고 있음은 이러한 경향의 영향이라고 보아야 할 것이다.

그러나 정책대상집단의 불응문제를 구체적으로 연구하기 위해서는 앞의 네 가지 요인에 대한 종합적인 분석이 이루어져야 할 것이다.

---

204) 민진, 전게논문, pp. 258-259, 이상안, 전게논문, p. 52.
205) 정정길은 불응요인을 ① 정책내용 ② 정책결정 및 집행기관 ③ 순응 주체 등으로 나누어 설명하며, 이상안은 환경적 요인을 대상집단요인 속에서 다루고 있다. 박재공은 불응요인을 ① 정책 ② 대상집단태도 ③ 대상집단능력 ④ 상황적 요인으로 나누고 상황적 요인을 다시 ① 의사전달의 결함 ② 환경의 압력 ③자연적 장애로 나누어 설명한다. 하지만 Coombs와 Anderson도 모두 정책불응의 환경적 요인을 언급하고 있지 않다(F. S. Coombs, op. cit., pp. 55-60; J. E. Anderson, op. cit., pp. 103-105).
206) 배경적 변수란 개인의 태도에 영향을 미치는 개인의 사회·경제적 지위와 연령, 교육수준, 지역 등을 말한다. 김호정, "직무특성이 관료행태에 미치는 영향", 부산대학교 대학원 박사학위논문, 1988, p. 68, 71.

실증적 연구를 위한 분석모형과 조사설계

제1절 분석모형 및 가설의 설정

1. 연구의 분석모형

일반적으로 모형(Model)이라는 것은 실제의 추상(the abstract of reality)을 뜻한다. 즉 실제에서 가장 특징적인 것을 단순화·체계화한 것을 의미하는 것이다.[1] 따라서 분석 모형(Model of analyses)이라는 것은 연구하려는 내용에 대한 가설, 자료, 및 결론 사이의 관계를 일목요연하게 나타내 주는 개념적인 틀(conceptual framework)을 의미한다고 할 수 있다.

본 연구에서의 독립변수는 일반적인 정책대상집단의 불응에 관한 기존연구를 검토하여 보다 중요하다고 여겨지는 정책불응요인을 선정함으로써, 이를 정책불응요인의 3가지 범주(정책내용과 관련된 요인, 정책대상집단과 관련된 요인, 그리고 정책결정기관 및 정책집행기관과 관련된 요인으로 구분하였다. 이러한 3가지 범주의 독립변수 유형 중에서 정책요인은 국민연금제도에 있어서의 제도적 불합리성과 관련하여 불응요인을 설정하였고, 정책대상집단요인은 본 연구의 정책불응 설명이론인 합리적 선택에 따른 조세회피요인을 접목시켜 불응요인을 설정하였다. 그리고 정책담당기관요인은 제도적 불합리성과 합리적 선택에 따른 조세회피이론을 모두 적용하여 불응요인을 설정하여 다음의 <그림 3-1>과 같은 분석모형을 작성하였다.

완성된 모형의 구체적 내용을 살펴보면, 정책대상집단에 대한 정책불응에서의 3가지 변수란, 독립변수를 크게 정책내용과 관련된 요인, 정책대상집단과 관련된 요인, 그리고 정책결정기관 및 정책집행기관과 관련된 요인으로 구분한 것이다. 우선

---

1) 김광웅, 사회과학연구방법론, 박영사, 1981, pp. 117-118.

정책내용과 관련된 요인으로는 정책목표 및 수단의 소망성, 정책의 명확성, 정책의 일관성, 그리고 정책의 실효성을 들 수 있고, 정책대상집단과 관련된 요인으로는 나이, 성별, 인종, 거주지, 거주형태, 계층, 교육수준, 직업, 소득, 종교 등의 인구사회적 배경요인과 정책대상집단의 심리요인과 준거집단요인, 그리고 능력요인으로 구분해 볼 수 있다. 그리고 정책결정기관 및 정책집행기관과 관련된 요인으로는 정책결정기관 및 정책집행기관의 태도 및 집행의 일관성과 관련된 신뢰성(reliability)과 정통성(legitimacy)으로 구분해 볼 수 있다.

〈그림 3-1〉 연구의 분석모형

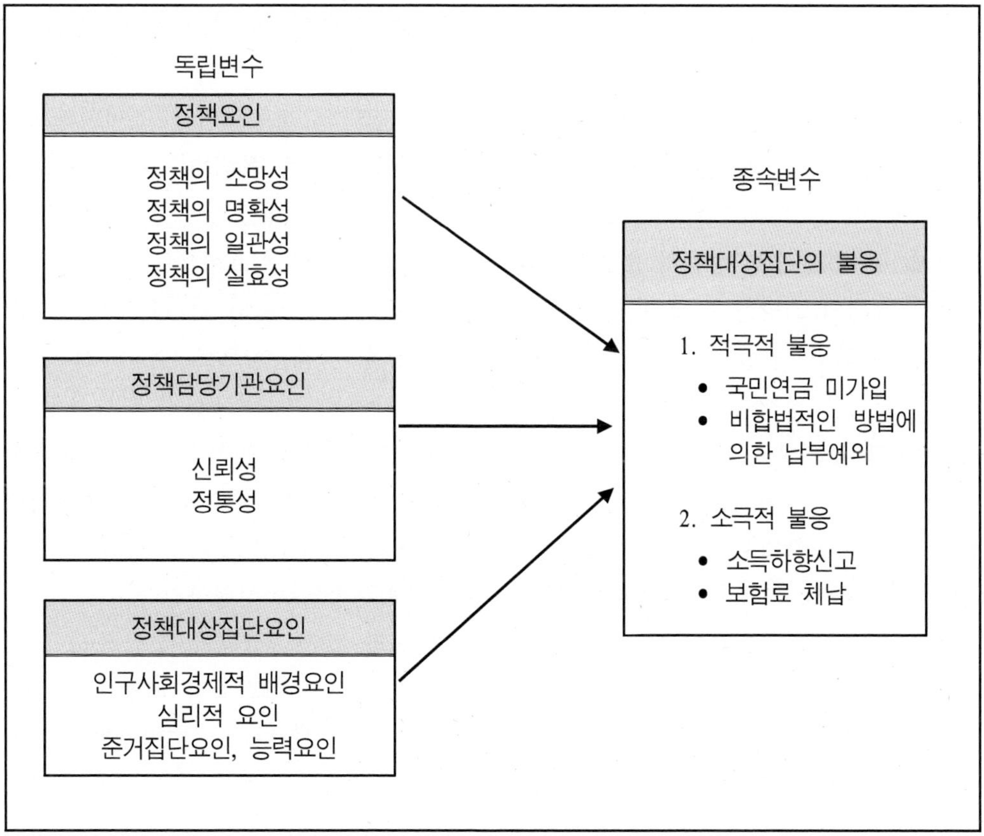

그리고 조세회피와 관련된 요인은 선행연구에서 밝혀진 납세자의 주요한 조세회피요인들을 중심으로 크게 조세제도적 요인과 주관적 인식요인, 그리고 사회인구학적 요인으로 나누어 검토하고자 한다. 우선 조세제도적 요인으로는 조세회피에 대한 정부의 제재, 세율 및 조세부담감, 조세기관의 적발확률 등으로 구분해 볼 수 있고, 주관적 인식요인으로는 과세공평성, 납세윤리, 동료집단의 조세회피 정도, 정부에 대한 신뢰도, 세제의 복잡성에 의한 이해부족 정도 등을 들 수 있다. 그리고 사회인구학적 요인으로는 연령을 비롯하여 교육수준, 소득수준, 소득원, 직종, 지역 등을 고려해 볼 수 있다. 이와 같은 조세회피와 관련된 요인은 정책불응요인의 3가지 범주 중에서 정책대상집단과 관련된 요인과 정책결정기관 및 정책집행기관과 관련된 요인에 관련시켜 본 연구의 분석 모형을 작성하였고 독립변수 설정에 포함시켰다.

따라서 국민연금정책과 관련된 이상의 정책대상집단의 불응요인과 조세회피요인을 본 연구의 목적과 관련하여 종합하여 보면 다음과 같은 독립변수로 구분해 볼 수 있다.

첫째, 정책요인으로 정책의 소망성, 명확성, 일관성, 그리고 실효성으로 구분하였다.

우선 정책의 소망성은 국민연금정책의 필요성, 국민연금제도의 시기의 적절성, 소득신고기준의 적절성, 그리고 소득재분배의 효과성을 측정문항으로 선정하였다. 정책의 명확성은 정책결정과정의 참여성, 정책기준·내용의 비모호성, 정책의 사실 비왜곡성, 그리고 정보공개의 수준을 측정문항으로 선정하였다. 정책의 일관성은 정책내용의 시간적 일치성(정책기준 및 내용의 변경), 정책내용의 공간적 일치성(정책대상집단의 차별성)으로, 정책의 실효성은 사회적 제재의 필요성, 정책수단의 필요성(인·물적 자원), 기대·현실 간의 일치 여부를 측정문항으로 선정하였다.

둘째, 정책대상집단요인은 인구사회경제적 배경과 정책대상자의 심리적 요인과 준거집단요인, 그리고 능력요인으로 구분하였다. 우선 인구사회학적 배경으로는 연령, 소득수준, 소득원, 직종, 교육수준, 거주지역 등을 선정했다. 그리고 심리적 요인으로는 심리적 거부감과 심리적 무관심으로, 준거집단요인은 기존 가입자의 부정적 영향과 타 공적 연금제도의 부정적 영향으로, 그리고 능력요인은 경제적 능력의 결여와 정보획득의 지적(인지) 능력 부족을 그 측정문항으로 선정하였다.

마지막으로, 정책담당기관요인은 신뢰성과 정통성으로 분류될 수 있다. 우선 신뢰성에는 국민연금정책 목적의 순수성, 국민연금기금의 운용능력 우수성, 국민연금기금의 비유용성, 소득자료 신고의 비유출성, 그리고 정책담당공무원 태도의 일관성을 측정문항으로 선정하였다. 정통성은 국민적 지지와 국민적 요구, 그리고 수단적 정당성(가치배분의 효율성)을 그 측정문항으로 구성하였다.

종속변수로서는 제3장 제2절에서 국민연금정책에 대한 불응의 의미와 조작적 정의에서 구체적으로 자세하게 설명하겠지만, 이를 정리해 보면 다음과 같다. 즉 국민연금정책에서의 정책불응이란, 외현적 행동에 의한 불응으로서 이를 측정하기 위한 지표로 ① 국민연금 미가입, ② 소득하향신고, ③ 비합법적인 방법에 의한 납부예외, ④ 보험료 체납 등의 측정지표가 사용될 것이다.

2. 연구가설의 설정

본 연구의 분석 모형을 토대로 불응의 결정요인을 나타내는 각 변수에 대해 정책요인, 정책대상집단요인, 그리고 정책담당기관요인으로 나누었다. 구체적으로 살펴보면 정책요인은 정책의 소망성, 정책의 명확성, 정책의 일관성, 그리고 정책의 실효성으로 구분하였고, 정책대상집단요인은 인구사회학적 요인과 심리적 요인, 준거집단요인, 그리고 능력요인으로 세분화시켰다. 정책담당기관요인은 신뢰성과 정통성으로 구분하였다. 그리고 국민연금제도의 조세적인 성향으로 파악할 수 있는 까닭에, 국민연금정책의 불응을 조세회피로 인식함으로써 조세회피요인을 참고하여 변수목록에 부가하였다. 따라서 본 연구의 연구가설은 일반적인 정책불응요인과 조세회피요인을 함께 고찰하여 다음과 같은 본 연구의 가설을 설정하였다.

1) 정책요인

(1) 정책의 소망성

본 연구에서의 정책소망성은 정책대상집단의 시각에서 바람직한 상황을 상정하는 것으로 Anderson은 정책목표나 수단의 소망성 판단은 사람마다 서로 다른 가치판단의 문제이므로 아무리 국가 및 사회의 입장에서 객관적으로 보아 소망스러운 정책도 정책대상집단의 입장에서 보면 그렇지 않은 수가 많아 이러한 경우에 불응이 발생할 수 있다고 하였다. 정정길 교수는 이러한 소망성을 정책목표의 소망성과 정책수단의 소망성으로 구분하였다.

이러한 이론적 기초에서 볼 때 정책의 소망성이 정책대상집단의 불응에 영향을 미칠 것이라는 가설이 성립될 수 있다. 우선 정책목표의 소망성은 의무적으로 국민연금에 가입시켜 노후를 대비하도록 하는 제도의 필요성으로 측정하였다. 정책수단의 소망성은 국민연금제도의 시기의 적절성, 소득신고기준의 적절성, 그리고 소득재분배 효과성으로 하였다. 이러한 측정문항을 정책수단의 측정지표로 선정한 이유는 이 문항들이 각기 중요성을 가지고 논란이 있었기 때문이다. 먼저 국민연금제도의 시기를 측정변수로 채택한 이유는 국민연금시기를 하필이면 IMF체제를 채 벗어나지도 못해 많은 국민들이 어려운 상황에 있는 시점에서 실시하느냐에 대해 국민들의 불만이 많았고, 따라서 정부에서도 시행연기를 신중하게 검토할 만큼 정책수단에 있어서 중요한 문제였기 때문이다. 그리고 소득신고기준은 국민연금공단에서 소득파악이 되지 않는 자영업자 등 국민연금 가입대상자들이 소득을 하향 신고할 것을 우려하여 제시했는데, 이때 제시된 소득신고기준이 대상자들의 실제소득보다 많이 산정된 경우가 많았고, 아무런 근거 없이 산정된 경우가 많아 이에 국민들이 반발하였으므로 정책수단의 소망성의 측정지표로 선정하였다. 마지막으로 국민연금의 소득재분배 효과는 평균소득보다 높은 수준의 소득자는 이로 인해 손해를 본다는 생각을 할 수 있으므로 그 측정지표로 선정했다.

[가설 1] 국민연금정책이 바람직스럽지 못하다고 생각할수록 정책대상자들은 불응할 것이다.

(2) 정책의 명확성

정책의 명확성 요인은 정책의 목표나 내용이 모호하여 정책대상집단에게 정확하게 알려지지 않는 경우로서, 이는 Coomb의 불응요인 중 의사전달에 기인한 불응의 한 형태에 포함시킬 수 있다. 즉 의사전달에 기인한 불응은 정책대상집단이 정책이 의도한 바를 쉽게 이해하지 못한다면 정책대상집단의 행태를 변화시킬 가능성이 없다는 것이다. 따라서 정책의 명확성 요인에는 국민연금정책에 대해서 그 기준이나 내용이 모호하지 않아야 하고 정책에 대한 사실이 왜곡되지 않아야 한다. 이를 위해서는 정책결정과정이 개방됨으로써 시민들의 참여가 보장되어야 하고 정책과 관련된 각종 정보를 획득할 수 있는 제도적 장치가 구비되어야 할 것이다.

그리하여 정책의 명확성 요인에는 정책결정과정의 참여성, 정책기준·내용의 비모호성, 정책의 사실 非왜곡성, 그리고 정보공개의 수준을 그 측정지표로 선정했다. 정책결정의 참여성은 국민연금정책의 결정과정이 민주적이어야 한다는 것으로, 정책결정과정이 폐쇄적이어서 관련자들의 참여가 제한되면 결정된 정책의 내용이 객관적으로 보아 바람직스러운 것이라도 관련자들의 정책소망성에 대한 인식이 나빠지며, 정책집행에서 이들의 협조를 얻기 어렵다는 것으로 본 연구의 측정지표로 선정하였다.

[가설 2] 정책대상자는 국민연금정책이 명확하지 않다고 생각할수록 불응할 것이다.

(3) 정책의 일관성

정책의 일관성 요인은 국민연금정책과 관련하여 일련의 결정 및 집행규칙이 시간적·공간적 차원에서 변함없이 지속·적용되는가의 문제이다. 따라서 정책의 일관성 요인에는 정책내용의 시간적 일치성과 공간적 일치성을 그 측정지표로 선정했다. 정책내용의 시간적 일치성이란 정책기준 및 내용의 변경 여부를 말하는 것으로 집행과정상 부득이한 계획의 변경이 있을 수는 있지만, 빈번한 변경은 정책대상자로 하여금 불응을 야기할 수 있기 때문이다. 정책내용의 공간적 일치성이란 정책대상 집단의 차별성을 말하는 것으로 대상집단에 따라 정책내용 및 기준이 달리 적용되는 것을 의미한다.

[가설 3] 정책대상자는 국민연금정책이 일관성이 결여되었다고 생각할수록 불응할 것이다.

(4) 정책의 실효성

정책의 실효성 요인은 국민연금정책이 얼마나 실질적으로 목표를 달성할 수 있을 것인가에 관한 것이다. 이러한 국민연금정책의 실질적인 목표를 달성하기 위해서는, 즉 실효성을 얻기 위해서는 여러 가지 조건이 구비되어야 하는데, 이것이 정책의 실효성을 확보하기 위한 전제조건인 것이다. 본 연구에서는 국민연금 가입이 강제성을 가진 것에 착안하여 과태료나 벌금 등의 사회적 제재가 필요하다고 생각하는 것인데, 이는 불응에 대한 정부의 제재 정도로서 주요한 조세회피요인 중의 하나이다. 따라서 국민연금의 당연가입대상자가 불응할 경우 정부가 얼마나 이를 적발하고 제재를 가할 수 있느냐에 관한 것이다. 물론 국민들의 실소득을 정확하게 파악할 수 없는 관계로 현실적으로 어려운 일이기는 하지만, 만약 가입대상자가 불응할 경우 정부가 이를 적발하고 제재를 가한다면 정책의 실효성을 확보할 수 있을 것이라는 것으로 전제한다.

그리고 국민연금제도의 효과적인 시행을 위해 업무를 담당할 인적자원과 이를 위한 물적 자원이 필요하다고 생각되고, 정책대상자는 정책에 대한 기대치와 현실이 일치한다고 느껴질수록 정책의 실효성은 확보될 것이다. 따라서 정책의 실효성 요인에는 사회적 제재의 필요성, 정책수단의 확보성(인적·물적 자원), 기대·현실 간의 일치 여부를 그 측정지표로 선정했다.

[가설 4] 정책대상자는 국민연금정책이 실효성이 없다고 생각할수록 불응할 것이다.

2) 정책대상집단요인

정책대상집단요인에는 인구사회경제적 요인과 심리적 요인, 준거집단요인, 그리고 능력요인을 변수로 선정하였다. 구체적으로 살펴보면 인구사회경제적 요인은 연령, 소득수준, 소득원, 직종(직업), 교육수준, 그리고 거주지역의 측정지표를 선정하였고, 심리적 요인은 심리적 거부감과 심리적 무관심을 선정하였다. 그리고 준거집단요인은 기존 가입자의 부정적 영향과 타 공적 연금제도의 부정적 영향을 선정하였으며, 능력요인은 경제적 능력의 결핍과 정보획득의 知的(인지)의 부족을 선정하였다.

(1) 심리적 요인

심리적 요인에서는 Coomb의 행동에 기인한 불응으로서 심리적 거부감과 심리적 무관심을 그 측정지표로 선정했다. 우선 심리적 거부감은 순응에 대한 정책대상집단의 단순한 번거로움인데, 이 경우 정책이 요구하는 행태변화의 정도가 클수록 심리적 부담감이 커져 불응의 가변성이 높아진다는 것이다. 그리고 심리적 무관심은 정책에 대해 아무런 생각이 없음으로 인해 불응의 가변성이 높아진 경우이다. 따라서 심리적 요인에는 심리적 거부감과 심리적 무관심을 그 측정지표로 선정하였다.

[가설 5] 정책대상자는 국민연금제도를 심리적으로 거부하고 무관심할수록 불응할 것이다.

(2) 준거집단요인

준거집단요인은 국민연금에 대한 기존 가입자의 부정적 영향과 타 공적 연금제도의 부정적 영향을 측정지표로 선정하였다. 국민연금에 대한 기존 가입자의 부정적 영향이라 함은, 기존에 이미 국민연금에 가입한 가입자로부터 부정적인 영향을 받는 것을 의미하는 것으로, 이는 주위의 여러 사람으로부터의 부정적인 영향이 있을 수 있다는 것이다. 그리고 타 공적 연금제도의 부정적 영향이라 함은 국민연금이 아닌 다른 공적 연금, 즉 공무원연금, 군인연금, 사학연금 등의 가입자들에 의한 부

정적인 영향이 있을 수 있다는 가정이다.[2]

[가설 6] 정책대상자는 준거집단의 영향이 부정적일수록 불응할 것이다.

(3) 능력요인

능력요인은 Coomb의 자원에 기인한 불응으로서 경제적 능력의 결핍과 정보획득의 知的(인지)능력의 부족으로 구분해 볼 수 있다. 즉 경제적 능력이란 실제 소득이 없음으로 인해 불응할 수 있다는 것으로, 불응태도의 가장 일반적인 행태로서 정책대상집단은 정책목표를 지지하거나 요구된 행위가 목표달성에 효과적이라는 것을 수긍하지만 비용부담의 이유로 불응할 수 있다는 것이다. 정보획득의 知的(인지)능력의 부족이란 국민연금정책과 관련한 각종의 정보를 인지할 수 없는 경우이다.

[가설 7] 정책대상자는 자신의 지적·경제적 능력이 부족할수록 불응할 것이다.

3) 정책담당기관요인

정책담당기관요인은 신뢰성과 정통성으로 구분해 볼 수 있다. Coomb은 이를 권위에 기인한 불응이라 하였다.

(1) 신뢰성 요인

정책담당기관의 신뢰성에는 국민연금정책 목적의 순수성, 국민연금기금의 운용능력 우수성, 국민연금기금의 비유용성, 소득신고자료의 비유출성, 그리고 정책담당공무원 태도의 일관성 등 5가지로 구분해 볼 수 있다. 우선 국민연금정책 목적의 순수성이란 원래 국민연금제도란 국민의 소득중단 및 소득상실에 대비한 일종의 사회

---

2) 예를 들어 각종 공적 연금기금이 고갈되어 연금보험금을 확보할 수 없는 등이다.

보장제도인데, 이러한 목적이 순수하지 못한 동기일 때, 즉 우리나라의 경우 내자동 원을 위한 수단으로 목표대치현상으로 될 수 없다는 것으로서의 순수성이다. 따라 서 이러한 순수성이 지켜지지 않을 경우에는 정책대상자는 불응할 것이라는 가정이 다. 다음으로 국민연금기금의 운용상의 능력인데, 이는 국민연금공단이 연금기금을 고갈시키거나 운용상의 능력에 대한 것이다. 이는 타 공적 연금의 기금이 고갈되거 나 고갈될 수 있다는 현시점에서 새롭게 등장한 국민연금의 경우 예외일 수 없을 것이라는 가정에서, 국민연금공단도 타 공적 연금과 마찬가지로 운용능력이 없을 경우 불응을 야기하게 될 것이다. 국민연금기금의 비유용성은 국민연금기금이 기금 운용의 목적 이외에 유용되어서는 안 된다는 것으로서의 의미이다. 소득자료 신고 의 비유출성은 국민들 자신의 소득자료 신고가 국세청의 소득파악 자료로 이용되는 등 다른 용도로 사용되어서는 안 된다는 것이다. 이는 자신의 소득을 공개하지 않 음으로 인해 보는 혜택을 국민연금으로 인해 상실할 수 없다는 의미이다. 마지막으 로 집행공무원 태도의 일관성은 정책대상자는 국민연금정책의 담당공무원 및 국민 연금공단의 직원이 성실하고 일관성 있게 업무를 수행해야 된다는 의미이다. 이는 담당공무원들이 국민연금정책의 수행에 공평하고 일관성 있고 아울러 친절하게 정 책대상자들을 대하지 않는다면 정책대상자들은 국민연금 그 자체를 불신할 것이라 는 전제이다.

[가설 8] 정책대상자는 국민연금정책 및 정책담당기관을 신뢰하지 않을수록 불응 할 것이다.

(2) 정통성 요인

정통성 요인에는 국민적 지지(support)와 국민적 요구(demand), 그리고 수단적 정 당성(가치배분의 효율성)을 그 측정지표로 사용하였다. 국민적 지지는 아무리 훌륭 하고 국민을 위한 정책이라 하더라도 국민이 지지하지 않는다면, 이러한 정책은 실 패하기 마련이며 정부 자체에 대해서도 회의감을 가질 수 있을 것이다. 그리고 국 민적 지지에 의한 정책은 M. Weber에 의하면 보통 합법적인 정책이다. 국민적 요구는 모든 정부정책은 국민의 요구가 있어야만 정책으로서 정당성을 가질 수 있고, 이러한 정책은 성공할 수 있다는 것이다. 이러한 국민적 요구가 결핍된다면 정책대상자들은 당해 정책뿐만 아니라, 정부에 대한 정통성까지 부인하여 정치체제를 부인하는 결과를 가져오게 될 것이다. 그리고 수단적 정당성(가치배분의 효율성)은 혹시 국민연금제도가 국민적 지지나 국민적 요구에 의한 정책이 아니더라도, 국민연금정책이 결과적으로 국민들이 추구하는 노후보장, 소득재분배 등을 위한 효율적인 정책으로 판명되면 정책대상자들은 순응할 것이라는 가정이다.

[가설 9] 정책대상자는 정책담당기관의 정통성을 인정하지 않을수록 불응할 것이다.

제 2 절 조사설계

1. 변수목록 및 변수의 개념화와 조작화

1) 변수목록

제3장 제1절에서 제시된 본 연구의 분석 모형을 통해 나타낸 변수들을 식별하고 측정하기 위한 각 변수들의 조작적 정의 및 측정지표를 변수목록으로 제시하면 다음의 <표 3-1>과 같다.

〈표 3-1〉 불응의 변수 및 측정지표 그리고 설문지 구성내용

구 분	요 인	변 수	측정문항	문항번호	측정방법
독립 변수	정책 요인	정책의 소망성	① 국민연금제도의 필요성 ② 국민연금제도의 시기의 적절성 ③ 소득신고기준의 적절성 ④ 소득재분배 효과	(1)~(4)	Likert 5점척도
		정책의 명확성	① 정책결정과정의 참여성 ② 정책기준·내용의 비모호성 ③ 정책의 사실 비왜곡성 ④ 정보공개의 수준	(5)~(8)	
		정책의 일관성	① 정책내용의 시간적 일치성 ② 정책내용의 공간적 일치성	(9)~(10)	
		정책의 실효성	① 사회적 제재의 필요성 ② 정책수단의 필요성(인·물적 자원) ③ 기대·현실 간의 일치 여부	(11)~(14)	

구 분	요 인	변 수	측정문항	문항번호	측정방법
독립 변수	정책 대상 집단 요인	인구사회경제적 요인	① 성 별 ② 연 령 ③ 소득수준 ④ 소득원 ⑤ 직업(직종) ⑥ 교육수준 ⑦ 거주지역	Ⅱ-1~Ⅱ-7	명목척도
		심리적 요인	① 심리적 거부감, ② 심리적 무관심	(15)~(16)	Likert 5점척도
		준거집단요인	① 기존 가입자의 부정적 영향 ② 타 공적 연금제도의 부정적 영향	(17)~(18)	
		능력요인	① 경제적 능력의 결여 ② 정보획득의 지적(인지)능력 부족	(19)~(20)	
	정책 담당 기관 요인	신뢰성	① 국민연금정책 목적의 순수성 ② 국민연금기금의 운용능력 우수성 ③ 국민연금기금의 비유용성 ④ 소득신고자료의 비유출성 ⑤ 정책담당공무원 태도의 일관성	(21)~(25)	
		정통성	① 국민적 지지 ② 국민적 요구 ③ 수단적 정당성(가치배분의 효율성)	(26)~(28)	
종속 변수	불 응		① 국민연금 미가입 ② 소득하향신고 ③ 비합법적인 방법에 의한 납부예외 ④ 보험료 체납	Ⅰ-1 Ⅰ-1-1 Ⅰ-2-1 Ⅰ-3	명목척도

다음은 종속변수 및 독립변수에 대한 개념화 및 조작적 정의에 대해 살펴보려고 한다. 우선 종속변수는 다음의 국민연금정책에 있어서 불응의 개념화 및 조작적 정의에서 상세하게 정의되어 있다. 독립변수의 조작적 정의에 대해서는 국민연금정책과 관련하여 제2장 제3절의 정책대상집단의 불응요인과 조세회피요인을 종합하여 다음과 같이 구분하였다.

2) 국민연금정책에 있어서 불응(종속변수)의 개념화 및 조작화

(1) 불응의 개념화

본 연구에서 국민연금정책에서의 불응이라 함은, 정책대상집단의 외현적 행동이 정부정책에 대하여 불일치하는 것으로 규정하고자 한다. 구체적으로는 국민연금의 가입대상자 중 가입하지 않거나(미가입), 가입했다 하더라도 비합법적인 기준 및 방법으로 납부예외대상자로 분류되는 경우(납부예외), 또는 국민연금에 가입할 때 소득을 하향하여 신고한 경우(소득하향신고), 그리고 보험료 납부대상자 중 보험료를 장기간 체납하는 경우(보험료 체납)와 기타 고지서 반송 등의 경우를 본 연구에서 국민연금정책에 대한 정책대상집단의 불응의 의미로 규정하고자 한다는 것이다.[3]

(2) 불응에 대한 개념의 조작화

인간의 행동에 영향을 미치는 요소로서 지각, 태도, 동기, 가치관 등을 들 수 있으나,[4] 이 중에서 태도가 인간행위에 미치는 영향이 크다. 따라서 태도는 국민연금정책에 대한 정책대상집단의 불응이라는 행동에 미치는 중요한 동기가 될 것이다. 태도란, 특정한 대상에 대하여 우호적 혹은 비우호적으로 반응하려는 학습된 성향으로 행동을 예측할 수 있는 유용한 수단이 된다. 인간의 태도형성에 영향을 미치는 내면적 요소로서 앞서 제시한 동기, 가치관, 욕구 등을 들 수 있다. 태도는 이러한 내면적 요소에 의하여 영향을 받을 뿐만 아니라 자신이 처한 사회와 소속해 있는 주요집단 및 동료집단과 가족 그리고 개인적 경험에 의하여 서로 영향을 받는다.

태도는 인지적·감정적·평가적 요소로 구성된다.[5] 우선 인지적 요소(사실문제)는

---

3) 제2장 제3절 제2항에서 살펴본 불응의 유형 중에서, 본 연구자가 제시한 불응의 정도 차원을 본 연구의 종속변수(불응)와 관련시켜 보면 다음과 같다. 즉 적극적 불응은 국민연금 미가입자와 비합법적인 기준 및 방법에 의한 납부예외대상자가 이에 해당되고, 소극적 불응은 소득하향신고자와 보험료 체납자가 이에 해당되나, 이후 보험료 체납자는 제외하였다.

4) Charles R. Milton, *Human Behavior in Organization*: *Three Levels of Behavior*(Englewood Cliffs, N. J.: Prentice−Hall, Inc., 1981), p. 21.

5) Richard J. Jutz, "An Experimental Investigation of Causal Relations among Cognitions,

특정 대상에 대한 신념과 지식으로 구성되고, 이러한 신념 및 지식체계는 대상에 대한 평가에 영향을 미치는바, 감정적 요소(감정문제)는 감정적 반응의 결과이며, 태도의 행동적 차원인 종합적 평가(가치문제)에 영향을 미친다.

국민연금정책에 대한 정책대상집단의 불응을 설명하기 위하여 아래의 <그림 3-2> 정책대상집단의 행동 모형이론을 원용할 수 있다. 개인의 특정 대상에 대한 태도는 국민연금정책에 대한 정책대상집단의 태도이며, 이러한 태도는 인지적·감정적·평가적 태도로 구분해 볼 수 있다.

<그림 3-2> 정책대상집단의 행동 모형

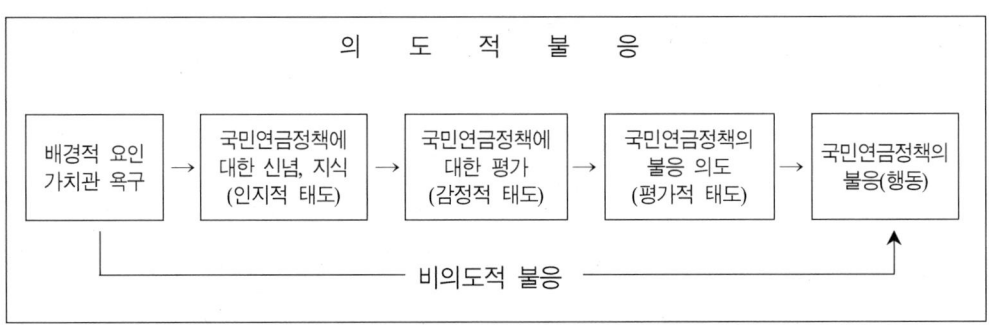

* 참조: Richard J. Jutz(납세자의 행동 모형)을 본 저자가 재작성한 모형임.

Affect, and Behavioral Intentions", Journal of Consumer Research, March, 1979, pp. 197-208; Charles R. Milton, op. cit., pp. 199-204; 박영강, 조세정책의 불응요인분석, 부산대학교 박사학위논문, 1990, p. 72.

이상의 저자들에 의하면 인지적·감정적·평가적 요소는 일관성을 유지한다고 한다. 하지만, 본 저자는 위의 <그림 3-2> 정책대상집단의 행동모형에서 제시한 바와 같이, 인지적·감정적·평가적 태도가 순차적으로 일관성을 유지하여 불응이라는 행동을 결정지을 수도 있지만(의도적 불응), 인지적·감정적·평가적 태도까지는 순차적으로 일관성을 가지나 불응이라는 행동과는 일치하지 않는 정반대의 행동으로 나타날 수 있다는 것이다(가치관, 욕구, 배경적 요인 등에 의한 비의도적 불응).

여기에서 정책대상집단의 불응의 속성은 외현적 행동에 의한 불응과 인지적·감정적·평가적 태도에 의한 불응으로 압축될 수 있으며, 이의 측정을 위해서는 조작적 정의를 통한 측정지표가 도출되어야 한다.

가. 외현적 행동에 의한 불응

외현적 행동이란, 마음속으로는 어떻게 생각하든, 즉 인지적·감정적·평가적 태도에 의해서 불응한 것이든(의도적 불응), 혹은 인지적·감정적·평가적 태도는 순응인데 외현적 행동이 불응으로 나타나든(의도와 실제행동이 다른 경우: 비의도적 불응), 어쨌든 외면적으로 나타난 행동이 국민연금정책에 대하여 불응하는 행동으로 표출되는 것을 말한다. 이러한 외현적 행동에 의한 불응을 측정하기 위해서는 ① 국민연금 미가입, ② 소득하향신고, ③ 비합법적인 방법에 의한 납부예외, ④ 보험료 체납 등의 측정지표가 사용될 수 있을 것이다.

나. 인지적·감정적·평가적 태도에 의한 불응

국민연금정책에 대한 인지적·감정적·평가적 태도에 의한 불응은 신념과 지식에 의한 인지적 태도에 의한 불응, 감정적 반응의 결과로서의 감정적 태도에 의한 불응, 그리고 국민연금정책에 대한 불응의도인 평가에 의한 태도의 행동적 차원인 평가적 태도에 의한 불응으로 나눌 수 있다. 이러한 경우 인지적·정서적·행동적 태도에 의한 불응을 구체적인 측정지표로 나타내면, ① 국민연금정책에 대한 신념 및 지식과 감정에 의한 태도(인지적·감정적 태도), ② 국민연금정책에 대한 불응의도(평가 및 행동적 태도)로 구분해 볼 수 있을 것이다.

이상의 국민연금정책의 불응에 관한 개념을 조작화한 내용이 아래 <표 3-2>의 정책대상집단의 불응에 관한 지표체계이다.

〈표 3-2〉 정책대상집단의 불응에 관한 지표체계

속 성	측정지표
외현적 행동에 의한 불응	① 국민연금 미가입 ② 소득하향신고 ③ 비합법적인 방법에 의한 납부예외 ④ 보험료 체납
인지적·감정적·평가적 태도에 의한 불응	① 국민연금정책에 대한 신념 및 지식과 감정에 의한 태도(인지적·감정적 태도)[주] ② 국민연금정책에 대한 불응의도(평가 및 행동적 태도)

주) 인지적 태도와 감정적(정서적) 태도를 함께 묶어 조작화한 것은 2가지 개념을 명확하게 구분하여 측정하기가 어렵기 때문이다.

그러나 정책대상집단의 불응을 파악하기 위한 이상의 2가지의 조작화 중에서, 두 번째인 인지적·감정적·평가적 태도에 의한 불응체계는, 그 측정지표로서 실제의 경험적 조사가 가능할지는 모르나, 본 연구의 복잡성과 그리고 실제의 정확한 측정 가능성이 희박하므로 본 연구에서는 종속변수에서 제외하기로 한다. 왜냐하면 인지적·감정적·평가적 태도에 의한 불응은 태도조사 등을 통해 측정 가능할지는 모르나, 행동으로 나타나기 전의 심리적인 태도와 실제의 불응은 그 사실관계가 일치하지 않다는 것이다. 즉, 인지적·감정적·평가적 태도라는 것은 행위자가 행동으로 나타내기 전의 심리적인 상태이며, 이는 실제 불응이라는 행동과 다를 수 있기 때문에(즉, 비의도적 불응 등) 국민연금정책에 대한 불응실태를 정확하게 측정하기 어려운 것이다.

따라서 본 연구에서는 국민연금정책에 있어서 불응에 대한 종속변수로서 인지적·감정적·평가적 태도에 의한 불응체계를 제외한, 외현적 행동에 의한 불응체계를 종속변수로 삼고자 한다.

그리하여 외현적 행동에 의한 불응으로서의 그 측정지표는 ① 국민연금 미가입자, ② 소득하향신고자, ③ 비합법적인 방법에 의한 납부예외자, ④ 보험료 체납자에 한정하고자 한다.[6]

3) 독립변수의 개념화와 조작화

(1) 정책요인

정책요인에서는 일반적인 정책대상집단의 불응요인을 국민연금제도의 문제점 및 쟁점과 관련시켜 측정지표를 분류하였다.

① 정책의 소망성

정책의 소망성은 국민연금정책이 국민들에게 얼마나 바람직스러운가에 대한 것으로 정책목표의 소망성과 정책수단의 소망성으로 구분해 볼 수 있다. 우선 정책목표의 소망성은 국민연금정책의 필요성을 선정하였다. 그리고 정책수단의 소망성은 국민연금제도의 시기의 적절성, 소득신고기준의 적절성, 그리고 소득재분배의 효과의 필요성을 측정지표로 선정하였다.

② 정책의 명확성

정책의 명확성은 국민연금제도를 시행하기에 앞서 정책담당기관이 국민들에게 얼마나 명확하게 전달하고 있는가에 대한 것이다. 정책의 명확성은 정책결정과정의 참여성, 정책기준·내용의 비모호성, 정책의 사실 비왜곡성, 그리고 정보공개의 수준으로 구분해 볼 수 있다. 정책결정과정의 참여성이란 국민연금정책이 결정되는 과정이 민주적으로 공개되어야 하고, 국민들은 이러한 과정에 다양한 방법으로 참여할 수 있어야 된다는 의미이다. 그렇게 함으로써 국민연금정책에 대해 정확한 정보를

---

6) 정책대상자를 대상으로 실제 조사를 할 경우, 비합법적인 방법에 의한 납부예외자는 국민연금법 및 국민연금법 시행령 등의 규정에 의한 납부예외자가 아닌 자로서, 이는 당사자가 불법 및 고의로 납부예외자로 변경시킨 경우에 해당될 것이다. 그리고 보험료 체납자의 경우는, 고의로 보험료를 체납한 경우를 말하며, 보통 시민들은 습관상, 부주의 혹은 기타 부득이한 경우 몇 달간의 보험료를 체납할 수도 있는 것이다. 따라서 보험료 체납자는 고의로 보험료를 체납한 경우로서 본 저자는 그 기간을 3~4개월 이상 장기간 체납한 것으로 한정하고자 한다. 이렇게 보험료 체납기간을 3~4개월 이상으로 한 것은, 연금보험료 체납에 의한 자격상실기간을 3개월로 정하고 있기 때문이다(국민연금법 시행령 제21조).

얻을 수 있는 것이다. 정책기준·내용의 비모호성은 국민연금제도의 내용, 즉 기준이나 적용여부)이 애매모호하거나 정확하지 않을 경우 국민들은 불응할 수 있다는 것이다. 정책의 사실 비왜곡성은 국민연금제도의 시행에 앞서 국민연금제도에 대해 정확한 홍보가 이루어져야만 한다는 것으로 사실을 잘못 이해하는 등의 사실왜곡이 없는 것으로 이해할 수 있다. 마지막으로 정보공개의 수준이란 국민연금정책의 시행에 앞서 국민연금정책에 대해 시행상에 필요한 모든 관련정보를 제공해야 한다는 것으로 적절한 정보공개가 필요하다는 것이다.

③ 정책의 일관성

정책의 일관성은 국민연금제도를 시행하면서 시행착오로 인한 당초의 정책기준 및 내용이 자주 변경되는지와, 국민연금제도가 정책대상집단의 지역별, 소득별 혹은 가입자 간에 서로 상이하게 적용하지 않았는지에 대한 것이다. 즉 정보내용의 시간적 일치성과 공간적 일치성을 그 측정지표로 사용했다. 그리고 정책내용의 공간적 일치성은 조세회피요인과 관련시켜 보면 과세의 공평성이 이에 해당된다.

④ 정책의 실효성

정책의 실효성은 국민연금제도가 실질적으로 목표를 달성할 수 있느냐에 대한 것이다. 이러한 정책의 실효성을 확보하기 위해서는 많은 제도적 장치가 필요한데, 본 연구에서는 사회적 제재의 필요성, 정책수단(인적자원 및 물적 자원)의 확보성, 그리고 기대와 현실 간의 일치 여부를 그 측정지표로 선정했다. 이를 구체적으로 살펴보면 다음과 같다. 즉 사회적 제재의 필요성은 처벌의 강도를 의미하는 것으로 국민연금제도와 관련시켜 볼 때, 국민연금제도를 회피하거나 거부할 경우 사회적 제재를 가함으로써 정책의 실효성을 확보할 수 있다는 것이다. 그리고 국민연금제도를 실효성 있게 시행하기 위해서는 업무를 담당할 충분한 인적자원이 필요할 뿐만 아니라, 물적 자원(예산)도 필요한 것이다. 아울러 정책의 실효성을 확보하기 위해서는 국민연금제도의 시행내용 및 시행결과가 평소 자신의 생각과 일치할수록 보다 효율적이라는 것이다.

조세회피요인과 관련시켜 보면 사회적 제재의 필요성은 정부의 제재 정도에 해당될 수 있다.

(2) 정책대상집단요인

정책대상집단요인에는 인구사회학적 배경과 심리적 요인과 준거집단요인, 그리고 능력요인을 선정하였다. 그리고 여기에서는 일반적 정책불응요인과 조세회피요인을 결합시켰는데, 특히 인구사회경제적 요인 중 소득수준과 소득원, 심리적 거부감(납세윤리), 준거집단요인(동료집단의 조세회피 정도)의 영향이다. 그리고 심리적 요인과 준거집단요인, 그리고 능력요인 모두에 적용될 수 있는 조세회피요인으로 조세부담감이 있다.

① 인구사회경제적 배경

인구사회경제적 요인은 연령, 소득수준, 소득원, 직종(직업), 교육수준, 그리고 거주지역의 측정지표를 선정하였는데, 여기에서는 조세회피요인을 참조하였다. 즉 소득원과 소득수준은 조세회피요인에 대한 것이다. 이때 소득원은 근로소득과 사업소득으로 구분했을 때, 근로소득일 경우 사업장가입자로서 대상자가 당연히 국민연금에 가입했다고 가정하여 연금보험료는 급료에서 원천징수가 될 것으로 보고, 사업소득일 경우 사업자는 자신의 소득을 하향 신고할 것으로 판단되어 인구사회경제적 배경요인의 측정지표로 선정한 것이다.

② 심리적 요인

정책대상자의 심리적 요인은 심리적 거부감과 심리적 무관심으로 구분하였다. 우선 정책대상자의 심리적 거부감이란, 정책대상자가 그냥 심리적으로 귀찮아서 혹은 성가시고 짜증으로 인한 상태를 의미하고, 심리적 무관심이란 정책대상자가 그냥 심리적으로 싫고 관심이 없는 상태를 말한다. 이는 조세회피요인 중 납세윤리에 해당될 수 있을 것이다.

③ 준거집단요인

정책대상자의 준거집단요인은 타 집단의 영향이라고도 하는데, 기존 가입자의 부정적 영향과 타 공적 연금제도의 부정적인 영향을 그 지표로 선정했다. 국민연금과 관련해 주위의 기존 가입자들로부터 부정적인 영향을 받는 경우를 의미하거나, 국민연금이 아닌 기타 공적 연금, 즉 공무원연금, 사학연금, 그리고 사립학교교직원연금의 상태에 대해(각 연금기금이 고갈함에 따른 반사적인 불응의 태도) 정보를 입수함에 따른 부정적인 영향이다. 이는 조세회피요인 중 동료집단의 조세회피 정도와 일치한다.

④ 능력요인

능력요인에는 경제적 능력의 결핍과 정보획득의 지적(인지)능력 부족을 들 수 있다. 즉 경제적 능력이란 그냥 물질적인 의미의 경제적 능력의 결핍을 의미하는 것이고, 정보획득의 인지능력은 물질이 아닌 知的인 의미의 능력결핍을 의미한다. 아무리 충분한 정보를 제공해도 결코 이해할 수 없는 사람이 있는 것이다. 조세회피요인 중 경제적 능력은 조세부담감에 해당되고, 정보획득의 지적(인지)능력 부족은 세제의 복잡성에 의한 이해부족이 해당될 수 있다.

(3) 정책담당기관요인

정책담당기관요인에서는 정책담당기관의 신뢰성과 정통성으로 크게 구분해 볼 수 있다. 여기에서 조세회피요인과 중복되는 요인으로는 정책담당기관의 정통성과 연계될 수 있는 정부에 대한 신뢰도가 있다.

① 신뢰성

정책담당기관의 신뢰성에는 국민연금정책 목적의 순수성, 국민연금기금의 운용상의 능력, 국민연금기금의 비유용성, 소득자료 신고의 비유출성, 정책담당공무원 태도의 일관성 등 5가지로 구분해 볼 수 있으며, 조세회피요인과 관련시켜 보면 정부의 신뢰도에 해당될 수 있다. 우선 국민연금정책 목적의 순수성이란 원래 국민연금제도란 국민의 소득중단 및 소득상실에 대비한 일종의 사회보장제도인데, 이러한 목적이 순수하지 못한 동기일 때, 즉 우리나라의 경우 내자동원을 위한 수단으로 목표대치현상으로 될 수 없다는 것으로서의 순수성이다. 다음으로 국민연금기금의 운용상의 능력인데, 이는 국민연금공단이 연금기금을 고갈시키거나 운용상의 능력에 대한 것이다. 다음으로 국민연금기금의 비유용성은 국민연금기금이 기금운용의 목적 이외에 유용되어서는 안 된다는 것으로서의 의미이다. 소득자료 신고의 비유출성은 국민들 자신의 소득자료 신고가 국세청의 소득파악 자료로 이용되는 등 다른 용도로 사용되어서는 안 된다는 것이다. 마지막으로 정책담당공무원 태도의 일관성은 정책대상자는 국민연금정책의 담당공무원 및 국민연금공단의 직원이 성실하고 일관성 있게 업무를 수행해야 된다는 의미이다.

② 정통성

정책담당기관의 정통성은 크게 국민적 지지(support), 국민적 요구(demand), 그리고 수단적 정당성(가치배분의 효율성)으로 구분해 볼 수 있다. 국민적 지지와 국민적 요구는 사전적인 정당성을 획득하는 방법을 의미하고, 수단적 정당성은 사후적인 정당성을 획득하는 방법이다. 어떤 경우에 의하든 국민들로부터 정당성을 부여받지 못하면, 당해 정책이 효율적으로 목표를 달성할 수 없을 뿐만 아니라 정부 및 정치체제 자체가 심각한 위협에 처하게 되는 것이다.

2. 표본의 선정 및 조사분석방법

본 연구의 대상은 만 18세 이상 60세 미만의 대한민국 국민으로서 국민연금의 당연적용 가입대상자 중 현재 국민연금의 가입 여부와는 상관없이 지역가입대상자로 한정하고자 한다. 지역가입대상자란 구체적으로 시·군지역의 자영업자, 농어민, 그리고 5인 미만 사업장 근로자에 해당될 것이다(단, 5인 이상 사업장 근로자나 그 사업주는 제외함).

그리고 본 연구의 타당성 확보를 위해서 국민연금 가입대상자 전체를 대상으로 한 모집단을 통한 전수조사를 해야 할 것이나, 본 연구에서는 지역적 범위를 부산 및 경남지역에 한정하고자 한다.

경험적 연구를 위한 자료의 수집은 다단계표본추출방법(muli-stage sampling method)을 사용하고자 하는데, 초기단계에서는 층화무작위 표본추출방법(stratified random sampling method)을 병행하였다. 구체적으로 살펴보면, 본 연구의 표본지역인 부산과 경남지역의 선택은 편의표본추출(convenience sampling)방법을 취한 결과이다. 즉 본 연구의 대상지역을 부산과 경남지역에 한정하였는데, 이는 전국을 대도시지역인 광역시 및 특별시와 일반적인 道지역으로 구분하여 본 연구자의 편의에 따른 것이다. 그리고 부산과 경남지역은 다시 대도시지역, 市지역, 그리고 郡지역이라는 기준으로 구분해 볼 수 있는데, 이는 부산지역을 대도시지역으로 경남지역을 市지역과 郡지역으로 나눌 수 있기 때문이다. 이 중 부산지역은 여러 개의 區 중에서 대도시의 특성을 가지는 1개의 區를 단순무작위 표본추출(simple random sampling)로 선택하고자 하며, 경남지역은 층화표본추출(stratified sampling)방법을 통하여 市지역과 郡지역을 기준으로 표본을 추출하되, 무작위표본추출의 방법으로 市지역과 郡지역을 각각 1개 지역으로 최종 표본 추출하였다. 따라서 이상의 다단계표본추출방법으로 대도시지역은 부산의 중구, 市지역으로는 진주시, 郡지역으로는 함양군(거창군)을 각각 표본으로 추출하였다.

이렇게 추출된 3곳의 표본지역은, 자료수집의 편의를 위해서 각 지역별로 2001년 11월 말부터 12월 말까지 실시하였는데, 부산광역시, 진주시, 함양군에 소재하는 초·중·고·대학교의 학부모를 대상으로 하였다(연구대상자의 고른 연령분포를 얻어 대표성을 확보하기 위함임). 각 지역별 대상 학교의 선정은 각 지역별(부산, 진주, 함양과 거창)로 지역을 대표할 수 있는 대표적인 사례(impressive modal instance model)를 선정했다.

구체적으로는 부산광역시의 경우는 동의대학교를 비롯한 초ㆍ중ㆍ고등학교였으며, 진주시의 경우 경상대학교를 포함한 초ㆍ중ㆍ고등학교를, 함양군의 경우는 초ㆍ중ㆍ고등학교를 선정하였는데, 특히 함양군의 경우 대학의 부재로 인하여 인근지역의 대학인 거창전문대학을 그 대상으로 자료를 수집하였다. 이렇게 추출된 표본지역을 대상으로 총 650매의 설문지를 배포한 결과, 회수된 설문지는 479매였으며 이 가운데 최종적인 분석의 대상이 된 유효한 설문지는 447매이다(회수율은 73.7%이고, 유효율은 68.8%).

　　자료의 분석을 위해서 독립변수 중에서 정책요인(정책의 소망성, 정책의 명확성, 정책의 일관성, 그리고 정책의 실효성), 정책대상집단요인(인구사회경제적 요인, 심리요인, 준거요인, 그리고 능력요인), 그리고 정책담당기관요인(신뢰성, 정통성)은 리커트 5점 척도(Likert Scale)로, 정책대상집단요인 중 인구사회경제학적 요인은 명목척도로, 그리고 종속변수인 불응행태(국민연금 미가입, 소득하향신고, 비합법적인 방법에 의한 납부예외, 보험료 체납) 역시 명목척도로 구성하여 이분법적인 가변수(dummy variables)를 구성하여 이용하였다. 이러한 1차 자료를 토대로 SPSS 통계 프로그램을 사용하여 빈도분석, 요인분석, 신뢰도분석, 분산분석, 로지스틱 회귀분석, 그리고 판별분석을 실시하고자 한다. 즉, 자료의 분석은 첫째, 응답자의 현황 및 특성을 분석하기 위해 빈도분석(Frequency Analysis)을 사용하였다. 둘째, 불응영향요인에 대해 척도를 구성함에 있어 타당성 및 신뢰성을 확보하기 위해 신뢰도분석(Reliability Analysis) 및 요인분석(Factor Analysis)을 사용하였고 셋째, 구성한 척도를 토대로 불응에 대한 불응영향요인의 가설검증을 위해 로지스틱 회귀분석(Logistic Regression Analysis)을 사용하였다. 마지막으로 인구사회학적 배경요인만을 독립변수로 선정하여 이에 대한 예측력을 검증하기 위해 판별분석(Discriminant Analysis)을 실시하였는데, 판별분석은 판별함수를 구성하여 이에 대한 유용성을 판단하기 위함이다.

제 4 장

국민연금제도에 대한 실증적 조사결과의 분석

제1절 표본의 특성

본 연구의 실증분석을 위해 추출된 응답자의 구성을 살펴보기 위해 빈도분석을 한 결과가 다음 페이지의 <표 4-1>에 나타나 있다.

인구사회학적 요인에 따른 표본의 특성을 살펴보면 우선, 성별은 남자가 312명 (69.8%)이고 여자가 135명(30.2%)으로 나타나, 상대적으로 남자가 여자보다 2배 이상의 많은 응답비율을 차지하고 있음을 알 수 있다. 연령은 20세 미만이 6명(1.3%), 20~29세가 21명(4.7%), 30~39세가 98명(21.9%), 40~49세가 272명(60.9%), 50~59세가 45명(10.1%), 그리고 60세 이상이 5명(1.1%)으로 나타나, 전체 응답자 중 40대가 60% 이상으로 반수 이상을 차지했으며, 다음으로 30대(21.9%)와 50대(10.1%)의 순으로 분포되어 있는 것을 볼 수 있다.

학력(교육수준)으로는 초등졸 이하가 34명(7.6%), 중졸이 54명(12.1%), 고졸이 225명(50.3%), 대졸이 112명(25.1%), 그리고 대학원졸 이상이 22명(4.9%)으로서, 고졸 출신이 과반수를 차지하였고 다음으로 대졸(25.1%), 중졸, 초등졸 및 대학원졸의 순으로 나타났다.

가구별 월평균 소득수준의 경우는 100만원 미만이 71명(15.9%), 100~200만원 미만이 195명(43.6%), 200~300만원 미만이 134명(30.0%), 300~400만원 미만이 24명 (5.4%), 그리고 400만원 이상이 23명(5.1%)으로 나타나, 100~300만원 미만이 전체 응답자 중 73.6%를 차지하고 있음을 볼 수 있다.

소득원은 근로자 및 종업원의 소득원인 근로소득은 153명으로 34.2%를 차지하고 있고, 자영업자나 4인 이하 사업장의 사업주 및 농어민의 소득원인 사업소득은 근로소득보다 훨씬 많아 294명으로 65.8%를 차지하고 있다.

응답자의 직업에 따른 직종을 살펴보면, 농업 및 어업에 종사하는 농어민의 경우는 92명(20.6%), 4인 이하의 사업장에서 근무하는 근로자(봉급생활자 및 종업원)는

123명(27.5%), 사업자 등록을 하고 과세소득이 있는 4인 이하를 고용하여 사업하는 사업자(자영업자)는 103명(23.0%), 구멍가게, 노점상 등 사업자 등록의무가 없는 영세상인은 99명(22.2%), 그리고 임시직, 일용직, 시간제 등 불안정 고용근로자는 30명(6.7%)으로 나타났다. 전제 응답자 중 일반근로자(봉급생활자 및 종업원)와 사업자 등록을 한 자영업자가 각각 27.5%와 23.0%로 가장 많은 분포를 이루고 있으며, 다음으로 영세상인 및 농어민으로 각각 22.2%와 20.6%를 차지하고 있다.

〈표 4-1〉 표본의 특성

(단위: 명, %)

요 인	범 주	응답자 수(n)	응답자 비율(%)
성 별	남 자	312	69.8
	여 자	135	30.2
	계	447	100.0
연 령	20세 미만	6	1.3
	20-29세	21	4.7
	30-39세	98	21.9
	40-49세	272	60.9
	50-59세	45	10.1
	60세 이상	5	1.1
	계	447	100.0
학력(교육수준)	초등졸 이하	34	7.6
	중 졸	54	12.1
	고 졸	225	50.3
	대 졸	112	25.1
	대학원졸 이상	22	4.9
	계	447	100.0
소득수준	100만원 미만	71	15.9
	100~200만원 미만	195	43.6
	200~300만원 미만	134	30.0
	300~400만원 미만	24	5.4
	400만원 이상	23	5.1
	계	447	100.0

요 인	범 주	응답자 수(n)	응답자 비율(%)
소득원	근로소득	153	34.2
	사업소득	294	65.8
	계	447	100.0
직종(직업)	농어민	92	20.6
	근로자(종업원)	123	27.5
	사업자(자영업자)	103	23.0
	영세상인	99	22.2
	불안정 고용근로자	30	6.7
	계	447	100.0
거주지역	대도시(광역시 이상)	145	32.4
	중소도시	127	28.4
	군(郡)지역	175	39.1
	계	447	100.0

거주지역별로는 광역시 이상의 대도시 지역에 거주하는 응답자는 145명으로 32.4%, 중소도시 지역은 127명으로 28.4%, 그리고 郡지역에 거주하는 경우가 175명으로 39.1%를 차지하고 있음을 볼 수 있는데, 지역별 응답자는 대체로 고른 분포를 이루고 있음을 알 수 있다.

제 2 절 불응 및 불응요인에 관한 응답결과의 특성

여기에서는 국민연금 가입대상자로서 본 조사에 응한 주관 및 객관적인 평가로서, 이들이 전반적으로 국민연금제도의 시행에 따른 국민연금 가입대상자들의 불응의 유형별 응답결과와 이러한 불응의 유형별 응답결과에 영향을 미친다고 볼 수 있는 불응영향요인에 대해 살펴보고자 한다.

1. 불응에 관한 빈도분석

국민연금 가입대상자의 불응에 관한 문항별 빈도분석의 결과를 구체적으로 살펴보면 다음의 <표 4-2>에 나타나 있다. <표 4-2>를 살펴보면, 불응의 유형에 관한 4가지 변수를 측정하기 위한 총 5개의 문항과, 측정결과 인위적으로 만든 새로운 변수, 즉 불응의 정도변수[1]를 추가하여 구성하였다.

---

1) 불응의 정도는 설문조사표에는 없는 지표로서, 국민연금 가입 여부 변수와 소득하향신고 여부 변수를 조합하여 만든 새로운 종속변수를 의미하는 것으로, 적극적 불응이란, 국민연금제도 그 자체에 대해서는 인정을 하더라도 보다 강하게 불응하는 유형으로서, 일정한 이유에 의해 가입을 거부한다든지, 혹은 본인이 실제 가입신고를 따로 하지 않고 있다 하더라도 국민연금공단의 직권 혹은 동(면)사무소의 직권으로 가입을 강제했을 경우에 개인적인 사정을 들어 비합법적인 방법으로 납부예외자로 신청하는 경우이다. 즉 국민연금에 가입하지 않거나(미가입) 혹은 가입을 하더라도 자신의 (유예)신청에 의해 납부예외자로 분류된 경우이다. 소극적 불응이란, 역시 국민연금제도 그 자체를 인정하여 어쩔 수 없이 가입은 했지만 소극적으로 불응하는 것으로서, 실제 정상적인 소득신고를 하지 않는 경우에 해당된다. 즉 소극적 불응은 국민연금에 가입은 했지만 소득을 하향 신고한 경우를 의미한다. 반면에 순응은 국민연금에 가입하면서 소득을 정확하게 신고하는 경우를 말한다.

우선, 국민연금의 가입 여부를 살펴보면, '가입했다'가 384명으로 전체의 85.9%를 차지하고 있고, '가입하지 않았다'가 63명으로 14.1%를 차지하고 있음을 보여주고 있다. 이는 우리나라 전체 국민연금 가입자 비율이 96.6%인 것과 비교해 볼 때 (2002. 4. 15. 현재), 본 조사에 응한 응답대상자들은 비교적 낮은 가입률을 보이고 있음을 볼 수 있다.[2] 즉 본 조사의 응답자들은 비교적 높은 불응의 양상을 나타내고 있음을 알 수 있다.

가입과 관련된 납부예외자를 살펴보면, 우선 전체 가입자 384명 중 8명인 2.1%가 납부예외자로 나타났고, 나머지 376명인 97.9%는 납부예외자가 아닌 납부대상자로 분류된 것으로 응답하였다. 이는 우리나라 전체 국민연금 가입자 중 납부예외자의 비율 42.9%(2002. 4. 15. 현재)와 비교해 볼 때, 본 조사대상자의 경우 납부예외자로 응답한 비율이 상당히 낮은 수치로 나타나고 있음을 알 수 있다.[3] 그리고 납부예외자인 경우 납부예외의 방법으로는 국민연금공단 혹은 동·면사무소의 통보(결정)에 따른 경우가 전체 납부예외자 8명 중 5명으로 나타났고, 본 연구의 (적극적)불응에 해당하는 자신의 신청(유예신청)에 따른 경우가 3명으로 나타났다.

따라서 가입 여부와 관련하여 불응이라 할 수 있는 사례는, 미가입자로 분류된 63명과 자신의 신청(유예신청)에 따라 납부예외자로 분류된 3명으로서, 전체 442명 중 66명인 14.9%에 해당된다고 볼 수 있다.[4] 그리고 가입 여부와 관련한 순응의 경우는 전체 442명 중 납부대상자 376인 85.1%가 이에 해당될 수 있다. 다만 가입 여부와 관련한 불응 및 순응의 합계가 442명인 것은, 전체 표본 447명 중에서 국민

---

2) 본 조사의 가입률이 전국 평균가입률에 비해 낮은 이유는, 본 조사의 응답자들은 지역가입대상자에 한정하였고, 전국 가입률은 지역가입대상자와 더불어 직장가입대상자를 포함한 수치이기 때문에 당연히 전국 평균가입률이 높을 것으로 추정된다.
3) 본 조사와 관련하여 납부예외자 비율이 낮은 것은 본 연구의 대상이 초·중·고·대학생의 학부모를 대상으로 조사하였기 때문인데, 이는 학생들의 학부모들이 대부분 경제활동을 하는 납부대상자이기 때문인 것으로 추정된다.
4) 납부예외자로 분류되는 절차 및 방법 중에서 자신의 신청(유예신청)에 의한 납부예외자가 모두 정부정책에 대한 불응이라고 단언하기에는 다소 불합리한 것으로 보일 수도 있다. 그러나 이러한 경우 자신의 유예신청은 비합법적인 경우가 많으며, 그리고 본 연구자 및 국민연금공단의 경험에 비추어 볼 때 대체적으로 불응이라는 것이다.

연금공단의 결정·통보에 의한 납부예외자 5명이 빠졌기 때문인데, 이는 불응도 순응도 아닌 것으로 판단하였기 때문이다.

〈표 4-2〉 불응의 유형별 응답결과

(단위: 명, %)

가입 여부(n=447)			
가 입 384(85.9)			미가입 63(14.1)
납부예외자 8(2.1)		납부대상자 376(97.9)	미가입자(적극적불응) 63(14.1)
결정통보 5(1.3)	유예신청 (적극적불응) 3(0.8)		
합계[1] 442(100.0)	순 응376(85.1)		적극적 불응66(14.9)
불응의 정도[2](n=442)			
순 응		불 응	
가입+실제소득신고 228(51.6)		소극적 불응 148(33.5)	적극적 불응 66(14.9)
소득하향신고여부(n=376)			
실제소득신고(순응) 228(60.6)		소득하향신고(소극적 불응) 148(39.4)	

※ 적극적 불응(n=66)=미가입자(63)+유예신청에 의한 납부예외자(3)
　 소극적 불응(n=148)=소득하향신고
　 순응(n=228)=가입+실제소득신고

주1) 가입 여부와 관련한 불응과 순응의 합계 및 새로운 변수인 불응의 정도가 442명인 것은, 국민연금공단의 결정·통보에 의한 납부예외자 5명을 순응으로 볼 수 없으며, 불응 역시 해당되지 않기 때문에 전체 447명에서 5명을 뺀 수치이다.

주2) 불응의 정도는 본 연구의 불응분류모형(제2장의 〈그림 2-5〉)을 적용한 것으로 능동적·참여적 불응과 수동적 불응, 그리고 순응 중에서 수동적 불응과 순응에 한정하였다. 여기서 수동적 불응이란, 적극적 불응과 소극적 불응을 의미하는 것으로, 적극적 불응은 국민연금에 가입하지 않거나(미가입) 혹은 가입을 하더라도 자신의 (유예)신청에 의해 납부예외자로 분류된 경우를 말하고, 소극적 불응은 국민연금에 가입은 했지만 소득을 하향 신고한 경우를 의미하며, 순응은 국민연금에 가입하면서 소득을 정확하게 신고하는 경우를 말한다.

다음으로 이상의 국민연금 가입 여부와 소득하향신고 여부를 조합하여 불응의 정도라는 새로운 변수를 만들었는데, 여기에서는 우선 크게 불응과 순응으로 구분하고 불응을 다시 적극적 불응(국민연금 미가입자와 자신의 신청에 의한 납부예외자)과 소극적 불응(소득하향신고)으로 구분하였다. 구체적으로 살펴보면, 우선 불응(적극적 불응＋소극적 불응)은 전체 442명5) 중 214명으로 48.4%를 차지하고 있으며, 순응(국민연금의 가입＋가입 시 실제소득의 신고)은 228명으로 51.6%를 차지하고 있어 본 조사에 응답한 대상자들은 국민연금제도에 대한 불응과 순응의 비율이 대체로 비슷한 반응으로 나타났다. 그리고 불응의 응답을 한 대상자들을 구체적으로 살펴보면, 적극적 불응으로 분류된 국민연금제도의 미가입자와 자신의 신청에 의한 납부예외자가 각각 63명과 3명으로 총 66명이 해당됨으로써 전체의 14.9%를 차지하고 있고, 소극적 불응인 소득하향신고자는 148명으로 전체 33.5%의 비율을 나타내고 있다.

마지막으로 가입자의 소득하향신고 여부에 대한 응답결과를 살펴보면, 전체 가입자 384명 중 납부예외자로 응답한 8명을 제외한 376명이 응답대상이 된다. 응답결과를 살펴보면 전체 376명 중 228명인 60.6%가 소득신고기준에 의한 실제소득을 정확하게 신고했다고 답변했고, 나머지 148명인 39.4%가 소득을 실제 소득이 아닌 하향 신고한 것으로 응답했다.

2. 불응요인에 관한 빈도분석

국민연금 가입대상자들의 불응에 영향을 미친다고 생각되는 불응영향요인을 정책요인(정책의 소망성, 정책의 명확성, 정책의 일관성, 정책의 실효성)과 정책대상집단

---

5) 불응의 정도에 해당되는 표본이 442명으로 전체 응답자 447명보다 5명이 적은 것은 국민연금공단의 결정・통보에 의한 납부예외자 5명을 제외시켰기 때문인데, 이는 순응도 불응도 아니기 때문이다.

요인(인구사회경제적 요인, 심리적 요인, 준거집단요인, 능력요인) 그리고 정책담당 기관요인(신뢰성과 정통성)으로 크게 3가지로 나누어 각 요인에 대하여 빈도분석을 하였다. 그 결과를 살펴보면 다음의 <표 4-3>부터 <표 4-5>까지 이다.

1) 정책요인에 관한 빈도분석

정책요인과 관련된 불응영향요인의 의미는 국민연금정책이 갖추어야 할 요건을 충족하지 못함으로써 정책대상집단으로부터 불응을 받게 되는 경우를 말한다. 이는 국민연금제도가 갖추어야 할 당위적이고 규범적인 측면에서 정책대상집단에게 실제로 필요하거나 요구되는 것 혹은 바람직한 것까지 내용으로 포함하고 있어야 함을 의미한다. 정책요인과 관련된 불응영향요인으로는 정책의 소망성, 정책의 명확성, 정책의 일관성, 그리고 정책의 실효성 등을 들 수 있는데, 이에 대한 분석결과가 다음의 <표 4-3>에 제시되어 있다.

〈표 4-3〉 정책요인에 관한 응답결과

(단위: 명, %)

정책의 소망성	국민연금제도의 필요성	국민연금제도의 시행시기 적절성	소득신고기 준의적 절성	소득재분배 효과	전 체
평 균	3.35	2.72	3.09	2.82	3.00
표준편차	1.13	.99	1.10	1.10	.63
정책의 명확성	정책결정과정의 참여성	정책기준·내용의 비모호성	정책의 사실 비왜곡성	정보공개의 수준	전 체
평 균	2.56	2.56	2.50	2.53	2.54
표준편차	1.08	1.04	1.03	1.01	.69
정책의 일관성	정책내용의 시간적 일치성		정책내용의 공간적 일치성		전 체
평 균	3.05		2.96		3.00
표준편차	1.03		1.05		.80
정책의 실효성	사회적 제재의 필요성	정책수단(인적)의 필요성	정책수단(물적)의 필요성	기대·현실간의 일치성	전 체
평 균	2.88	3.71	3.72	2.35	3.16
표준편차	1.36	1.22	1.21	.92	.71

(1) 정책의 소망성에 관한 응답결과

정책의 소망성이란, 바람직한 정책의 정도를 의미하는 것으로 정책의 실질적 내용이 바람직스러워야 정책대상집단이 쉽게 순응할 수 있다는 것이다. 즉, 정책목표가 바람직스러워야 하고 정책수단이 정책목표 달성을 위해 바람직하게 설정되어야 한다는 것이다. 이러한 정책의 소망성에 관한 국민연금 가입대상자의 인식을 알아보기 위한 항목으로서 국민연금제도의 필요성, 국민연금제도의 시기의 적절성, 소득신고기준의 적절성, 그리고 소득재분배 효과의 필요성 등 4가지 항목으로 나타나 있다.

우선 전체적인 응답결과를 살펴보면 평균 3.00으로서 정책의 소망성 측면에서 보통(그저 그렇다)으로 나타났다. 구체적으로 살펴보면, 국민연금제도의 필요성 항목은 평균 3.35로서 필요성을 조금 느끼고 있는 것으로 나타났다. 1999년 4월 1일에 시행한 국민연금제도의 시기의 적절성 항목은 평균 2.72로 제도의 시행시기가 다소 적절하지 못한, 즉 조금은 시기상조인 것으로 나타났다. 소득신고기준의 적절성 항목은 평균 3.09로서 신고자의 실제소득과 비교해 볼 때, 소득신고기준은 실제소득보다 많게 되어 있지 않은, 즉 보통으로 응답한 것으로 나타났다. 마지막으로 소득재분배 효과 항목은 평균 2.82로서 국민연금제도의 소득재분배 효과에 대해서는 다소 부정적인 시각을 가지고 있는 것으로 나타나고 있다. 따라서 전체를 종합해 볼 때, 정책의 소망성 차원에서의 국민연금대상자들은 국민연금제도의 필요성은 다소 느끼지만, 제도의 시행시기나 소득재분배 효과에 대해서는 약간의 부정적인 반응을 보이는 것으로 나타났다.

(2) 정책의 명확성에 관한 응답결과

정책의 목표나 내용이 모호하거나 정확하게 알려지지 않음으로써 사실의 왜곡을 가져오면 정책대상집단은 이에 불응을 하게 된다는 것으로, 정책의 명확성은 정책대상집단의 순응을 위한 중요한 요인이 된다.

정책의 명확성에 대한 국민연금 가입대상자의 인식을 알아보기 위하여 정책결정과정의 참여성, 정책기준·내용의 비모호성, 정책의 사실 非왜곡성, 그리고 정보공개의 수준이라는 4가지 항목으로 구성되어 있다.

우선 전체적으로 살펴보면, 평균 2.54로서 국민연금 가입대상자들은 국민연금정책에 대해 조금은 명확하지 않은 것으로 응답했다. 구체적으로 살펴보면, 우선 정책결정과정의 참여성은 평균 2.56으로 연금제도의 결정과정에 국민들의 의사를 조금은 잘 반영하지 않는 것으로 나타났다. 다음으로 정책기준·내용의 비모호성은 평균 2.56으로 국민연금제도의 내용(기준이나 적용여부 등에 대한)이 다소 애매모호한 것으로 나타났다. 다음으로 정책의 사실 비왜곡성은 평균 2.50으로 정부는 국민연금제도를 시행함에 있어 국민들에게 제도 자체의 취지와 내용을 다소 왜곡한 것으로 응답했다. 마지막으로 정보공개의 수준 항목은 평균 2.53으로 정부는 국민연금제도를 시행함에 있어 국민들에게 시행상에 필요한 모든 관련 정보를 비교적 잘 전달하지 않는 것으로 나타났다. 정책의 명확성 차원에서 볼 때 이상의 4가지 항목을 종합해 보면, 정부는 국민연금제도를 시행함에 있어 국민들에게 국민연금제도에 관한 각종 정보를 제공함에 있어 조금은 소홀하게 대응한 것으로 나타났다.

(3) 정책의 일관성에 관한 응답결과

정책의 내용이 일관성을 잃는 경우에 정책불응이 야기된다. 일관성의 기준은 결정 및 집행규칙이 정책대상집단, 상황, 시간 공간에 따라 변함없이 지속·적용되는가의 의미이다. 본 연구에서는 정정길 교수가 제시한 것처럼, 시간적 측면의 일관성과 공간적 측면의 일관성을 묻는 2가지 문항으로 구성되어 있다.

전체적인 정책의 일관성의 정도를 살펴보면 응답자들은 평균 3.00인 보통으로 응답한 것으로 나타났다. 구체적으로 살펴보면, 우선 국민연금제도의 연금가입조건이나 보험료, 연금보험의 수급 등이 매년 변함이 있는가(정책기준 및 내용의 변경)를 알아보는 정책내용의 시간적 일치성은 평균 3.05로서 매년 변함이 있지도 혹은 변함이 없지도 않은 중간으로 응답을 하였다. 그리고 국민연금제도의 지역별·소득별 혹은 가입자 간에 연금가입조건이나 보험료, 연금보험의 수급 등에 차별이 있는지를 알아보기 위한 정책내용의 공간적 일치성 항목은 평균 2.96으로 나타나 정책대상집단 간의 차별성 역시 보통으로 응답한 것으로 나타났다.

따라서 정책의 일관성 차원에서 본 국민연금제도는 시간적으로나 공간적으로 보통인 것으로 나타났다.

(4) 정책의 실효성에 관한 응답결과

정책대상집단이 정부정책에 대해 순응하려면 정책이 효율적·실제적으로 잘 실행될 수 있는 주관적·객관적인 조건(여건) 및 상황, 그리고 순응확보수단 등을 필요로 할 것이다. 즉, 정부정책이 실질적·효과적인 목표를 달성하기 위해서는 정책(제도)이 정착되기 위한 조건(여건) 및 상황, 그리고 순응확보수단 등이 중요하다는 것이다. 그리고 이러한 제도정착을 위한 조건 및 여건이 존재함으로써 정책의 실효성은 확보된다. 즉 정책 자체의 목표를 달성할 수 있는 전제조건인 것이다.

따라서 정책요인으로서의 정책의 실효성은 매우 중요한 것으로 이를 위한 본 조사의 항목으로는 처벌의 강도(사회적 제재의 필요성), 정책수단의 확보(인적·물적자원의 확보), 그리고 기대·현실 간의 일치 여부 등으로 구성되어 있다.

우선 전체적으로 보면 평균 3.16으로서 정책의 실효성에 대해 보통으로 응답한 것으로 나타났다. 구체적으로 살펴보면, 우선 국민연금제도를 회피하거나 거부할 경우 과태료나 벌금 등의 사회적 제재가 필요한가에 대한 사회적 제재의 필요성 항목은 평균 2.88로서 보통에서 약간 떨어진(약간은 부정적인) 것으로 나타났다. 다음으로 국민연금제도를 시행하기 위한 인적자원의 필요성 항목을 살펴보면, 평균 3.71로 대체로 인적자원이 필요한 것으로 응답하였다. 그리고 국민연금제도를 시행하기 위한 물적 자원의 필요성 항목을 살펴보면, 평균 3.72로서 물적 자원 역시 그 필요성을 조금 많이 느끼고 있는 것으로 나타났다. 마지막으로 국민연금제도의 시행내용 및 시행결과가 평소 자신의 생각과 일치하고 있는지에 대한 기대·현실 간의 일치 여부 항목은 평균 2.35로 다소 부정적인 것으로 나타났다. 결과적으로 종합해 보면 정책의 실효성을 확보하기 위한 사회적 제재의 필요성은 약간 덜 느끼는 반면, 인적 물적인 정책수단에 대해서는 많은 필요성을 그리고 기대·현실 간의 일치 여부를 파악하는 심리적 만족 여부의 상태는 조금 불만족한 것으로 나타났다.

2) 정책대상집단요인에 관한 빈도분석

정책대상집단은 정책불응의 직접적인 반응 주체이다. 이는 정책대상집단이 국민연금제도로 인하여 직접 영향을 받는 사람과 그러한 요구를 충족시키기 위하여 행태의 변화가 요구되는 사람들을 의미한다. 정책대상집단과 관련된 불응영향요인으로는 사회적 배경요인, 태도요인, 그리고 능력요인 등이 있으나, 사회적 배경요인은 제2절 제1항의 표본의 특성에서 살펴보았고 태도요인과 관련하여 심리적 요인과 준거집단요인으로 구분하였으며, 그리고 능력요인도 아울러 조사·분석하였다. 이에 대한 분석결과가 다음의 <표 4-4>에 나타나 있다.

<표 4-4> 정책대상집단요인에 관한 응답결과

(단위: 명, %)

심리적 요인	심리적 거부감	심리적 무관심	전 체
평 균	3.44	3.32	3.38
표준편차	1.04	1.18	.96
준거집단요인	기존 가입자의 부정적 영향	타 공적 연금제도의 부정적 영향	전 체
평 균	3.19	3.06	3.13
표준편차	1.01	1.07	.89
능력요인	경제적 능력의 결핍	정보획득의 지적(인지)능력 부족	전 체
평 균	2.74	3.20	2.97
표준편차	1.07	1.07	.85

(1) 심리적 요인에 관한 응답결과

심리적 요인은 국민연금정책의 집행에 있어 정책대상집단이 발생시킬 수 있는 태도요인으로서 집행기관에 대한 권위의 정당성 인정부여와 집행기관에 대한 선호 및 적대적 태도 여부가 중요한 요인이 된다. 본 연구에서는 이를 크게 심리적 거부감과 심리적 무관심이라는 2가지 항목으로 구분하여 분석하였다.

우선 전체적으로 살펴보면 심리적 요인이 평균 3.38로 국민연금제도에 대해 조금은 심리적으로 거리가 있음을 알 수 있다. 구체적으로 살펴보면, 우선 국민연금제도에 대한 소득신고 및 보험료 납부 등이 귀찮게 느껴지는 심리적 거부감은 평균 3.44로서 다소 거부감을 인정하는 편이고, 국민연금제도에 대한 심리적 무관심은 평균 3.32로서 이 역시 조금은 무관심한 상태라는 것을 보여주고 있다.

따라서 국민연금제도에 대한 조사응답자들의 반응은 심리적으로 약간 무관심하거나 거부감이 있음을 알 수 있다.

(2) 준거집단요인에 관한 응답결과

태도요인과 관련한 요인으로서 준거집단요인이 있다. 이때 준거집단이라는 것은 크게 2가지로 구분해 볼 수 있는데, 하나는 이는 기존에 이미 국민연금에 가입한 가입자들을 하나의 집단으로 본 것이고, 또 한 집단은 국민연금이 아닌 다른 공적 연금(군인연금, 공무원연금, 사립학교교직원연금)에 가입한 가입자들의 집단인 것이다. 이렇게 준거집단을 2가지로 구분했을 때 이러한 집단의 영향은 중요한 것으로 판단되어 태도요인과 관련하여 불응영향요인으로 구성하였다.

전체적인 준거집단의 영향을 살펴보면 평균 3.13으로서 조금은 준거집단의 부정적인 영향이 있는 것으로 응답결과가 나타나 있다. 구체적으로 분류해 보면, 우선 기존 국민연금 가입자들의 부정적 영향은 평균 3.19로서 평균을 약간 넘는 부정적인 입장으로 나타났고, 타 공적 연금제도의 부정적인 영향은 평균 3.06으로서 보통에 가까운 응답을 했음을 나타내고 있다. 그리고 뚜렷한 차이는 없지만, 타 공적 연금제도의 부정적인 영향보다 국민연금의 기존 가입자들의 부정적인 영향이 더 많은 것으로 나타나고 있다(국민연금 기존 가입자들이 타 공적 가입자집단에 비해 0.13 정도 더 많이 부정적인 영향을 주고 있음을 볼 수 있다).

(3) 능력요인에 관한 응답결과

정책대상집단의 능력요인은 정책이 정책대상집단에게 어떤 행태변화를 요구하고 있는지를 자신들이 알지 못하는 경우에 불응이 발생하는 것으로 정책대상집단의 무지정도, 지적 능력 및 인지능력이 부족할 때 발생되기도 하고, 정책이 정책대상집단에게 요구하는 행동규범이 무엇인지를 알고 있다고 하더라도 정책이 요구하는 바에 순응하는 데 필요한 자원이 부족한 경우에도 불응이 발생한다는 것이다.

<표 4-4>에 나타난 분석결과를 살펴보면, 우선 전체적으로는 평균 2.97로서 거의 보통에 가까운 응답을 한 것으로 나타났다. 구체적으로 살펴보면, 우선 연금보험료를 납부할 수 있는 경제적 능력이 부족함을 의미하는 경제적 능력의 결핍은 평균 2.74로 나타나 경제적으로 어려워서 국민연금에 가입하지 않는 현상은 그렇게 많지 않은 것으로 나타났다. 다음으로 국민연금제도의 내용 및 그 의의를 잘 이해할 수 없음을 의미하는 정보획득의 지적(인지)능력의 부족은 평균 3.20으로 약간의 인지적인 능력부족이 있는 것으로 나타났다. 결과적으로 종합해 보면, 국민연금제도의 가입에 따른 경제적 부담은 많지 않지만 국민연금제도에 대한 정보획득 및 인지능력은 약간 부족한 것으로 나타났다.

3) 정책담당기관요인에 관한 빈도분석

일반적으로 정책집행자의 태도 및 신뢰성과 정책결정기관과 정책집행기관 및 집행관리의 인식 등이 정책불응요인으로 제시되고 있다. 국민연금정책과 관련된 정책담당기관(정책결정기관 및 정책집행기관)의 불응요인으로 본 연구에서는 신뢰성과 정통성으로 구분하였으며, 분석결과는 다음의 <표 4-5>에 제시되어 있다.

〈표 4-5〉 정책담당기관요인에 관한 응답결과

(단위: 명, %)

신뢰성	국민연금정책 목적의 순수성	국민연금기금의 운용능력 우수성	국민연금기금의 비유용성	소득신고자료의 비유출성	정책담당공무원 태도의 일관성	전 체
평 균	2.60	2.45	2.55	2.80	2.63	2.61
표준편차	1.01	.95	.99	.94	.91	.62

정통성	국민적 지지		국민적 요구		수단적 정당성 (가치배분 효율성)	전 체
평 균	2.72		2.53		2.97	2.74
표준편차	.97		1.02		1.09	.82

(1) 신뢰성에 관한 응답결과

정부정책을 성실하게 그리고 일관성 있게 집행하고, 평소에 믿을 만하고 태도가 성실 공정하면 정책대상집단은 정책의 내용에 쉽게 순응할 수 있다는 것이다. 이러한 의미에서의 신뢰성은 국민연금정책 목적의 순수성, 국민연금기금의 운용능력의 우수성, 국민연금기금의 비유용성, 소득신고자료의 비유출성, 그리고 정책담당공무원 태도의 일관성 등 5항목으로 구분하여 분석하였다.

우선 <표 4-5>를 살펴보면, 우선 전체적으로는 평균 2.61로서 신뢰성이 조금 떨어지는 것으로 나타났다. 구체적으로 살펴보면, 우선 국민연금정책 목적의 순수성 항목은 평균 2.60으로서 국민연금제도가 가지는 목적, 즉 국민의 노후보장과 소득상실에 대비한 사회보험으로서의 역할이 다소 의심스러운 상태이고, 국민연금제도의 의도가 다소 순수하지 못하다는 것으로 응답했음을 알 수 있다. 다음으로 국민연금기금의 운용능력 우수성 항목은 평균 2.45로서 국민연금공단의 국민연금기금에 대한 운용능력에 다소 의심스러운 상태임을 알 수 있다.

다음으로 국민연금기금을 기금 자체의 목적이 아닌 다른 목적으로(예컨대, 정치적 목적으로 충당한다든지 등의) 유용하지 않을 것이라는 국민연금기금의 비유용성 항목은, 평균 2.55로서 이 역시 국민들이 불안한 반응을 보이고 있는 것으로 나타나고 있다. 다음으로 자신이 신고한 소득자료 신고를 자신에게 불이익이 될 수 있는 다른 용도(국세청 보고 등)로 사용하지 않을 것이라는 소득신고자료의 비유출성 항목은 평균 2.80으로서 약간의 부정적인 견해를 나타내고 있다. 마지막으로 국민연금정책과 관련된 공무원 및 국민연금공단 직원의 일관성 있는 업무수행을 의미하는 정책담당공무원 태도의 일관성 항목은 평균 2.61로서 약간 부정적인 것으로 나타났다.

종합해 보면, 국민연금정책에 대한 정책담당기관의 신뢰성은 다소 떨어진 것으로 응답결과가 나타났는데, 이를 정리하면 국민연금제도 자체의 목적이 다소 순수하지 못하고, 국민연금기금의 운용능력도 조금 모자라며, 국민연금기금도 유용할 가능성이 약간 있으며, 소득신고자료도 자신에게 약간 불이익이 되는 다른 용도로 사용될 가능성이 어느 정도 있으며, 정책담당공무원의 태도도 일관성이 조금 부족한 것으로 분석되고 있는 것으로 나타나고 있다.

(2) 정통성에 관한 응답결과

정책담당기관의 정통성이 약하면 정책목표가 아무리 순수하더라도 일반국민들은 정부를 불신하여 아무런 이유 없이 정책을 싫어하게 되거나, 정책대상집단도 이를 기회로 자신에게 불이익을 주는 정책의 내용에는 순응하지 않으려고 할 것이다. 이는 정책담당기관이 비합법적으로 행동하거나 정책으로부터 부당한 이득을 획득할 것이라는 느낌으로부터 발생하고 따라서 정당성에 중대한 문제가 발생한다는 것이다. 정책담당기관과 관련한 정통성은 3가지 항목으로 조사하였다.

우선 전체적으로 살펴볼 때, 정책담당기관에 대한 정통성은 전체평균 2.74로서 다소 부정적인 견해를 나타내고 있다. 구체적으로 살펴보면, 우선 국민연금제도가 국민적 지지에 의한 합법적인 정책인가에 대한 국민적 지지 항목은 평균 2.72로서 조금 부정적인 응답결과를 보여주고 있고, 국민연금제도가 국민적 요구에 의한 합리적인 정책인가에 대한 국민적 요구 항목은 평균 2.53으로 국민적 지지보다 더 부정적인 견해를 밝히고 있다. 마지막으로 국민연금제도는 국민들이 추구하는 노후보장, 소득재분배 등을 위한 효율적인 정책인가에 대한 수단적 정당성(가치배분의 효율성)

항목은 평균 2.97로서 보통에 가까운 응답을 한 것으로 나타났다.

결과를 종합해 보면, 정책담당기관에 대한 정통성은 다소 부정적인 것으로 국민연금제도가 국민적 지지나 국민적 요구에 의한 정책에는 약간 거리감이 있는 것으로 나타나고 있다.

제 3 절 측정변수에 대한 척도의 구성

　다음은 제3장 제1절의 분석 모형을 중심으로 경험적 연구에 따른 가설을 검증하기 이전에, 3가지 대범주 요인(정책요인, 정책대상집단요인, 정책담당기관요인)에 따른 독립변수로서의 불응영향요인을 나타내는 9가지 측정변수(정책의 소망성, 정책의 명확성, 정책의 일관성, 정책의 실효성, 심리적 요인, 준거집단요인, 능력요인, 신뢰성, 그리고 정통성)[6]에 대해 요인분석(factor analysis)[7] 및 신뢰도분석(reliability analysis)을 통하여 척도(scale)를 구성하고자 한다. 요인분석은 다수의 상호 관련된 변수(문항)들을 보다 제한된 수의 차원(dimensions)이나 공통요인(common factors)으로 분류하여 다차원적인 척도를 구성하기 위함이고, 신뢰도분석은 척도를 구성하는 문항들에 대한 내적 일관성과 각 문항과 전체 척도와의 관계를 평가하여 척도의 정확성을 평가하기 위함이다. 그리고 척도의 구성에는 각 변수에 대한 해당 문항의 응답 값을 합산한 총화평정척도(summated rating scale)로 구성하였다.

---

6) 인구사회경제적인 요인은 표본의 특성에 관한 것으로 척도구성에서는 제외되었음.
7) 여기서의 요인분석은 탐색적 요인분석(exploratory factor analysis)이라기보다는 확인적 요인분석(confirmatory factor analysis)에 해당될 수 있을 것이다. 즉 이론적 논의에 의하여 그 측정구조의 형태가 강하게 가설화되고 이를 확인하기 위해 그 측정구조를 자료에 적용시켜본다는 의미에서이다. 이순묵, 공변량구조분석, 성원사, 1990, p. 132.

1. 정책요인에 대한 요인분석 및 신뢰도분석

1) 정책요인에 대한 요인분석

정책요인에 대한 변수로서는 정책의 소망성, 정책의 명확성, 정책의 일관성, 그리고 정책의 실효성 등의 4가지 변수로 구분하였다. 그리고 이러한 4가지 변수는 각각의 몇 가지 측정문항으로 구성하였는데, 즉 정책의 소망성은 국민연금제도의 필요성, 국민연금제도 시기의 적절성, 소득신고기준의 적절성, 그리고 소득재분배 효과성 등의 4가지 측정문항으로 구성하였고, 정책의 명확성은 정책결정과정의 참여성, 정책기준·내용의 비모호성, 정책의 사실 비왜곡성, 그리고 정보공개의 수준 등의 4가지 측정문항으로, 정책의 일관성은 정책내용의 시간적 일치성(정책기준 및 내용의 변경 여부)과 정책내용의 공간적 일치성(정책대상집단의 차별성 여부) 등의 2가지 문항으로 구성하였으며, 마지막으로 정책의 실효성은 사회적 제재의 필요성(처벌의 강도), 정책수단(인적·물적 자원)의 필요성(확보성), 그리고 기대·현실 간의 일치 여부 등의 4가지 측정문항으로 구성하였다. 그렇다면 이러한 측정문항들로 구성된 각각의 4가지 변수가 과연 공통요인에 따른 다차원적인 척도로 구성될 수 있는지에 대한 요인분석을 실시[8]하였는데, 그 결과는 다음의 <표 4-6>에 제시하였다.

---

8) 요인추출방법으로는 주성분분석(Principal Components)을 하였으며, 요인선정기준으로는 고유값(Eigenvalue)을 기준으로 1보다 큰 고유값을 갖는 요인만을 추출하였다. 그리고 요인회전의 방법으로는 베리멕스(Varimax) 회전의 방법을 선택하였다.

〈표 4-6〉 정책요인에 대한 요인분석결과

요인 문항	요인 I	요인 II	요인 III	요인 IV	공분산 (communality)
연금제도의 필요성	.757*	-8.311E-02	.289	2.359E-02	.665
연금제도시기 적절성	.673*	.258	-6.875E-03	5.198E-02	.522
소득재분배 효과	.636*	.201	4.924E-02	-.168	.475
정책결정과정 참여성	.469	.525*	5.411E-02	.254	.563
정책의 사실 비왜곡성	7.212E-02	.762*	4.822E-02	-1.473E-03	.588
정보공개의 수준	.219	.709*	6.534E-02	5.964E-02	.559
정책의 시간적 일치성	.298	.385*	-1.853E-02	2.596E-03	.237
정책의 공간적 일치성	-7.612E-02	.539*	-8.339E-02	-.146	.325
소득신고기준 적절성	-.235	-5.748E-02	.172	.779*	.695
정책기준의 비모호성	.276	-1.995E-02	-.426	.615*	.636
사회적 제재의 필요성	.187	.282	.598*	.243	.531
인적자원의 필요성	3.263E-02	-9.258E-02	.790*	-2.754E-02	.634
물적 자원의 필요성	.352	-8.382E-02	.431*	-.237	.372
고유값(Eigenvalue)	2.948	1.574	1.185	1.095	
PCT of VAR	22.680	12.112	9.113	8.422	
CUM PCT	22.680	34.791	43.904	52.325	

우선 본 연구자는 정책요인에 대한 요인분석을 여러 가지 방법으로 실시하였는데, 공통요인으로 구분되기에는 상당한 어려움이 있었다. 결국 정책요인에 대한 14개의 측정문항 중에서 한 개의 문항을 요인분석에서 제외시켜야 했었다. 즉 정책의 실효성을 측정하는 문항 중에서 마지막 14번 문항인 기대·현실 간의 일치 여부 항목을 뺀 나머지 13개의 측정문항으로 정책요인에 대한 요인분석을 함으로써 공통요인으로 구분 가능했던 것이다.

따라서 13개의 측정문항으로 요인분석을 실행하게 되었는데, 그 결과는 위의 <표 4-6>과 같다. 위의 <표 4-6>을 살펴보면, 우선 전체적으로 4가지 요인으로 추출되었음을 알 수 있다.

각각의 요인에 대해 구체적으로 살펴보면, 우선 요인 I 은 국민연금제도의 필요성과 국민연금제도의 시기의 적절성, 그리고 소득재분배 효과의 필요성 등의 3가지 문항으로 공통 요인화할 수 있을 것이다. 그리고 요인 I 의 3가지 측정문항에 대한 고유값(Eigenvalue)[9]은 2.948이고 요인부하값(Factor loading)[10]은 0.6 이상으로 상당히 높게 나타났으며, 공유치(Communality)[11]도 모두 0.4 이상으로 높게 나타났다. 따라서 요인 I 을 정책의 소망성으로 명명할 수 있을 것이다.

요인 II 는 정책결정과정의 참여성과 정책의 사실 비왜곡성, 정보공개의 수준, 정책내용의 시간적 일치성, 그리고 정책내용의 공간적 일치성 등 5개의 측정문항으로 공통요인화되었다. 그리고 요인 II 의 5가지 측정문항에 대한 고유값은 1.574이고, 요인부하값은 대체로 유의하다고(모두 0.3 이상으로 나타남) 할 수 있다. 그러나 공유치는 정책내용의 시간적 일치성 문항(.237)과 정책내용의 공간적 일치성 문항(.325)이 아주 낮게 나타났다. 따라서 요인 II 에서는 정책내용의 시간적 일치성 문항과 정책내용의 공간적 일치성 문항을 척도구성에서 제외하고자 하며, 이러한 2가지 문항을 제외한 나머지 3개의 문항으로 정책의 명확성이라 명명하고자 한다.

요인 III 은 사회적 제재의 필요성과 정책수단으로서의 인적자원의 필요성, 그리고 정책수단으로서의 물적 자원의 필요성 등의 3가지 측정문항으로 구성되어, 이를 정책의 실효성이라 명명할 수 있을 것이다. 그리고 요인 III 의 3가지 측정문항에 대한 고유값은 1.185이고 요인부하값은 모두 0.4 이상으로 유의한 것으로 나타났으며, 공

---

9) 고유값(Eigenvalue) 혹은 고유치란 특정요인에 적재된 모든 변수의 적재량을 제곱하여 합한 값으로 특정요인에 관련된 표준화된 분산(standardized variance)을 가리킨다.
   정충영·최이규, SPSSWIN을 이용한 통계분석, 무역경영사, 1998, p. 174.
10) 요인부하값(Factor loading)이란 각 변수와 요인 간의 상관관계의 정도를 나타내는 것으로, 일반적으로 ±0.3 이상이면 유의하다고 보지만 보수적인 기준은 ±0.4 이상으로 판단하기도 한다. 정충영·최이규, 전게서, p. 174.
11) 공유치(Communality)란 요인분석에서 공통요인(common factors)에 의해 설명되는 변수의 분산비율을 말하며, 변수에 대한 모든 요인적재량(factor loadings)을 제곱하여 합한 것이다. 이러한 공유치는 일반적으로 0.4 이하이면 낮다고 판정한다. 정충영·최이규, 전게서, p. 174-188.

유치는 정책수단(물적 자원)의 필요성 문항이 .372로서 조금 낮은 경향이 있으나 대체로 높게 나타난 편에 속한다고 할 수 있다.

마지막으로 요인Ⅳ는 소득신고기준의 적절성과 정책기준·내용의 비모호성으로 구성되었는데, 이는 하나의 개념을 측정하기 위한 다차원적 문항으로서의 개념적 정의가 모호하여 그대로 두고, 다음의 신뢰도분석에서 판단하고자 한다.[12]

이상과 같이 정책요인에 대한 요인분석결과를 정리하면, 13가지의 측정문항은 4가지 요인으로 구분되었으며, 요인Ⅰ은 22.7%를 요인Ⅱ는 12.1%, 요인Ⅲ은 9.1%, 그리고 요인Ⅳ는 8.4%를 설명함으로써 전체(누적) 52.3%를 설명하고 있다. 그리고 요인Ⅳ를 제외한 나머지 요인Ⅰ, 요인Ⅱ, 그리고 요인Ⅲ은 각각 정책의 소망성, 정책의 명확성, 그리고 정책의 실효성이라 명명할 수 있을 것으로 판단된다.

2) 정책요인에 대한 신뢰도분석

정책요인에 대한 요인분석결과 공통요인으로 추출된 4가지 요인(정책의 소망성, 정책의 명확성, 정책의 실효성, 그리고 미개념화된 변수)에 대한 각 문항들을 가지고 신뢰도분석을 한 결과를 다음의 <표 4-7>에 제시하였다. Cronbach의 α계수를 기준으로 분석결과를 살펴보면, 정책의 소망성과 정책의 명확성은 α계수가 모두 높게 나타나 아주 만족스러운 내적 일관성을 보여주고 있다. 그리고 정책의 실효성은 α계수가 .4315로 조금 낮은 수치이나 그냥 그대로 사용하기로 하였다. 그러나 미개념화된 변수는 α계수가 .2466으로 너무 낮은 수치를 보였다. 따라서 이 변수에 대해서는 척도구성에서 제외하기로 한다.

---

12) 요인Ⅳ로 분류된 소득신고기준의 적절성과 정책기준·내용의 비모호성 문항은 구성개념의 타당성(construct validity)에 의하면, 정책의 소망성과 정책의 명확성 변수를 측정하기 위한 문항이었었는데, 확인적 요인분석결과 이러한 두 문항이 새로운 요인(차원)으로 구성된 것이다.

<표 4-7> 측정변수의 척도구성에 따른 신뢰도분석

구 분	측정변수	문항 수	신뢰계수(alpha값)
정책요인	요인 I (정책의 소망성)	3문항(1, 2, 4)	.6240
	요인 II (정책의 명확성)	3문항(5, 7, 8)	.6745
	요인 III (정책의 실효성)	3문항(11, 12, 13)	.4315[주]

주) 정책의 실효성은 신뢰계수가 .4315로서 낮은 수치이나 그대로 사용하기로 하였다.
* 괄호 안은 설문지 문항번호임.

3) 척도의 구성

정책요인에 대한 요인분석결과, 정책의 명확성을 측정하기 위한 5문항 중에서 9번 문항과 10번 문항은, 요인분석결과 공유치(Communality)가 낮았기 때문에(9번 문항의 공유치는 .237이고, 10번 문항의 공유치는 .325이다) 척도의 구성에서 제외시켰다. 그리고 정책의 실효성에서는 13번 문항이 공유치가 낮았지만(.372), 13번 문항을 빼고 난 후의 신뢰도분석에서 α값이 오히려 더 낮아짐으로 인해(제외하기 전에는 .4315였으나, 13번을 제외하고 난 뒤의 α값은 .4095였다), 이는 그대로 두기로 하였다.

정책요인에 대한 신뢰도분석결과 요인IV인 미개념화된 변수를 측정하기 위한 2문항(정책내용의 시간적 일치성과 공간적 일치성)은 개념적 정의가 모호하고, 하나의 개념을 측정하기 위한 다차원적 문항이 되지 않을 뿐 아니라, 신뢰도분석 결과 신뢰계수(α값)가 너무 낮아(.2466), 본 연구의 척도구성에서 제외하기로 한다.

따라서 정책요인에 대한 척도는 정책의 소망성(1, 2, 4번 문항), 정책의 명확성(5, 7, 8번 문항), 그리고 정책의 실효성(11, 12, 13번 문항)으로 한정하고자 한다.

2. 정책대상집단요인에 대한 요인분석 및 신뢰도분석

1) 정책대상집단요인에 대한 요인분석

정책대상집단요인에 대한 변수로서는 인구사회경제적인 요인을 제외하면 심리적 요인, 준거집단요인, 그리고 능력요인 등의 3가지 변수로 구분하였다. 그리고 이러한 3가지 변수는 각기 몇 가지 측정문항으로 구성하였는데, 즉 심리적 요인은 심리적 거부감과 심리적 무관심 등의 2가지 측정문항으로 구성하였고, 준거집단요인은 기존 가입자의 부정적 영향과 타 공적 연금제도의 부정적 영향 등의 2가지 측정문항으로 구성하였으며, 마지막으로 능력요인은 경제적 능력의 결여와 정보획득의 지적(인지)능력 부족 등의 2가지 문항으로 구성하였다. 이러한 측정문항들로 구성된 3가지 변수가 과연 공통요인에 따른 다차원적인 척도로 구성될 수 있는지에 대한 요인분석을 실시[13]하였는데, 그 결과는 다음의 <표 4-8>에 제시하였다.

〈표 4-8〉 정책대상집단요인에 대한 요인분석결과

문 항 \ 요 인	요인 I	요인 II	요인 III	공분산(communality)
심리적 거부감	.858*	.161	-6.455E-02	.766
심리적 무관심	.769*	.193	.252	.692
기존 가입자 부정적 영향	.268	.795*	.146	.724
타 연금의 부정적 영향	4.600E-02	.881*	-1.187E-02	.778
경제적 능력의 결여	1.349E-03	.121	.910*	.843
지적(인지)능력 부족	.492	-4.027E-02	.557*	.554
고유값(Eigenvalue)	2.317	1.131	.910	
PCT of VAR	38.620	18.846	15.167	
CUM PCT	38.620	57.465	72.633	

---

13) 요인추출방법으로는 주성분분석(Principal Components)을 하였으며, 요인선정기준으로는 요인의 수를 지정하여 추출하였다. 그리고 요인회전의 방법으로는 베리멕스(Varimax) 회전의 방법을 선택하였다.

<표 4-8>을 살펴보면, 우선 전체적으로 3가지 요인으로 추출되었음을 알 수 있다.

각 요인에 대해 구체적으로 살펴보면, 우선 요인Ⅰ은 예상했던 것처럼 심리적 거부감과 심리적 무관심 등의 2가지 문항으로 공통요인화할 수 있을 것이다. 그리고 요인Ⅰ의 3가지 측정문항에 대한 고유값은 2.317이고 요인부하값은 0.7 이상으로 상당히 높게 나타났으며, 공유치도 모두 높게 나타났다. 따라서 요인Ⅰ을 심리적 요인으로 명명할 수 있을 것이다.

요인Ⅱ는 기존 가입자의 부정적 영향과 타 공적 연금제도의 부정적 영향 등 2개의 측정문항으로 공통요인화되었다. 그리고 요인Ⅱ의 2가지 측정문항에 대한 고유값은 1.131이고, 요인부하값은 각각 .881과 .795로서 상당히 높게 나타났으며, 공유치 역시 아주 높은 수치를 보이고 있다. 요인Ⅱ를 준거집단요인이라 할 수 있을 것이다.

요인Ⅲ은 경제적 능력의 결여와 정보획득의 지적(인지) 능력 부족 등의 2가지 측정문항으로 구성되어, 이를 능력요인이라 명명할 수 있을 것이다. 그리고 요인Ⅲ의 3가지 측정문항에 대한 고유값은 .910으로 다소 낮은 수치이나 그대로 사용하고자 한다. 아울러 요인부하값은 .5 이상으로 모두 높은 수치로 나타났으며, 공유치 역시 .5 이상으로 높은 수치를 보여주고 있다.

이상과 같이 정책대상집단에 대한 요인분석결과를 정리하면, 6가지의 측정문항은 3가지 요인으로 구분되었으며, 요인Ⅰ은 38.6%를 요인Ⅱ는 18.8%, 그리고 요인Ⅲ은 15.2%를 설명함으로써 전체(누적) 72.6%를 설명하고 있다. 그리고 요인Ⅰ, 요인Ⅱ, 그리고 요인Ⅲ은 각각 심리적 요인, 준거집단요인, 그리고 능력요인으로 구분되었다.

2) 정책대상집단요인에 대한 신뢰도분석

정책대상집단요인에 대한 요인분석결과 공통요인으로 추출된 3가지 요인(심리적 요인, 준거집단요인, 그리고 능력요인)에 대한 각 문항들을 가지고 신뢰도분석을 한 결과를 다음의 <표 4-9>에 제시하였다. Cronbach의 α계수를 기준으로 분석결과를 살펴보면, 심리적 요인과 준거집단요인은 모두 .6 이상으로 모두 만족스러운 내적 일관성을 보여주고 있다. 그리고 능력요인은 α계수가 .4234로 조금 낮은 수치이나 그냥 그대로 사용하기로 하였다.

<표 4-9> 측정변수의 척도구성에 따른 신뢰도분석

구 분	측정변수	문항 수	신뢰계수(alpha값)
정책대상 집단요인	요인 I (심리적 요인)	2문항(15, 16)	.6619
	요인 II (준거집단요인)	2문항(17, 18)	.6468
	요인 III(능력요인)	2문항(19, 20)	.4234[주]

주) 능력요인은 신뢰계수가 .4234로서 다소 낮은 수치이나 그대로 사용하기로 하였다.
* 괄호 안은 설문지 문항번호임.

3) 척도의 구성

정책대상집단요인에 대한 6개 문항을 요인분석 및 신뢰도 분석한 결과, 모든 문항을 척도의 구성에 포함시키기로 하였다. 따라서 정책대상집단요인과 관련된 척도로서는 심리적 요인(15, 16번 문항), 준거집단요인(17, 18번 문항), 그리고 능력요인(19, 20번 문항)으로 구분하고자 한다.

3. 정책담당기관요인에 대한 요인분석 및 신뢰도분석

1) 정책담당기관요인에 대한 요인분석

정책담당기관요인에 대한 변수로는 신뢰성과 정통성의 2가지 변수로 구분하였다.

그리고 이러한 2가지 변수는 각기 몇 가지 측정문항으로 구성하였는데, 즉 신뢰성은 국민연금정책 목적의 순수성, 국민연금기금의 운용능력 우수성, 국민연금기금의 비유용성, 소득신고자료의 비유출성, 그리고 정책담당공무원 태도의 일관성 등의 5가지 측정문항으로 구성하였고, 정통성은 국민적 지지와 국민적 요구, 그리고 수단적 정당성(가치배분의 효율성) 등의 3가지 측정문항으로 구성하였다. 이러한 측정문항들로 구성된 2가지 변수가 과연 공통요인에 따른 다차원적인 척도로 구성될 수 있는지에 대한 요인분석을 실시[14]하였는데, 그 결과는 다음의 <표 4-10>에 제시하였다.

<표 4-10> 정책담당기관요인에 대한 요인분석결과

문 항 \ 요 인	요인 I	요인 II	공분산(communality)
연금정책목적 순수성	.335	.502*	.364
기금운용능력의 우수성	.378	.638*	.550
연금기금의 비유용성	−5.355E−02	.719*	.520
소득신고자료 비유출성	4.480E−02	.644*	.416
정책담당자 태도일관성	.309	.518*	.364
국민적 지지	.781*	.174	.641
국민적 요구	.826*	8.780E−02	.689
수단적 정당성	.705*	.142	.518
고유값(Eigenvalue)	2.907	1.155	
PCT of VAR	36.333	14.437	
CUM PCT	36.333	50.770	

<표 4-10>을 살펴보면, 예상한 바와 같이 전체적으로 2가지 요인으로 추출되었음을 알 수 있다.

각 요인에 대해 구체적으로 살펴보면, 우선 요인 I 은 국민적 지지와 국민적 요구, 그리고 수단적 정당성(가치배분의 효율성) 등의 3가지 측정문항으로 공통요인화할 수 있을 것이다. 그리고 요인 I 의 3가지 측정문항에 대한 고유값은 2.907이고 요인

---

14) 요인추출방법으로는 주성분분석(Principal Components)을 하였으며, 요인선정기준으로는 고유값(Eigenvalue)을 기준으로 1보다 큰 고유값을 갖는 요인만을 추출하였다. 그리고 요인회전의 방법으로는 베리멕스(Varimax) 회전의 방법을 선택하였다.

부하값은 0.7 이상으로 상당히 높게 나타났으며, 공유치도 모두 .5 이상으로 높게 나타났다. 따라서 요인 I 을 정통성이라 할 수 있을 것이다.

요인 II 는 국민연금정책 목적의 순수성, 국민연금기금의 운용능력 우수성, 국민연금기금의 비유용성, 소득신고자료의 비유출성, 그리고 정책담당공무원 태도의 일관성 등의 5가지 측정문항으로 공통요인화되었다. 그리고 요인 II 의 5가지 측정문항에 대한 고유값은 1.155이고, 요인부하값은 모두 .5 이상으로 높게 나타났다. 하지만 공유치는 21번 문항과 25번 문항이 조금 낮은 수치(둘 다 .364)이나 그대로 사용하기로 하였다. 따라서 요인 II 를 신뢰성이라 할 수 있을 것이다.

이상과 같이 정책담당기관에 대한 요인분석결과를 정리하면, 8가지의 측정문항은 2가지 요인으로 구분되었으며, 요인 I 은 36.3%를 요인 II 는 14.4%를 설명함으로써 전체(누적) 50.8%를 설명하고 있다. 그리고 요인 I, 요인 II, 그리고 요인 III 은 각각 정통성과 신뢰성으로 구분되었다.

2) 정책담당기관요인에 대한 신뢰도분석

정책담당기관요인에 대한 요인분석결과 공통요인으로 추출된 2가지 요인(신뢰성과 정통성)에 대한 각 문항들을 가지고 신뢰도분석을 한 결과가 다음의 <표 4-11>에 제시하였다. Cronbach의 α계수를 기준으로 분석결과를 살펴보면, 신뢰성은 .6402로 정통성은 .7129로서 모두 만족스러운 내적 일관성을 보여주고 있다.

<표 4-11> 측정변수의 척도구성에 따른 신뢰도분석

구 분	측정변수	문항 수	신뢰계수(alpha값)
정책담당기관요인	요인 I (신뢰성)	5문항(21, 22, 23, 24, 25)	.6402
	요인 II (정통성)	3문항(26, 27, 28)	.7129

* 괄호 안은 설문지 문항번호임.

3) 척도의 구성

정책담당기관요인에 대한 8개 문항을 요인분석 및 신뢰도 분석한 결과, 모든 문항을 척도의 구성에 포함시키기로 하였다. 따라서 정책대상집단요인과 관련된 척도로서는 신뢰성(21, 22, 23, 24, 25번 문항)과 정통성(26, 27, 28번 문항)으로 구분하고자 한다.

4. 인구사회학적 요인별 응답분포의 재구성

독립변수 중 응답자의 요인별 분포를 일부 수정하였다. 이는 표본의 응답자가 너무 적음으로 인한 통계상의 오류를 범하지 않기 위함이다. 구체적으로 살펴보면 다음과 같다.

1) 연령에서 20세 미만(6명)의 응답자를 20~29세의 응답자에 포함시켜 30세 미만으로 하고, 60세 이상(5명)의 응답자를 50~59세의 응답자에 포함시켜 50세 이상으로 구분하였다.
2) 소득수준에서 400만원 이상(23명)의 응답자를 300~400만원 미만의 응답자에 포함시켜 300만원 이상으로 구분하였다.
3) 학력(교육수준)에서 초등졸 이하(34명)를 중졸에 포함시켜 중졸 이하로 하고, 대학원졸 이상(22명)을 대졸에 포함시켜 대졸 이상으로 구분하였다.
4) 심리요인과 준거요인, 그리고 능력요인에서는 평균값이 클수록 더 부정적인 응답이다.

제 4 절 가설검증을 위한 조사결과의 분석(로지스틱 회귀분석)

여기에서는 제3장 및 제4장에서 제시된 가입 여부에 따른 불응 여부(적극적 불응 對 순응)와 실제소득신고 여부(소극적 불응 對 순응) 등의 2가지 종속변수에 대해서 독립변수, 즉 정책요인(소망성, 명확성, 실효성), 정책대상집단(인구사회경제적 요인, 심리적 요인, 준거집단요인, 능력요인), 그리고 정책담당기관요인(신뢰성과 정통성)에 대한 로지스틱 회귀분석(Logistic Regression Analysis)[15]을 통해서 諸 가설을 검정하고 각각의 종속변수에 대한 독립변수들의 인과관계를 확인하고자 한다.

1. 가입에 따른 불응여부의 가설검증(적극적 불응 對 순응)

1) 가입에 따른 불응 여부에 대한 독립변수의 단계별 로지스틱 회귀분석

여기에서는 종속변수(국민연금 가입에 따른 불응 여부)에 대한 독립변수, 즉 정책요인(소망성, 명확성, 실효성), 정책대상집단요인(인구사회경제적 요인, 심리적 요인, 준거집단요인, 능력요인), 그리고 정책담당기관요인(신뢰성과 정통성)의 단계별 로지스틱 회귀분석을 하였다. 이러한 분석은 종속변수에 대한 24개의 독립변수[16]로부터

---

15) 로지스틱 회귀분석(Logistic Regression)이란, 단지 2개의 값만을 가지는 종속변수와 독립변수들 간의 인과관계를 추정하는 통계기법이다. 그리고 이처럼 종속변수가 이원적일 경우를 흔히 비선형 회귀분석이라 하고 최대우도추정법(MLE: Maximum Likelihood Method)을 이용하여 모형의 모수를 추정한다. 정충영·최이규, 전게서, p. 260.
16) 이에는 정책요인(소망성, 명확성, 실효성), 정책대상집단요인(심리적 요인, 준거집단요인,

로지스틱 회귀모형의 통계량을 도출할 수 있는데, 다음의 <표 4-12>에서는 통계적인 유의성이 있는 변수들만 제시하고 있다.

〈표 4-12〉 가입에 따른 불응 여부에 대한 독립변수의 단계별 로지스틱 회귀분석 결과

독립변수	계수(B)	표준오차(SE)	Wald 통계량	W 유의도
소망성	.1809	.0822	4.8390	.0278[**]
심리요인	.2181	.0974	5.0139	.0251[**]
성별(남자)	.8814	.3564	6.1147	.0134[**]
연령(30세 미만)	-1.6005	.6986	5.2493	.0220[**]
직종(근로자)	1.2151	.5810	4.3741	.0365[**]
거주지역(중소도시)	-1.1713	.4808	5.9339	.0149[**]

** $p < 0.05$

먼저 절편과 기울기에 대한 가설검정의 통계치는 Wald 통계량[17]에 대한 유의도를 고려하면 국민연금 가입에 따른 불응 여부에 대한 유의미한 변수를 확인해 볼수 있다. 위의 <표 4-12>에 의하면, 통계적으로 유의미한 변수는 정책의 소망성, 심리요인, 성별(남자), 연령(30세 미만), 직종(근로자), 거주지역(중소도시)으로 나타났는데, 회귀계수값(B)과 대비해 보면 다음과 같이 정리해 볼 수 있을 것이다. 즉 정책의 소망성, 심리요인, 성별(남자), 그리고 직종(근로자) 등은 국민연금 가입(순응)에 양(+)의 영향을 미치는 것으로 나타났고, 연령(30세 미만)과 거주지역(중소도시)은 음(-)의 영향을 미치는 것으로 나타났다. 이를 구체적으로 살펴보면, 정책의 소망성은 국민연금제도가 필요하고 그 시기가 적절하며, 국민연금공단이 제시한 소득신고기준이 적절하고 국민연금제도가 소득재분배의 효과가 있다고 생각할수록 국민연금 가입 여부에 대해 순응한다는 것이다. 심리요인은 국민연금 가입대상자들이 국민연금제도에 대하여 심리적으로 귀찮고 싫다고 생각하여 심리적으로 거부하고

능력요인), 그리고 정책담당기관요인(신뢰성과 정통성) 등의 8개의 변수와 정책대상집단요인 중 인구사회학적 요인인 성별, 연령, 소득수준, 소득원, 직종, 학력, 그리고 거주지역 등의 범주형 변수들의 가변수(dummy variables)화에 따른 17개의 변수를 더하여 총 24개의 변수가 독립변수로 사용된 것이다.

17) 예를 들어 소망성에 대한 Wald 통계량은 $(.1809 / .0822)^2 = 4.8390$이다.

무관심할 경우 국민연금 가입 여부에 대하여 순응한다는 것이다. 이 점에 대해서는 해석에 주의할 필요가 있는데, 다름 아닌 국민연금 가입대상자들이 국민연금제도에 대한 소득신고 및 보험료 납부가 귀찮고 싫을 경우 불응하지 않고 오히려 순응한다는 점이다. 이는 국민연금제도가 갖는 제도의 특성 때문이다. 즉 국민연금제도는 가입대상자에 대한 강제가입의 원칙이 있다는 점이다. 이러한 강제가입의 원칙은 국민연금 가입대상자들이 나름대로의 합리적 판단에 의한 의사결정을 할 수 없는 부분으로서 비록 국민연금제도가 합리적이지 못하다 하더라도 불응을 할 수 없다는 데 기인한다. 따라서 합리적인 기준으로 판단해 볼 때, 국민연금제도는 합리적이지 못한 제도라고 판단이 되며, 이러한 판단은 국민연금 가입대상자로 하여금 귀찮고 무관심한 대상으로 전락되었다는 것이다. 결국 이러한 거부감과 무관심은 오히려 국민연금 가입에 대해 순응하는 결과를 가져왔다는 것이다. 다음으로 성별(남자)이 국민연금 가입 여부에 대하여 양(+)의 영향을 미치는데, 이는 국민연금제도의 가입 여부에 대해 남자가 여자보다 더 순응한다는 것이다. 다음은 연령이다. 연령(30세 미만)이 국민연금 가입 여부에 음(−)의 영향을 미치는 것으로 나타났는데, 이는 30세 미만의 연령층이 비해 30세 이상의 연령층이 국민연금 가입 여부에 대해서는 더 순응하는 결과를 가져오고 있다. 그 다음으로 국민연금 가입 여부에 대한 순응에 영향을 미치는 요인으로 직종(근로자)이 있다. 직종(근로자)은 국민연금 가입 여부에 대하여 양(+)의 영향을 미치고 있는데, 이는 사업장의 근로자가 기타 농어민이나 자영업자에 비해 순응하고 있다는 것이다. 마지막으로 거주지역(중소도시)인데, 이는 국민연금 가입 여부에 대하여 음(−)의 영향을 미치고 있는 것으로 나타났다. 즉 국민연금 가입대상자들의 거주지역이 중소도시에 비해 대도시 및 군지역의 경우 더 순응한다는 것이다.

2) 모델의 적합성 검정을 위한 예측 및 관찰치의 분석결과 비교

가설과 관련된 모델의 적합도 검정에서 완성된 모형의 −2LL(Log Likelihood)은

279.964이고 적합도(Goodness of Fit) 통계량[18]은 395.054로 나타났다. 그리고 모델의 카이제곱(Chi-Square)은 92.669이고 모형의 자유도(df)는 24로 두 모형의 모수의 차이, 즉 투입된 독립변수의 수가 24로 나타났다. 아울러 본 모델의 유의수준도 .0000이기 때문에 통계적인 의미가 있다. 즉 가입 여부에 따른 불응 여부(종속변수)와 24개의 독립변수와의 관계를 로지스틱 회귀분석을 이용할 때 모형은 적합한 것으로 볼 수 있다.

모델이 얼마나 적합하는가를 평가하는 한 가지 방법으로 예측치와 관찰치의 분석결과를 비교하는 것이 있다. 다음의 <표 4-13>은 이에 대한 분석결과가 제시되어 있다.

분석결과를 살펴보면, 우선 관찰치(Observed)는 응답자를 의미하는 것으로 가입 여부에 대한 불응 여부에 대해 442명이 분석에 포함되었다. 그리고 예측치(Predicted)는 로지스틱 회귀분석 결과 독립변수의 조건하에서 로지스틱분석이 계산한 수치이다.

<표 4-13> 예측치 및 관측치의 비교

```
The Cut Value is .50

                        Predicted          Percent Correct
                        0       1
                        0   I   1

   Observed          + - - - + - - - +
   0      0          I  17   I   49   I    25.76%

                     + - - - + - - - +                <국민연금 가입에 따른>
   0      0          I  11   I   365  I    97.07%        순응: 1, 불응: 0

                     + - - - + - - - +
                                                      Overall   86.43%
```

---

18) 모형이 얼마나 적합한가를 측정하는 방법으로 적합도 통계량(Goodness of Fit Statistic)이 있는데, 이는 관찰된 확률과 모형에 의해 예측된 확률을 비교함으로써 가능하다.
정충영·최이규, 전게서, p. 273.

분석결과로부터 국민연금에 가입에 따라 365명은 모형에 의해 순응할 것이라고 옳게 예측된 결과를 보여주고 있고, 국민연금의 가입 여부에 있어 불응한 17명은 모형에 의해 불응할 것이라고 옳게 예측된 결과를 보여주고 있다. 그리고 표의 역대각 원소는 얼마나 많은 수의 사람들이 잘못 분석되었는가를 말해 준다. <표 4-28>에서는 60명이 잘못 분석되었다(순응한 11명과 불응한 49명). 따라서 국민연금의 가입 여부에 대해 순응한 응답자들의 97.07%가 옳게 분석되었고, 국민연금의 가입 여부에 대해 불응한 응답자들의 25.76%가 옳게 분석되었다. 전체적으로는 442명의 응답자 중에서 86.43%가 옳게 분석되었음을 알 수 있다.

2. 실제소득신고 여부에 대한 가설검증(소극적 불응 對 순응)

1) 실제소득신고 여부[19]에 대한 독립변수의 단계별 로지스틱 회귀분석

다음은 실제소득신고 여부(실제소득신고 및 소득하향신고)에 대한 독립변수, 즉 정책요인(소망성, 명확성, 실효성), 정책대상집단요인(인구사회경제적 요인, 심리적 요인, 준거집단요인, 능력요인), 그리고 정책담당기관요인(신뢰성과 정통성)의 단계별 로지스틱 회귀분석을 하였다. 이러한 분석은 종속변수에 대한 24개의 독립변수로부터 로지스틱 회귀모형의 통계량을 도출할 수 있는데, 다음의 <표 4-14>에서는 통계적으로 유의성이 있는 변수들만 제시하고 있다.

다음의 <표 4-14>의 분석결과로부터 Wald 통계량[20]에 대한 유의도를 고려하면,

---

19) 국민연금 가입자들이 국민연금에 가입할 때에 국민연금공단이 제시한 소득신고기준에 고려하되 자신이 신고한 소득이 실제소득이냐 아니면 소득을 낮추어 신고한 것인가에 대한 것이다.

20) 로지스틱 회귀분석에서는 다중회귀의 경우 독립변수들의 상대적 중요도를 파악하기 위

국민연금 가입 시 실제소득신고 여부에 대한 유의미한 변수를 확인해 볼 수 있다.

〈표 4-14〉 실제소득신고 여부에 대한 독립변수의 단계별 로지스틱 회귀분석 결과

독립변수	계수(B)	표준오차(SE)	Wald 통계량	W유의도
심리요인	-.3659	.0879	17.3195	.0000[***]
신뢰성	.1072	.0517	4.2923	.0383[**]
연령(30세 이상~40세 미만)	-1.6760	.5153	10.5796	.0011[***]
소득수준(100~200만원 미만)	1.0720	.4437	5.8367	.0157[**]
소득수준(200~300만원 미만)	.8786	.4358	4.0652	.0438[**]
거주지역(중소도시)	1.0155	.4253	5.7013	.0170[**]

** p<0.05 *** p<0.01

위의 <표 4-14>에 의하면, 통계적으로 유의미한 변수는 심리요인, 신뢰성, 연령 (30~39), 소득수준(100~200만원 미만), 소득수준(200~300만원 미만), 그리고 거주 지역(중소도시)으로 나타났는데, 이를 회귀계수값(B)을 대비해 보면 살펴보면 다음 과 같이 정리해 볼 수 있을 것이다. 즉 국민연금 가입자의 심리요인과 연령(30세~ 39세)은 실제소득신고 여부에 대해 음(-)의 영향을 미치고, 정책담당기관의 신뢰성 과 소득수준(100~200만원 미만), 소득수준(200~300만원 미만), 그리고 거주지역(중 소도시)은 실제소득신고 여부에 대해 양(+)의 영향을 미치는 것으로 나타났다. 이 를 구체적으로 살펴보면, 국민연금 가입자는 국민연금제도에 대해 심리적으로 귀찮 거나 싫어하지 않는다고 생각할수록 소득을 하향 신고하지 않고 실제의 소득을 신 고하고 있는 것으로 나타났다. 이는 앞에서 분석한 국민연금 가입 여부에 대한 순 응에 영향요인으로서의 심리요인과는 서로 상이한 결과이다. 즉 국민연금 가입 여 부에 대해서는 국민연금이 강제가입의 원칙이 존재함으로 인해 심리적으로 거부하 고 무관심하다 하더라도 어쩔 수 없이 가입하게 되는 것이고, 실제소득신고 여부에 대해서는 이미 가입한 자가 나름대로의 합리적 판단에 입각하여 심리적으로 안정적

하여 R통계량을 이용한다. 즉 가입 여부라는 종속변수와 각각의 독립변수들 간의 편상 관관계를 알아보기 위해 쓰이는 통계량이 R통계량인 것이다. 작은 R 값은 그 변수가 그 모델에 적은 공헌도를 가지고 있음을 의미한다. R통계량의 범위는 $-1 \leq R \leq 1$ 사이의 값 을 갖는다.

일수록 실제소득을 신고한다는 것이다. 만약 국민연금에 가입한 자가 심리적으로 불안정하다고 느낄 경우에는 당연히 실제소득을 신고하지 않고 하향 신고할 것이다. 다음으로 정책담당기관의 신뢰성이 높을수록, 즉 국민연금제도의 목적이 순수하고 국민연금기금의 운용능력이 우수하며 정부가 다른 목적으로 국민연금기금을 유용하지 않으며 자신이 신고한 소득신고자료가 국세청 등 다른 기관으로 유출되지 않으며, 정책담당공무원의 태도가 일관성을 가진다고 생각할수록 국민연금 가입자는 소득을 하향 신고하지 않고 실제소득을 신고할 것이다. 다음으로 연령(30세 이상~40세 미만)이 실제소득신고 여부에 음(−)의 영향을 미치고 있는데, 이는 40대 및 50대의 연령층에 비해 30대의 연령층이 실제소득을 신고하지 않고 하향 신고하고 있음을 의미한다. 다음으로 실제소득신고 여부에 대해 영향요인으로 나타난 변수가 소득수준이다. 즉 100~200만원 미만과 200~300만원 미만의 소득수준은 실제소득신고 여부에 양(+)의 영향을 미친 것으로 나타났는데, 이는 100만원 미만의 저소득자와 300만원 이상의 고소득자에 비해서 100~300만원 미만의 소득자가 실질적으로 실제소득을 신고하고 있다는 것이다. 마지막으로 실제소득신고 여부에 대한 영향요인으로는 거주지역(중소도시)인데, 이는 실제소득신고 여부에 대해 양(+)의 영향을 미친 것으로 나타났다. 즉 연금 가입자의 거주지역이 중소도시일 경우 대도시나 군지역의 거주자에 비해 실질소득을 신고하고 있다는 것이다. 이는 앞에서 분석한 국민연금 가입 여부에 대한 분석과 비교해 볼 수 있다. 즉 국민연금 가입 여부에 대해서는 대도시나 군지역에 비해 중소도시의 거주자가 더 불응하는 것(미가입 혹은 납부예외자)으로 나타났으나, 일단 가입을 할 경우 대도시나 군지역의 거주자에 비해 소득을 제대로 신고하고 있다는 것이다.

2) 모델의 적합성 검정을 위한 예측 및 관찰치의 분석결과 비교

가설과 관련된 모델의 적합도 검정에서 완성된 모형의 −2LL(Log Likelihood)은 390.841이고 적합도(Goodness of Fit) 통계량은 415.105로 나타났다. 그리고 모델의 카이제곱(Chi-Square)은 113.254이고 모델의 자유도(df)는 24로 두 모형의 모수의 차이, 즉 투입된 독립변수의 수가 24로 나타났으며, 유의수준도 .0000이기 때문에 통계적인 의미가 있다. 즉 실제소득신고 여부(종속변수)와 24개의 독립변수와의 관계를 로지스틱 회귀분석을 이용할 때 모델은 적합한 것으로 볼 수 있다.

모델이 얼마나 적합한가를 평가하는 한 가지 방법으로 예측치와 관찰치의 분석결과를 비교하는 것이 있다. 다음의 <표 4-15>에는 이에 대한 분석결과가 제시되어 있다.

분석결과를 살펴보면, 우선 관찰치(Observed)는 응답자를 의미하는 것으로 실제소득신고 여부에 대해서 분석에 포함된 응답자 수는 모두 376명이 응답한 것으로 나타났다. 그리고 예측치(Predicted)는 로지스틱 회귀분석 결과 독립변수의 조건하에서 로지스틱분석이 계산한 수치이다

〈표 4-15〉 예측치 및 관측치의 비교

```
    The Cut Value is .50
                            Predicted        Percent Correct
                            0       1
                            0   I   1
    Observed            + - - - - + - - - - +
    0     0             I  87   I   61   I      58.78%
                        + - - - - + - - - - +              실제소득신고(순응): 1
    0     0             I  33   I  195   I      85.53%      소득하향신고(불응): 0
                        + - - - - + - - - - +
                                                           Overall   75.00%
```

분석결과를 살펴보면, 국민연금 가입 시 실제소득을 신고한 195명은 모형에 의해 가입할 것이라고 옳게 예측된 결과를 보여주고 있고, 소득을 하향 신고한 87명은 모형에 의해 가입하지 않을 것이라고 옳게 예측된 결과를 보여주고 있다. 그리고 실제소득을 신고한 33명과 소득을 하향 신고한 61명 등 총 94명은 잘못 분석되었다. 따라서 국민연금 가입 시 실제소득을 신고한 응답자들의 85.53%가 옳게 분석되

었고, 소득을 하향 신고한 응답자들의 58.78%가 옳게 분석되어, 전체적으로는 376명의 응답자 중에서 75.00%가 옳게 분석되었음을 알 수 있다.

3. 가설검증의 결과

종속변수(가입 여부에 따른 불응 여부, 실제소득신고 여부)에 대한 독립변수(소망성, 명확성, 실효성, 심리요인, 준거요인, 능력요인, 신뢰성, 정통성, 성별, 연령, 소득수준, 소득원, 직종, 학력, 그리고 거주지역)들의 로지스틱 회귀분석을 실시한 결과, 가설검정과 관련하여 다음과 같은 결과가 도출되었다. 가설검정은 제3장 제1절에서 제시한 바 있는 [가설 1]에서 [가설 9]까지이다.

1) 가입 여부에 따른 불응 여부의 가설검증결과(적극적 불응 對 순응)

가설검정과 관련하여 국민연금의 가입 여부에 대하여 각 독립변수가 통계적으로 유의미한 영향을 미친다는 가설을 설정한 바 있다. 분석결과를 살펴보면 442명의 응답자 중에서 86.43%가 옳게 분석되었음을 알 수 있었는데, 이에 대한 로지스틱 회귀분석을 통한 가설검증 결과는 다음과 같다.

즉 국민연금 가입대상자들은 국민연금정책이 바람직하고 소망스럽고, 국민연금제도에 대해 심리적으로 귀찮고 무관심하여 거부감을 느낄 경우, 여자보다는 남자가, 30세 미만(20대의 청년층)의 연령층에 비해 30세 이상의 연령층(중·장년층)이, 농어민 및 자영업자보다는 4인 이하의 사업장에서 근무하는 근로자가, 그리고 국민연금 가입대상자의 거주지역이 중소도시보다는 대도시 및 군지역일 경우 국민연금의 가입 여부에 대하여 순응하는 것으로 나타났다.

이를 구체적으로 살펴보면 다음과 같다. 우선 정책의 소망성 변수가 국민연금 가입에 따른 순응에 양(+)의 영향을 미치는 것으로 나타났다. 즉 국민연금제도가 필요하고 그 시기가 적절하며, 그리고 국민연금공단이 제시한 소득신고기준이 적합하고, 국민연금제도의 성격상 소득재분배의 긍정적인 효과는 국민연금제도의 가입 여부에 따른 순응에 유의미한 영향을 미친다는 것이다. 이는 국민연금제도의 연금체계가 바람직스럽지 않고 소망스럽지 않다고 인식하기 때문에 이러한 행태적 결과(국민연금제도의 불신에 따른 미가입문제, 납부예외문제, 소득하향신고), 즉 정책불응이 발생한다는 것이다. 이러한 정책요인은 국민연금 가입대상자들로 하여금 연금가입을 기피하게 하고 있는 것이 사실이며, 이는 아무리 국민연금제도가 강제가입의 원칙이라 하더라도 정책 자체가 소망스럽지 못하면, 그 어느 누구도 기꺼이 가입하려 하지 않을 것이므로 당연한 결과이다. 만약 국민연금의 제도적 문제점이 개선된다면(국민연금정책의 소망성이 향상된다면) 이러한 정책불응은 줄어들고 정책순응으로 나아갈 수 있을 것이다.

다음으로 국민연금 가입에 따른 순응에 유의미한 영향을 미치는 요인이 심리요인인데, 심리요인은 국민연금 가입에 따른 순응에 양(+)의 영향을 미치는 것으로 나타났다. 즉 국민연금제도에 대한 소득신고와 보험료 납부가 귀찮고 싫다고 생각하여 심리적으로 불안정할 경우 국민연금의 가입 여부에 대해 순응한다는 것이다. 이는 사고의 주의가 필요한데, 왜냐하면 심리적으로 귀찮고 싫다고 생각되면 불응을 해야 하는데 오히려 순응을 한다는 점이다. 이러한 점은 국민연금제도의 강제가입과 관련하여 생각을 해볼 수 있다. 즉 대다수의 국민들은 많은 정부정책에 대하여 나름대로의 합리적 판단에 의하여 의사결정을 하지만, 국민연금제도가 강제가입의 원칙을 전제로 한 이상 비록 국민연금제도가 합리적이지 못하여 소득신고 및 보험료 납부가 귀찮고 싫다고 하더라도 불응할 수 없다는 것이다. 따라서 국민연금제도의 가입 여부와 관련하여 볼 때, 가입대상자들은 국민연금제도가 귀찮고 싫다고 생각할 경우 오히려 순응을 하는 것으로 나타났다.

다음으로 성별인데, 성별의 경우 남자가 국민연금 가입 여부에 대하여 순응으로 양(+)의 영향을 미치는 것으로 나타났다. 즉 남자가 여자보다 국민연금 가입 여부에 대해 더 순응한다는 것으로, 여자의 경우 소득 및 경제활동을 함으로써 국민연금의 가입대상자에 포함된다고 하더라도 가입 여부에 대해서는 남자에 비해 더 불응한다는 것이다. 이는 전통적인 유교사상의 산물로서, 여자는 원래 사회활동 및 경제활동의 주체가 아니기 때문에 국민연금의 정책대상자에서 당연히 제외될 것이라는 사회적인 분위기가 그 원인이 될 수 있다.

국민연금 가입 여부에 따른 순응에 유의미한 영향을 미치는 또 하나의 변수는 연령인데, 30세 미만의 연령층이 국민연금 가입 여부에 대한 영향요인으로 나타났다. 즉 30세 이상의 중·장년층에 비해 30세 미만의 젊은 청년층이 국민연금 가입 여부에 대해 더욱 불응한다는 것이다. 이는 원래 30세 이상의 중·장년층은 보통 정부정책에 대해 보수적인 성향을 가지며, 30세 미만의 젊은 청년층은 정부정책에 대해 비판적이고 부정적인 연령층이기 때문일 것이다.

다음으로 직종이 국민연금의 가입 여부에 대한 영향요인으로 나타났다. 즉 농어민 및 자영업자에 비해 사업장에서 근무하는 근로자가 국민연금제도의 가입 여부에 대해서 불응보다는 순응한다는 것이다. 이는 사업장의 근로자는 자신의 의사와는 상관없이 사업주에 의하여 당연히 국민연금에 가입하기 때문인 것이다.

마지막으로 거주지역이 국민연금의 가입 여부에 대해 영향요인으로 나타났다. 즉 국민연금 가입대상자의 거주지역이 중소도시에 비해 대도시 및 군지역의 경우 국민연금의 가입 여부에 대해서 순응한다는 것이다.

2) 실제소득신고 여부에 대한 가설검증결과(소극적 불응 對 순응)

가설검정과 관련하여 국민연금 가입 시 실제소득신고 여부에 대하여 각 독립변수의 유의미한 영향을 미친다는 가설을 고려해 볼 수 있다. 분석결과를 살펴보면, 전체 376명의 응답자 중에서 75.00%가 옳게 분석되었음을 알 수 있는데, 로지스틱 회귀분석을 통한 가설검정 결과는 다음과 같다.

즉 국민연금 가입자들은 국민연금제도에 대하여 귀찮거나 싫지 않고 무관심하지 않아 심리적으로 안정적이고, 정책담당기관에 대한 신뢰성이 높다고 인식할 경우 실제소득을 신고하는 것으로 나타나고 있다. 그리고 30세 이상~40세 미만의 연령층(30대의 연령층)이 40대 및 50대 연령층에 비해 오히려 소득을 하향 신고하는 것으로 나타나고 있으며, 연금 가입자가 100~200만원 미만, 그리고 200~300만원 미만의 소득수준일 경우 100만원 미만의 저소득층과 300만원 이상의 고소득층에 비해 실제소득을 신고하는 것으로 나타났다. 마지막으로 연금 가입자의 거주지역이 중소도시일 경우 대도시나 군지역에 비해 소득을 하향 신고하지 않고 실제소득을 신고하는 것으로 나타났다.

이를 구체적으로 살펴보면 다음과 같다. 우선 심리요인은 실제소득신고에 대해 음(-)의 영향을 미치는 것으로 나타났다. 즉 국민연금 가입자는 심리적으로 귀찮고 싫지 않으며 안정적일 경우에 실제소득을 신고한다는 것이다. 이는 국민연금제도에 대하여 안정적인 심리로 인해 소득을 하향 신고하지 않고 실제소득을 신고하는 것은 당연하다고 볼 수 있으나, 앞에서 분석한 국민연금 가입 여부에 따른 분석결과와 서로 상이함을 나타내고 있다. 즉 국민연금의 가입 여부에 있어서는 심리적으로 거부감과 무관심할 경우 불응이 아닌 순응, 즉 미가입이 아니라 가입으로 나타남에 비해, 실제소득 여부에 대해서는 국민연금제도에 대해 거부감 및 무관심이 없을수록 순응, 즉 실제소득을 신고한다는 점이다. 이는 다음과 같이 비교 분석해 볼 수 있다. 즉 국민연금 가입 여부에 대해서는 가입대상자가 국민연금제도를 합리적이지 않다고 판단함으로써 비록 거부감과 무관심하다 하더라도 국민연금의 성격상 강제가입의 원칙에 의해 자신의 합리적 선택에 의한 의사결정결과가 아닌 당연히 가입한다는 측면이고, 실제소득신고 여부에 대해서는 심리적인 상황에 따라 거부감 및 무관심이 없을 경우 자신의 합리적인 의사결정으로 실제소득을 신고한다는 것이다. 이는 국민연금제도가 비록 합리적이지 못하다 하더라도 강제가입에 의해 가입할 수밖에 없는 실정과, 일단 가입을 한 이후의 결정은 자신의 합리적 선택에 따른 의사결정이 가능하다는 것을 의미한다.

다음으로 정책담당기관의 신뢰성이 실제소득신고 여부에 양(+)의 유의미한 영향을 미치는 것으로 나타났다. 이는 국민연금제도의 목적이 순수하고 국민연금기금의 운용능력이 우수하며 정부가 다른 목적으로 국민연금기금을 유용하지 않으며 자신이 신고한 소득신고자료가 국세청 등 다른 기관으로 유출되지 않고, 정책담당공무원의 태도가 정책 및 정책대상집단에 대하여 일관성을 가질 경우 국민연금 가입자는 소득을 하향 신고하지 않고 실제소득을 신고한다는 것이다.

다음으로 실제소득신고 여부에 유의미한 영향을 미치는 변수는 연령인데, 연령 중에서도 30세 이상~40세 미만, 즉 30대의 연령층이 실제소득신고 여부에 음(-)의 영향을 미치는 것으로 나타났다. 이는 30대의 경우 경제활동의 초기이고 부의 축적이 이루어지지 않을 시기라는 점을 상기시켜 보면 자신의 소득을 제대로 신고하지 않을 것이라는 것을 충분히 짐작할 수 있는 것이다. 이는 앞서 분석한 국민연금 가입 여부에 대해 음(-)의 영향을 미치는 30세 미만, 즉 20대의 경우는 아예 가입조차 하기 힘든 상황과 좋은 비교를 보이고 있으며, 경제활동에 따른 연령의 의미를 파악해 볼 수 볼 수 있다.

다음으로 실제소득신고 여부에 유의미한 영향을 미치는 변수는 소득수준이다. 회귀분석의 결과에 의하면 100~200만원 미만의 소득수준과 200~300만원 미만의 소득수준은 실제소득신고에 양(+)의 영향을 미치는 것으로 나타났다. 이는 100만원 미만의 저소득자 및 300만원 이상의 소득자와 대조를 이루는 것으로 중간의 소득수준을 가진 계층이다. 이러한 중간계층의 소득수준의 경우 실제소득을 신고하는 것으로 나타났다.

마지막으로 실제소득신고 여부에 유의미한 영향을 미치는 변수가 거주지역으로서의 중소도시이다. 이러한 중소도시는 실제소득의 신고에 양(+)의 영향을 미치는 것으로 나타났는데, 이는 대도시 지역 및 군지역에 거주하는 연금 가입자들에 비해 중소도시에 거주하는 연금 가입자들이 더욱 실제소득을 신고하는 것으로 나타나고 있다. 이는 앞서 분석한 국민연금 가입 여부에 대해서 중소도시가 음(-)의 유의미한 영향을 미치고 있는 것과 비교해 볼 수 있다. 즉 국민연금 가입에 있어서는 대도시지역 및 군지역에 비해 중소도시지역의 가입대상자들이 더욱 불응(미가입 및 납부예외자)하는 것으로 나타남에 반해, 실제소득의 신고에 있어서는 중소도시의 연금 가입자들이 대도시 및 군지역의 연금 가입자들에 비해 오히려 순응, 즉 실제소득을 신고하는 것으로 나타나고 있다.

제 5 절 정책불응에 대한 불응요인의 상대적 영향력 검증(판별분석)[21]

여기에서는 본 연구와 관련하여 유형화한 국민연금의 가입여부(가입, 미가입)와 관련된 불응여부(적극적 불응 對 순응)와 실제소득신고 여부(실제소득신고, 소득하향신고)와 관련된 불응 여부(소극적 불응 對 순응) 등의 2가지 종속변수에 대해서, 독립변수들의 판별함수를 구성하여 정책불응의 원인을 밝혀내고 이에 대한 상대적 영향력을 검증하고자 한다. 즉 국민연금정책에 불응에 영향을 미치는 요인들의 대상집단 간의 차이를 의미 있게 설명해 줄 수 있는 독립변수를 찾아내고 이러한 독립변수들의 선형결합(Linear Combination)으로 판별식을 구성하여 독립변수들의 상대적 영향력을 검증하고, 특정 집단에 속할 유용성을 검증하기 위해 판별분석(Discriminant Analysis)을 실시하였다.[22]

---

21) 판별분석(Discriminant Analysis)이란, 사회현상의 여러 특성들을 토대로 하여 주어진 상황에서 응답자들이 어떻게 행동할 것인지를 예측하는 하나의 통계기법이다. 즉 독립변수들이 선형결합을 이루게 되면, 이것은 케이스를 몇 개의 집단 중 어느 하나로 분류하는 데 사용할 수 있다는 것이다. 여기서 각 집단은 다변량 정규모집단에서 추출된 표본이어야 하며, 모집단 공분산행렬은 동일하다고 가정한다. 정충영·최이규, 전게서, p. 360.

22) 분석을 위해 각 종속변수에 대하여 모형에 포함된 판별변수는 정책요인(소망성, 명확성, 실효성), 정책대상집단요인(심리적 요인, 준거집단요인, 능력요인), 그리고 정책담당기관요인(신뢰성과 정통성) 등의 8개 변수와 정책대상집단요인 중 인구사회학적 요인인 성별, 연령, 소득수준, 소득원, 학력(교육수준), 그리고 거주지역(대도시 및 중소도시) 등의 범주형 변수들의 등간변수화 및 가변수(dummy variables)화에 따른 7개의 변수를 더하여 총 15개의 변수를 단계별 판별분석(stepwise discriminant analysis)을 실시하였다.

1. 가입여부에 대한 불응요인의 상대적 영향력 검증
(적극적 불응 對 순응)

1) 국민연금제도의 적극적 불응 對 순응에 대한 판별분석결과

분석결과에 의하면, 우선 집단평균의 동질성 검정을 실시한 결과 Wilks' Lambda[23] 에 의한 유의확률값을 대비해 볼 때($p < 0.01$), 정책대상집단요인의 인구사회학적 요인 중에서 성별, 연령, 소득수준, 거주지역 중 중소도시의 4가지 변수와, 정책요인 중 정책의 소망성, 그리고 정책대상집단요인 중 심리적 요인 등 총 6개의 변수들이 집단 간 차이가 있음이 확인되었다. 그리고 이러한 집단 간 차이가 있는 6개의 변수들 중에서 최종적으로 판별함수에 포함된 변수는 6개의 변수, 즉 연령, 소득수준, 성별, 거주지역 중 중소도시, 정책의 소망성 그리고 심리요인으로 나타나고 있음을 알 수 있다. 이에 대한 비표준화 정준판별함수계수(Unstandardized Canonical Discriminant Function Coefficients)와 표준화 정준판별함수계수가 다음의 <표 4-16>에 제시되어 있다.

〈표 4-16〉 정준판별함수 계수

독립변수 ＼ 함 수	비표준화 판별함수계수	표준화 판별함수계수
연 령(X1)	.535	. 384
소득수준(X2)	.421	.359
성별(X3)	-.923	-.418
중소도시(X4)	-.964	-.422
정책의 소망성(X5)	.212	.505
심리요인(X6)	.167	.321
상 수(constant)	-4.934	-

23) Wilks' Lambda가 1이면 관측된 집단의 평균이 동일하다는 것을 의미하고, 이 값이 0에 가까우면 집단 내의 분산이 총분산에 비해 적기 때문에 집단평균 간에는 차이가 있다는 것을 나타낸다(Wilks' Lambda=집단 내 분산/총분산). 이보다 더 확실한 것은 자유도를 고려하여 구한 F값이다. F값이 크면 집단 간의 분산이 크다는 것을 의미한다.

여기서 모형에 포함된 변수들의 상대적인 영향력을 비교하기 위해서 표준화된 정준판별함수계수를 살펴볼 필요가 있다. 구체적으로 살펴보면, 정책의 소망성이 .505로서 가장 영향력이 높게 나타났으며, 다음으로 거주지역 중 중소도시가 −.422로 나타났으며, 다음으로 성별이 −.418, 연령이 .384, 소득수준이 .359, 마지막으로 심리요인이 .321로 나타났다. 구체적으로 살펴보면, 국민연금정책에 있어서 상대적으로 주요한 적극적 불응요인은 정책의 소망성과 거주지역, 그리고 성별 등의 순으로 나타났는데, 이는 정책이 소망성을 갖출 수 있도록 정책적·제도적인 장치를 보완하는 것이 중요하다는 것을 시사하고 있다. 그리고 국민연금 가입대상자 중 대도시 및 농촌지역에 거주하는 대상자들과, 연금가입대상자 중 여성들에 대한 정부차원에서의 홍보가 중요한 것으로 판단될 수 있다.

2) 국민연금제도의 적극적 불응여부에 대한 판별함수의 유용성 검정

다음의 <표 4−17>은 판별함수에 의한 5개의 독립변수들을 경계점수에 의해 판별한(분류한) 결과를 각 케이스에 대해 요약하고 있다. 집단 1인 국민연금 미가입에 따른 적극적 불응은 불응전체표본 66개 중에서 48개의 케이스로 72.7%의 적중률을 나타내고, 18개의 케이스인 27.3%는 빗나가고 있다. 집단 2인 국민연금 가입에 따른 순응은 순응전체표본 376개 중에서 287개의 케이스인 76.3%가 적중되고 있으며, 나머지 89개의 케이스인 23.7%는 빗나가고 있음을 볼 수 있다.

전체적인 적중률(Hit Ratio)을 살펴보면, 75.8%로서 비교적 높은 예측력을 나타내보이고 있고, 따라서 분석에 사용된 판별함수는 유용성이 높다고 판단할 수 있다.

〈표 4-17〉 분류결과

실제집단	표본 수	예측집단	
		1집단(적극적 불응)	2집단(순응)
집단1(적극적 불응)	66	48(72.7)	18(27.3)
집단2(순응)	376	89(23.7)	287(76.3)

* 정확하게 분류된 표본비율(Hit Ratio)=75.8%

2. 실제소득신고 여부에 대한 불응요인의 상대적 영향력 검증 (소극적 불응 對 순응)

1) 국민연금제도의 소극적 불응 對 순응에 대한 판별분석결과

분석결과에 의하면, 우선 집단평균의 동질성 검정을 실시한 결과 Wilks' Lambda 에 의한 유의확률값(p<0.01)을 대비해 볼 때, 정책대상집단요인의 인구사회학적요인 중 연령, 소득원, 거주지역 중 중소도시의 3가지 변수, 정책요인 중 정책의 명확성과 정책의 실효성의 2가지 변수, 정책대상집단요인 중 심리적 요인, 그리고 정책담당기관의 신뢰성 등을 합하여 총 7개의 변수들이 집단 간 차이가 있음이 확인되었다. 그리고 이러한 집단 간 차이가 있는 7개의 변수들 중에서 최종적으로 판별함수에 포함된 변수는 7개의 변수, 즉 연령, 소득원, 거주지역 중 중소도시, 정책의 명확성, 정책의 실효성, 심리적 요인, 그리고 신뢰성으로 나타났는데, 이에 대한 비표준화 정준판별함수의 계수와 표준화 정준판별함수계수가 다음의 <표 4-18>에 제시되어 있다.

<표 4-18> 정준판별함수 계수

독립변수 \ 함수	비표준화 판별함수계수	표준화 판별함수계수
연 령(X1)	-.527	-.338
소득원(X2)	.672	.315
중소도시(X3)	-.724	-.303
정책의 명확성(X4)	.121	.293
정책의 실효성(X5)	.135	.343
심리요인(X6)	.290	.526
신뢰성(X7)	-.118	-.354
상 수(constant)	-1.572	-

　모형에 포함된 변수들의 상대적인 영향력을 비교하기 위한 표준화된 정준판별함수계수를 살펴보면, 심리요인이 .526으로 가장 영향력이 높게 나타났으며, 다음으로 정책담당기관의 신뢰성이 -.354로 나타났으며, 다음으로 정책의 실효성이 .343, 연령이 -.338, 소득원이 .315, 거주지역 중 중소도시가 -.303, 마지막으로 정책의 명확성이 .293으로 나타나고 있음을 알 수 있다. 즉 국민연금정책에 있어서 상대적으로 주요한 영향력을 가진 소극적 불응요인은 심리요인과 정책담당기관의 신뢰성 등의 순으로 나타났는데, 우선 심리적 요인을 살펴보면 이는 국민연금 가입대상자들이 국민연금제도에 대해 심리적으로 귀찮거나(무관심) 싫어함이(거부감) 없도록 정부의 각종 홍보와 실질적인 국민연금의 제도적 장치를 보완함이 중요하다고 할 수 있다.

　다음으로 정책담당기관의 신뢰성은 아무리 강조해도 지나치지 않을 정도로 중요하다고 할 수 있다. 이는 정책결정기관 및 정책집행기관의 신뢰성으로서 국민연금제도의 목적이 순수하고 국민연금기금의 운용능력이 우수하며, 정부가 다른 목적으로 국민연금기금을 유용하지 않으며 자신이 신고한 소득신고자료가 국세청 등 다른 기관으로 유출되지 않으며 정책담당공무원의 태도가 일관성을 가질 수 있도록 함으로써 국민연금 가입대상자들은 소득을 하향 신고하지 않고 실제소득을 신고할 것이다.

2) 국민연금제도의 소극적 불응여부에 대한 판별함수의 유용성 검정

다음의 <표 4-19>는 판별함수에 의한 7개의 독립변수들을 경계점수에 의해 판별한(분류한) 결과를 각 케이스에 대해 요약하고 있다. 집단 1인 국민연금의 가입시 소득하향신고(소극적 불응)는 집단 1의 표본 148개 중에서 94개의 케이스로 63.5%의 적중률을 나타내고, 54개의 케이스인 36.5%는 빗나가고 있다. 집단 2인 실제소득신고(순응)는 표본 228개 중에서 172개의 케이스인 75.4%가 적중되고 있으며, 나머지 56개의 케이스인 24.6%는 빗나가고 있음을 볼 수 있다.

전체적인 적중률(Hit Ratio)을 살펴보면, 70.7%의 예측력을 나타내 보이고 있으므로, 따라서 본 분석에 사용된 판별함수는 유용성이 대체로 높은 것으로 판단할 수 있다.

<표 4-19> 분류결과

실제집단	표본 수	예측집단	
		1집단(소극적 불응)	2집단(순응)
집단1(소극적 불응)	148	94(63.5)	54(36.5)
집단2(순응)	228	56(24.6)	172(75.4)

* 정확하게 분류된 표본비율(Hit Ratio)=70.7%

3. 불응요인의 상대적 영향력 검증결과

이상과 같이 국민연금정책의 불응요인에 대하여 분석·검토해 보았다. 이러한 분석의 결과를 살펴보면 국민연금의 제도적 장치가 합리적이지 못하여 불응할 수도 있고, 국민연금 가입대상자 및 가입자 개인이 처한 나름대로의 합리적인 선택을 통한 의사결정의 결과로서 불응할 수도 있다.

국민연금정책의 불응에 대한 불응요인의 상대적 영향력 검증결과를 본 연구의 불응유형과 관련시켜 구체적으로 살펴보면 다음과 같다.

1) 적극적 불응(미가입 및 납부예외)과 관련된
불응요인의 상대적 영향력 검증결과

우선 적극적 불응(미가입 및 납부예외문제)과 관련된 정책적 시사점으로서는, 우선 정부는 국민연금정책의 목표 및 수단이 소망스럽게 설정될 수 있도록 노력해야 할 것이다. 즉 국민들은 처음으로 시행하는 국민연금제도가 정말 바람직스럽다고 느껴질 수 있어야 믿고 가입한다는 것이다. 이는 국민연금제도가 필요하고 그 시기가 적절하며, 국민연금공단이 제시한 소득신고기준의 적절하고 국민연금제도가 소득재분배의 효과가 있다고 생각할수록 국민연금 가입 여부에 대해 순응한다는 것으로서, 보험료 부과체계의 문제, 적용기준의 불합리성, 국민연금제도의 홍보 부족, 그리고 기금의 운영문제 등에 대한 제도적 합리성을 확보할 수 있도록 연금체계를 제고해야 된다는 의미이다.

다음으로는 거주지역 중 중소도시인데, 거주지역이 중소도시일수록 대도시나 군 지역의 거주자에 비해 더욱 국민연금에 가입하지 않는 것으로, 즉 적극적으로 불응할 확률이 높은 것으로 나타나고 있다. 이는 정부의 중소도시에 대한 정책적 홍보에 따른 정책적 고려가 있어야 할 것이다. 마지막으로 우리나라의 경우 모든 정책대상자가 남자이고 여자는 항상 예외로서 인식한 경우가 많은데, 사회진출을 하고 있는 여자의 경우 당연히 정책대상자이라는 것을 인식할 수 있도록 사회적인 분위기를 조성해야 할 것이다. 따라서 국민연금 가입대상자 중 대도시 및 농촌지역에 거주하는 대상자들과, 연금가입대상자 중 여성들에 대한 정부 차원에서의 홍보가 중요하고 시급한 과제라고 판단될 수 있다.

2) 소극적 불응(소득하향신고)과 관련된
불응요인의 상대적 영향력 검증결과

다음으로 소극적 불응(소득하향신고)과 관련하여 국민연금정책의 상대적 영향력을 가진 불응요인은 심리요인과 정책담당기관의 신뢰성 등의 순으로 나타났는데, 우선 심리적 요인을 살펴보면 이는 국민연금 가입대상자들이 국민연금제도에 대해 심리적으로 귀찮거나(무관심) 싫어함이(거부감) 없도록 정부의 각종 홍보와 실질적인 국민연금의 제도적 장치를 보완함이 중요하다고 할 수 있다. 즉 현재의 국민연금정책은 일종의 조세정책으로 인식하여 실질적으로 국민연금정책 본래의 목적인 노후보장 및 생활보장이 될 수 없고, 다만 정부의 조세정책에 따른 일종의 세금이라는 것으로 인식한다는 것이다. 따라서 정부의 행정편의식의 국민연금제도는 많은 국민들로 하여금 불응을 할 수 있는 원인이 될 수 있는 것이다. 다음으로 정부의 신뢰성인데, 이는 연금대상자의 심리적인 요인과도 연결될 수 있는 것으로 정부정책에 대한 국민들의 신뢰성을 확보하기 위한 정부의 노력이 중요하다고 여겨진다. 만약 정부에 대한 신뢰성이 부족한 경우, 어느 누구라도 실제소득을 신고하지는 않을 것이다. 이러한 신뢰성 확보를 위해서는 효율적인 보험료 부과체계의 결여(세대 내 형평성 문제), 적용기준의 불합리성, 그리고 신고권장소득의 문제 등에서 나타나는 연금체계 및 관리체계의 합리성을 제고해야만 할 것이다.

제 6 절 행태분석의 결과 및 국민연금정책의 불응요인에 대한 정책적 함의

일반적으로 국민연금제도의 불응에 대한 원인을 살펴보기 위해서는 국민연금의 제도적 특성 및 국민연금제도의 문제점을 살펴보는 것이 중요한데, 이에 대해서는 제2장 제2절에서 구체적으로 검토해 보았다. 여기에서는 제2장의 제도적 특성에 대한 이론적 검토를 통해서 밝혀진 문제점을 바탕으로 제도적 특성에 따른 불응요인의 분석을 살펴보고, 본 연구의 경험적 연구의 목적인 가설검증 결과를 비교·검토해 봄으로써 국민연금제도에 대한 정책적 함의를 도출하고자 한다. 보다 구체적으로는 본 연구에서 연구가설을 검증하기 위해 설정한 정책불응요인 중 정책요인에 대한 것은 국민연금의 제도적 요인을 중심으로, 정책대상집단요인에 대해서는 합리적 선택이론에 따른 조세회피요인을 중심으로, 그리고 정책담당기관요인은 국민연금의 제도적 요인 및 합리적 선택이론에 따른 조세회피요인을 중심으로 분석하고자 하는 것이다.

1. 불응행태의 제도적 요인분석

1) 미가입 및 납부예외(적극적 불응)의 제도적 요인분석

미가입 및 납부예외라는 행태적 결과와 관련하여 제2장 제2절 제2항의 국민연금의 제도적 원인을 살펴보면, 연금체계에 있어서 보험료 부과체계의 문제와 적용기준의 불합리성, 관리효율상의 측면에서 국민연금제도의 홍보 부족과 기금의 운영문제, 그리고 소득파악체계의 미구축 등이 적극적 불응의 원인으로 논의되었다.

이를 구체적으로 살펴보면, 우선 가장 근본적인 원인은 소득파악체계의 미구축일 것이다. 이러한 소득파악체계의 미구축은 인적 및 소득관련 정보인프라의 미구축을 의미하는 것으로 이는 국민연금 가입대상자가 미가입의 행태(납부예외를 포함)를 가능하게 하는 제도적인 결함일 것이다.

다음으로 미가입문제에 대한 제도적 원인으로 보험료 부과체계는 현재 단일체계의 보험료 부과체계로 말미암아, 가입자를 구성하는 다양한 계층들의 요구 및 직업적 특성을 연금제도에 반영할 수 없는 단점을 지닌다. 이는 국민연금 가입대상자로 하여금 지역가입자의 소득파악에 따른 문제 및 직장가입자와 지역가입자 간의 형평성의 문제를 제기할 수 있으며, 따라서 이원적 부과체계에 비해 상대적으로 보험료의 수준이 높아 연금가입대상자들이 국민연금에 가입하기가 용이하지 않다는 것이다.

다음으로 국민연금 가입대상자의 미가입 행태에 대한 제도적 원인은 적용기준의 불합리성이 있다. 이는 5인 미만 사업장의 근로자는 지역가입대상자에 해당되고, 5인 이상의 사업장의 근로자는 직장가입대상자이기 대문에 실질적인 형평성에 차이가 있는 것이다. 이러한 상황에서 볼 때 지역가입대상자인 근로자는 기꺼이 국민연금에 가입하지 않을 것이며, 설사 가입한다고 하더라도 불법적인 방법으로 납부예외의 행태로 나타날 것이다.

다음으로 국민연금 미가입(납부예외문제를 포함)에 대한 원인으로 관리효율상의 측면에서 볼 때, 국민연금제도의 홍보 부족이 있다. 국민연금제도의 홍보 부족의 문제는 국민연금제도의 확대실시에 대비한 국민연금 가입대상자를 너무 소홀하게 대함으로써 국민연금제도를 일종의 검은 상자(black box)화했다는 것이다. 이는 대다수의 사람들이 국민연금이 무엇이고 언제 누구에게 적용되는지조차 몰랐다는 것이다. 이는 국민연금제도에 대한 정부의 홍보 부족과 더불어 각종 언론매체에서의 국민연금기금의 문제가 쟁점화되면서 더욱 국민의 불신을 만들었다.

다음으로는 정부 및 국민연금공단의 국민연금기금운용의 능력문제를 제시하면서, 그 논리적 근거로 기타 공적연금(공무원연금, 사학연금, 군인연금)의 기금고갈에 따른 정부에 비판을 가하면서 국민들은 신뢰감이 줄어들고 따라서 국민연금 가입대상자로 하여금 미가입 및 납부예외의 행태를 일으켰다.

2) 소득하향신고(소극적 불응)의 제도적 요인분석

다음은 소득하향신고에 대한 제도적 원인을 정리해 보고자 한다. 소득하향신고에 대한 제도적 원인으로는 연금체계에서의 효율적인 보험료 부과체계의 결여(세대 내 형평성 문제)와 적용기준의 불합리성을 들 수 있으며, 관리효율상의 측면에서는 신고권장소득의 문제 및 소득파악체계의 미구축 등이 있다. 하지만 연금체계의 효율적인 보험료 부과체계의 결여(세대 내 형평성 문제) 및 적용기준의 불합리성, 그리고 소득파악체계의 미구축은 미가입의 문제에 대한 제도적 원인분석의 내용과 같다. 따라서 관리효율상 측면의 신고권장소득의 문제에 대해서만 살펴보고자 한다.

원래 신고권장소득체계는 실소득파악이 현실적으로 어렵고 신고주의에 입각한 보험료 부과가 하향소득신고를 유발하는 등 실효성이 없다는 것을 전제하고, 도시지역 주민들이 가능한 신고권장소득에 가깝게 소득을 신고하도록 유도하려는 방안이다. 하지만 이러한 신고권장소득체계는 많은 가입자가 신고권장소득에 불만을 제기하고 이의 타당성에 대한 의문을 제기함으로써, 가입자들이 실제소득이 아닌 소득하향신고를 하게 만드는 하나의 제도적 원인으로 나타났다.

2. 행태분석의 결과

1) 미가입 및 납부예외(적극적 불응)의 행태분석결과

미가입 및 납부예외는 본 연구의 불응유형에 비추어 보면 적극적 불응에 해당될 수 있다. 이러한 적극적 불응의 원인은 경험적 연구의 결과를 살펴보면 다음과 같다. 즉 정책의 소망성, 심리요인, 성별(남자), 연령(30세 미만), 직종(근로자), 거주지역(중소도시) 등이 통계적으로 유의미한 영향이 있는 것으로 나타났다. 이를 구체적으로 살펴보면 다음과 같다.

우선 정책요인을 살펴보면, 행태분석에서 통계적으로 유의미한 변수로 나타난 것이 정책의 소망성 변수이다. 이러한 정책의 소망성 변수는 국민연금제도의 필요성과 그 시기의 적절성, 소득신고기준의 적합성, 그리고 소득재분배의 효과에 관한 것이다. 이는 제2장 제2절 제2항의 제도적 요인과 관련시켜 볼 때 아주 밀접한 관계가 있음을 알 수 있다. 즉 제도적 분석에 의한 적극적 불응요인으로 보험료 부과체계의 문제, 적용기준의 불합리성, 국민연금제도의 홍보 부족과 기금의 운영문제, 그리고 소득파악체계의 미구축 등을 들 수 있는데, 이것이 바로 정책의 소망성에 해당될 수 있다는 것이다. 결국 국민연금제도의 연금체계가 바람직스럽지 않고 소망스럽지 않기 때문에 이러한 행태적 결과(국민연금제도의 불신에 따른 미가입문제, 납부예외문제), 즉 정책불응이 발생한다는 것이다.

다음으로 행태분석에서 정책대상집단요인 중 통계적으로 유의미한 변수로 나타난 것은 성별(남자), 연령(30세 미만), 직종(근로자), 거주지역(중소도시) 등이다. 즉 남자보다는 여자가, 30세 이상의 연령층(중·장년층)에 비해 30세 미만(20대의 청년층)의 연령층이, 그리고 4인 이하의 사업장에서 근무하는 근로자보다는 농어민 및 자영업자 국민연금 가입대상자가 적극적으로 불응하는 것으로 나타났다. 이는 조세회피이론과 아주 밀접한 관계가 있음을 알 수 있다. 이는 국민연금정책의 불응요인을 설명하기 위해서 조세회피이론의 실증적 연구결과와 비교·검토해 봄으로써 그 타당성을 검증해 볼 수 있을 것이다. 즉 조세회피이론에 의하면, 연령과 조세회피 성향은 음(-)의 상관이 있어, 연령이 많을수록 조세회피 성향은 줄어드는 반면, 젊은 사람들 사이에서 조세회피 행위가 많이 발생한다고 한다. 그리고 직업(직종) 면에서는 근로소득자(원천징수대상자)에 비해 자영업자의 경우가 조세회피 성향이 강한 것으로 나타났다. 즉 본 연구에 의하면 남자보다 여자가 국민연금정책에 대해 더욱 불응하는 것으로 나타났다. 따라서 본 연구의 결과와 조세회피이론을 비교해 보면 성별에서만 차이가 나는 것을 알 수 있다.

2) 소득하향신고(소극적 불응)의 행태분석결과

소득하향신고는 본 연구의 불응유형에 비추어 보면 소극적 불응에 해당될 수 있다. 이러한 소극적 불응의 원인은 경험적 연구의 결과를 살펴보면 다음과 같다. 즉 통계적으로 유의미한 변수는 정책의 신뢰성, 심리요인, 연령(30~39), 소득수준(100~200만원 미만), 소득수준(200~300만원 미만), 그리고 거주지역(중소도시) 등으로 나타났다. 이를 구체적으로 살펴보면 다음과 같다.

정책담당기관의 신뢰성이 실제소득신고 여부에 양(+)의 유의미한 영향을 미치는 것으로 나타났다. 이는 국민연금제도의 목적이 순수하고 국민연금기금의 운용능력이 우수하며 정부가 다른 목적으로 국민연금기금을 유용하지 않으며 자신이 신고한 소득신고자료가 국세청 등 다른 기관으로 유출되지 않고, 정책담당공무원의 태도가 정책 및 정책대상집단에 대하여 일관성을 가질 경우 국민연금 가입자는 소득을 하향 신고하지 않고 실제소득을 신고한다는 것이다. 정책의 신뢰성은 국민연금의 제도적 문제점과 관련시켜 볼 때 연금체계에서의 효율적인 보험료 부과체계의 결여(세대 내 형평성 문제)와 적용기준의 불합리성을 들 수 있고, 관리효율상의 측면에서는 신고권장소득의 문제 및 소득파악체계의 미구축과 관련시켜 볼 수 있다. 즉 국민연금제도의 관리체계가 일관성 및 신뢰성이 없기 때문에 이러한 행태적 결과(소득하향신고)가 발생한다는 것이며, 만약 신뢰성 있고 일관성이 유지된다면 국민연금의 실질소득신고가 실현될 수 있을 것이다. 그리고 이러한 정책의 신뢰성은 조세회피이론에서 나타난 정부신뢰도가 높을수록 조세회피 성향은 감소하는 것과 관련시켜 볼 수 있다.

　다음으로 행태분석에서 정책대상집단요인 중 통계적으로 유의미한 변수로 나타난 것은 연령(30세 미만)과 소득수준이다. 즉 30세 이상~40세 미만의 연령층(30대의 연령층)이 40대 및 50대 연령층에 비해 소득하향신고, 즉 소극적 불응을 하는 것으로 나타나고 있으며, 연금 가입자가 100만원 미만의 저소득층과 300만원 이상의 고소득층이 100~300만원 미만의 소득수준에 비해 하향소득신고, 즉 소극적 불응을 하는 것으로 나타났다. 이러한 소극적 불응에 대한 유의미한 변수를 조세회피이론과 대비하면 연령과 조세회피 성향은 음(-)의 상관, 즉 연령이 많을수록 조세회피 성향은 적어진다는 점과 일치하며, 소득 수준이 조세회피 성향과 양(+)의 관계, 즉 소득수준이 높을수록 조세회피현상이 나타나는 것으로 일치함을 알 수 있다.

3. 국민연금정책의 특성에 의한 정책불응요인

1) 연금공단의 면담조사에 의한 정책불응요인

　국민연금제도의 확대적용을 위해서 국민연금공단은 1996년 5월에 '도시지역 확대 실무 추진단'을 구성하여 1996년 6월부터 7월까지 2개월에 걸쳐 대구시, 대전시, 그리고 광주시 주민들을 대상으로 국민연금 가입에 대한 호응도, 실제 소득수준 파악가능 여부, 연금보험료의 부담수준 등을 조사하였는데,[24] 그 결과를 개략적으로 설명

---

24) 국민연금관리공단, 전게논문, p. 6.

하면 다음과 같다.

첫째, 국민연금 가입에 대한 호응도는 연금기금 고갈에 대한 우려, 정부정책에 대한 신뢰성 부족, 개인연금에 이미 가입하였다는 이유 등으로 소극적이었다. 둘째, 실제 소득수준 파악가능 여부를 보면, 본인의 실제 소득수준을 신고할 경우 국민연금에 신고한 실제 소득액이 세금 부과기준과 직결될 것이라고 우려한 나머지 실제 소득을 노출하는 데는 매우 부정적이었다. 따라서 도시지역 주민의 소득파악은 매우 어려울 것이므로 소득파악기법을 정교하게 설계하거나 아니면 소득계층별로 몇 개의 소득구간을 설정하여 소득수준별로 일정액의 연금보험료를 납부하도록 하는 방안 등을 검토할 필요성이 제기되었다. 셋째, 연금보험료 부담수준은 국민연금이 강제적용제도이고 노후생활을 위하여 반드시 가입하여야 한다면 상당수의 주민들은 월 3만원 정도는 납부할 수 있다고 응답하였다.

2) 본 연구자의 면담조사에 의한 정책불응요인

일반적으로 국민연금제도의 불응에 대한 원인을 살펴보기 위해서는 실제 국민들이 인식하고 있는 문제점을 중심으로 면담 및 대화를 해보는 것이 중요한데, 본 연구자가 국민들과 면담한 결과를 요약하면 다음과 같다. 첫째, 국민연금정책은 정부의 기타 정책, 예를 들면 의료보험 등에 비해서 실질적인 혜택이 적다는 것, 둘째, 국민연금의 보험료율이 너무 높다는 것, 셋째, 국민연금, 즉 공적 연금이 실시되기 이전에 개인보험이 너무 활성화되어 있으며 개인보험의 여러 장점에 비해 국민연금이 국민들 입장에서 보면 비효율적이라는 점(특히 저축성이 보장되지 않는 점), 넷째, 적용대상자 면에서 볼 때 직장가입대상자와 지역가입대상자의 적용기준이 불합리하다는 점 등이다.

3) 사회적 분위기에 의한 정책불응요인

국민연금제도의 확대적용시 국민들은 연금보험에 대한 장점보다는 국민연금을 일종의 조세로 인식함으로써 강제가입에 대한 정책불응의 행태로 나타났으며, 언론의 부정적 보도 및 비판확산으로 소득신고 초기단계에서 언론보도 내용은 크게 사실보도와 논평으로 구분되나 양자 공히 비판적인 성향을 나타냈다. 사실보도에 있어서는 대체로 소득신고 접수현장에서의 민원인의 불만사항을 인터뷰 등을 통해 보도하였으며 논평에 있어서는 준비부족, 행정관리상의 문제점, 확대시기의 부적절 등을 사설이나 칼럼 또는 독자기고 등을 통해 보도하였다.

4) 기타 정책불응요인

국민연금정책의 불응요인은 상기에서 지적한 것 이외에도 제도에 대한 불신, 사회보험제도에 대한 인식 부족 등도 있었는데 그 원인을 구체적으로 분석해 보면 다음과 같다.

(1) 국민들의 연금제도 자체에 대한 불신심화
그동안 기금이 고갈되었다는 오해와 공공부문 강제예탁으로 재정손실이 크다는 등에 관한 사항을 국민들이 인식함으로써, 재정불안정 문제가 여전히 남아 있어 장래 급여보장이 불확실하다는 비판이 확산되었으며, 기타 공무원연금, 군인연금, 사학연금의 기금고갈 및 주가조작설 등 공적 연기금 전반에 대한 부정적 견해가 일반화됨으로써 국민연금제도 자체에 불신을 심화시켰다.

(2) 사회보험의 원리에 대한 이해부족
국민연금제도에 가입해야 한다는 원론에는 찬성하면서도 막상 자신이 보험료를 내야 하는 의무에 대해서는 부담을 느끼고, 국민연금을 사보험이나 개인연금과 유사한 제도로 인식하고 소득신고를 기피하고 있다.

(3) 행정 편의주의

신고소득과 권장소득 간의 차이가 있을 경우 가입자에게 이를 입증하도록 함으로써 행정편의주의라는 비난을 초래하였다.

(4) 사적연금 보험업계의 반발

사적 연금 보험업계에서는 국민연금 확대 시 영업위축에 대한 불안감으로 반대여론 조성 등 악성루머를 유포하여 국민연금제도에 더욱 부정적인 인식을 갖도록 유도한 바 있다.

4. 국민연금정책의 불응요인에 대한 정책적 함의

이상과 같이 국민연금정책의 불응요인에 대하여 제도적 요인분석과 본 연구의 실증분석인 행태분석, 그리고 기타의 연구를 분석·검토해 보았다. 이러한 분석의 결과를 살펴보면 국민연금의 제도적 장치가 합리적이지 못하여 불응할 수도 있고, 국민연금 가입대상자 및 가입자 개인이 처한 나름대로의 합리적인 선택을 통한 의사결정의 결과로서 불응할 수도 있다. 하지만 국민연금제도는 강제가입의 원칙을 가진 강제적 연금이기 때문에 이에 대한 사각지대만 없애면 국민연금제도는 성공할 수 있다고 볼 수 있다. 이러한 성공을 위해서는 전제조건이 필요한데, 다름 아닌 인적 및 소득관련 정보인프라의 구축이다.

1) 적극적 불응(미가입 및 납부예외문제)과 관련된 정책적 함의

정부는 국민연금정책의 목표 및 수단이 소망스럽게 설정될 수 있도록 노력해야 할 것이다. 즉 국민들은 처음으로 시행하는 국민연금제도가 정말 바람직스럽다고 느껴질 수 있어야 믿고 가입한다는 것이다. 이는 보험료 부과체계의 문제, 적용기준의 불합리성, 국민연금제도의 홍보 부족, 그리고 기금의 운영문제 등에 대한 제도적 합리성을 확보할 수 있도록 연금체계를 제고해야 된다는 의미이다.

그리고 많은 불안정 고용근로자가 보다 안정적인 직업을 확보할 수 있도록, 즉 실업을 해소할 수 있도록 정책적 고려가 있어야 할 것이다. 그리고 우리나라의 경우 모든 정책대상자가 남자이고 여자는 항상 예외로서 인식한 경우가 많은데, 사회 진출을 하고 있는 여자의 경우 당연히 정책대상자라는 것을 인식할 수 있도록 사회 적인 분위기를 조성해야 할 것이다. 이러한 사회적 분위기 및 정책적 고려가 국민 의 연금가입을 촉진시킬 수 있는 하나의 방안이 될 것이다.

2) 소극적 불응(소득하향신고)과 관련된 정책적 함의

우선, 정부정책에 대한 국민들의 신뢰성을 확보하기 위한 정부의 노력이 중요하 다고 여겨진다. 만약 정부에 대한 신뢰성이 부족한 경우, 어느 누구라도 실제소득을 신고하지는 않을 것이다. 이러한 신뢰성 확보를 위해서는 효율적인 보험료 부과체 계의 결여(세대 내 형평성 문제), 적용기준의 불합리성, 그리고 신고권장소득의 문제 등에서 나타나는 연금체계 및 관리체계의 합리성을 제고해야만 할 것이다.

그리고 소득수준과 관련하여 100만원 미만의 저소득층과 300만원 이상의 고소득 층의 경우 중간계층의 소득층에 비해 실제소득을 신고하지 않는 것으로 나타났는데, 이에 대한 정부의 대책이 있어야 할 것이다. 이와 관련하여 100만원 미만의 저소득 층은 국가의 생활보호 차원에서 납부예외규정을 두는 방안과 고소득층에 대해서는 거래의 실명제를 고려해 볼 수 있는데, 정부는 이것이 실시될 수 있는 구체적 방안을 살펴보아야 할 것이고 이는 곧 개인별 소득수준이 보다 투명하게 될 것으로 판단된다.

제 5 장
결 론

제1절 연구결과의 요약

1. 조사설계의 인과모형과 정책불응의 의의

1986년 국민연금법이 제정되고 1988년 1월 1일부터 시행된 국민연금제도는 15년이 지난 현시점에서 바라볼 때, 아직도 많은 국민(국민연금 가입대상자)들이 국민연금제도를 부정적인 시각으로 바라보고 있는 실정에 있다.[1] 이러한 부정적인 시각은 당연히 부정적인 행태로서 나타났는데, 제도 도입 초기에는 국민연금의 제도 도입에 따른 정치적인 동기에 그 원인이 있었지만, 지금은 그러한 정치적인 동기보다는 국민연금의 제도적인 문제점과 국민연금 가입대상자들의 보다 현실적인 부분에 그 원인이 있다고 볼 수 있다.

　본 연구에서는 이러한 부정적인 반응행태를 일종의 정책불응으로 간주하여 국민연금정책의 불응 요인이 무엇인지를 밝혀내는 것을 그 목적으로 하였다. 이를 위해서 국민연금제도의 시행에 따른 문제점을 제도적인 측면의 문제점과 제도적인 문제점에 따른 국민연금 가입대상자들의 행태적 결과를 분리하여 분석하였다. 분석결과를 살펴보면, 우선 국민연금의 제도적 문제점으로는 크게 연금체계의 문제와 관리

---

1) 국민연금제도의 전국민확대실시는 앞에서 살펴본 제약적인 요인에도 불구하고 모든 경제활동을 하는 계층을 적용하였다는 측면과, 전 국민에 대한 노후소득보장을 실시했다는 측면에서의 당연한 귀결이며 자연스러운 결과로 볼 수 있다. 또한 국민연금제도의 전 국민 확대적용을 단순한 확대 자체를 넘어선 다른 의미로 볼 수 있다는 것이다. 즉 국민연금의 전 국민 확대 실시는 다른 사회보험 확대적용 및 제도 정착의 중요한 시도이며, 사회보험 발전의 선도적 역할로서 그 의미를 부여할 수 있다는 점이다. 그러나 제도의 시기성에 있어 적절하지 못하다는 측면도 제기되었다. 그 이유로는 국민연금은 장기성을 띤 노후보장이라는 면에서 단기적인 혜택은 사실상 불가능하다는 특성을 감안한다고 할 경우, 굳이 외환위기 이후 확대 개편할 필요성이 있었는가 하는 것이다. 이는 국민의 경제적 상황을 충분히 고려하지 않은 상태에서 제도의 순기능만을 고집하여 실시하였다는 점이다.

효율상의 문제로 나눌 수 있다. 연금체계의 문제점으로는 저부담－고급여 구조(세대 간 형평성 문제), 효율적인 보험료 부과체계의 결여(세대 내 형평성 문제), 그리고 적용기준의 불합리성을 들 수 있고, 관리효율상의 문제점으로는 국민연금제도의 홍보 부족, 신고권장소득의 문제, 기금의 운영문제, 제도 간 연계문제, 소득파악체계의 미구축 등을 들 수 있다. 그리고 행태적 결과로서는 국민연금제도의 불신에 따른 미가입문제, 납부예외문제, 그리고 소득하향신고문제 등으로 나타났다. 이러한 제도적 원인과 행태적 결과를 요약하면 다음의 <표 5－1>과 같다.

〈표 5－1〉 제도적 원인과 행태적 결과의 인과관계

	제도적 원인	행태적 결과(정책불응)
연금체계	• 보험료 부과체계의 문제 • 적용기준의 불합리성	미가입문제 (납부예외문제)
관리효율	• 국민연금제도의 홍보 부족 • 기금의 운영문제 • 소득파악체계의 미구축	
연금체계	• 효율적인 보험료 부과체계의 결여(세대 내 형평성 문제) • 적용기준의 불합리성	소득하향신고문제
관리효율	• 신고권장소득의 문제 • 소득파악체계의 미구축	

이러한 제도적 원인과 행태적 결과의 인과관계를 기준으로 제3장의 분석 모형 및 조사설계부문에서 변수선정에 이용하였는데, 행태적 결과는 국민연금정책의 불응영향요인에 대한 3가지 범주(정책요인, 정책대상집단요인, 그리고 정책담당기관요인) 중에서 정책요인에 해당될 수 있다.

한편 이러한 국민연금제도의 행태적 결과를 일종의 정책불응으로 간주하여 국민연금정책의 불응의의를 고찰하였는데 그 내용은 다음과 같다. 즉 본 연구에서의 정책불응이란, 국민연금의 제도적 문제점에 따른 행태적 결과를 의미하는 것으로서 정책대상집단의 외현적 행동이 정부정책에 대하여 불일치하는 것으로 규정하고자 한다. 구체적으로는 국민연금의 가입대상자 중 가입신고를 하지 않거나(미가입자), 가입을 했다 하더라도 비합법적인 기준 및 방법으로 납부예외대상자로 분류되는 경우(비합법적인 납부예외자), 그리고 소득을 신고했다 하더라도 소득을 하향하여 신고한 경우(소득하향신고자)를 본 연구에서 국민연금정책에 대한 정책대상집단의 불응의 의미로 규정하고자 한다는 것이다.

이러한 불응의 개념을 고찰해 볼 때, 정책대상집단의 불응의 의미가 무엇인가에 대해서 살펴볼 필요가 있는데, 본 연구에서는 정책불응에 대한 다양한 연구관점 중에서 국민연금제도에 대한 많은 정책대상자들이 다양한 이해 관계적 입장에서 합리적인 기대효용을 극대화하는 행태를 보이게 된다는 것을 전제로 한다. 즉 정책불응의 설명이론(연구관점)을 정책불응의 행위자요인으로서 합리적 선택 모형을 채택하고자 한다. 따라서 국민연금정책에 있어서의 정책대상자(국민연금 가입대상자)는 행위자로서의 합리적 선택 관점에서 순응 및 불응(연금가입)의 여부를 결정할 것이라는 가정이다. 아울러 본 연구에서는 국민연금제도의 연금보험료가 국가재정의 일환으로서의 정부예산 및 국민조세로서의 성격으로 인해, 이러한 국민연금정책의 불응을 일종의 조세불응의 성격이 강한 것으로 파악하고자 한다. 즉, 국민연금의 기금은 가입자가 부담하는 보험료 수입에 의해 적립되므로 많은 국민연금의 가입대상자들은 국민연금정책을 소득중단 혹은 소득상실에 대비한 사회보장의 의미로서가 아니라, 조세적 의미의 성격으로 파악하여 이를 조세불응으로 간주하며 이는 곧 조세회피의 성격을 고려하고자 한다는 것이다. 따라서 본 연구에서 국민연금제도에 대한 정책불응을 개인의 합리적 선택행위로서의 조세회피적 성향으로 파악하였다. 그리하여 조세회피이론에서 밝혀진 조세회피의 주요한 요인을 제3장의 분석 모형 및 조사 설계부문에서 변수선정에 이용하였는데, 조세회피요인은 국민연금정책의 불응영향요인에 대한 3가지 범주(정책요인, 정책대상집단요인, 그리고 정책담당기관요인) 중에서 정책대상집단요인과 정책담당기관요인에 해당될 수 있다. 분석에 사용된 요인으로는 정부의 제재, 조세부담금, 과세공평성, 동료집단의 조세회피 정도, 정부에 대한 신뢰도, 그리고 세제의 복잡성에 의한 이해부족의 정도 등이며, 인구사회학적 요인에는 연령, 교육수준, 소득수준, 그리고 소득원 등으로 구분해 볼 수 있다.

그리고 국민연금제도에 대한 본 연구의 정책불응에서는 본 연구의 불응분류 모형을 정립하여 종속변수의 이론적인 체제를 정비하였다. 이에 의하면 불응의 정도와 행위자(정책대상집단)의 관점(입장)에 의한 외현적인 행동에 따라 능동적·참여적 불응과 수동적 불응(적극적 불응과 소극적 불응), 그리고 순응으로 분류해 볼 수 있다.

국민연금제도에서 능동적·참여적 불응이란 항의, 진정, 서명운동, 시민운동 등 의도적으로 국민연금제도 그 자체에 대하여 원천적으로 거부하고 반대하는 불응을 의미하고, 수동적 불응이란 일정한 정책에 대하여 고의적이든 비고의적이든 일정한 부분을 동의하고 수용하되, 태도가 분명치 않는 경우를 의미하는 것으로 그 정도(강도)에 따라 적극적 불응, 소극적 불응으로 구분할 수 있다.

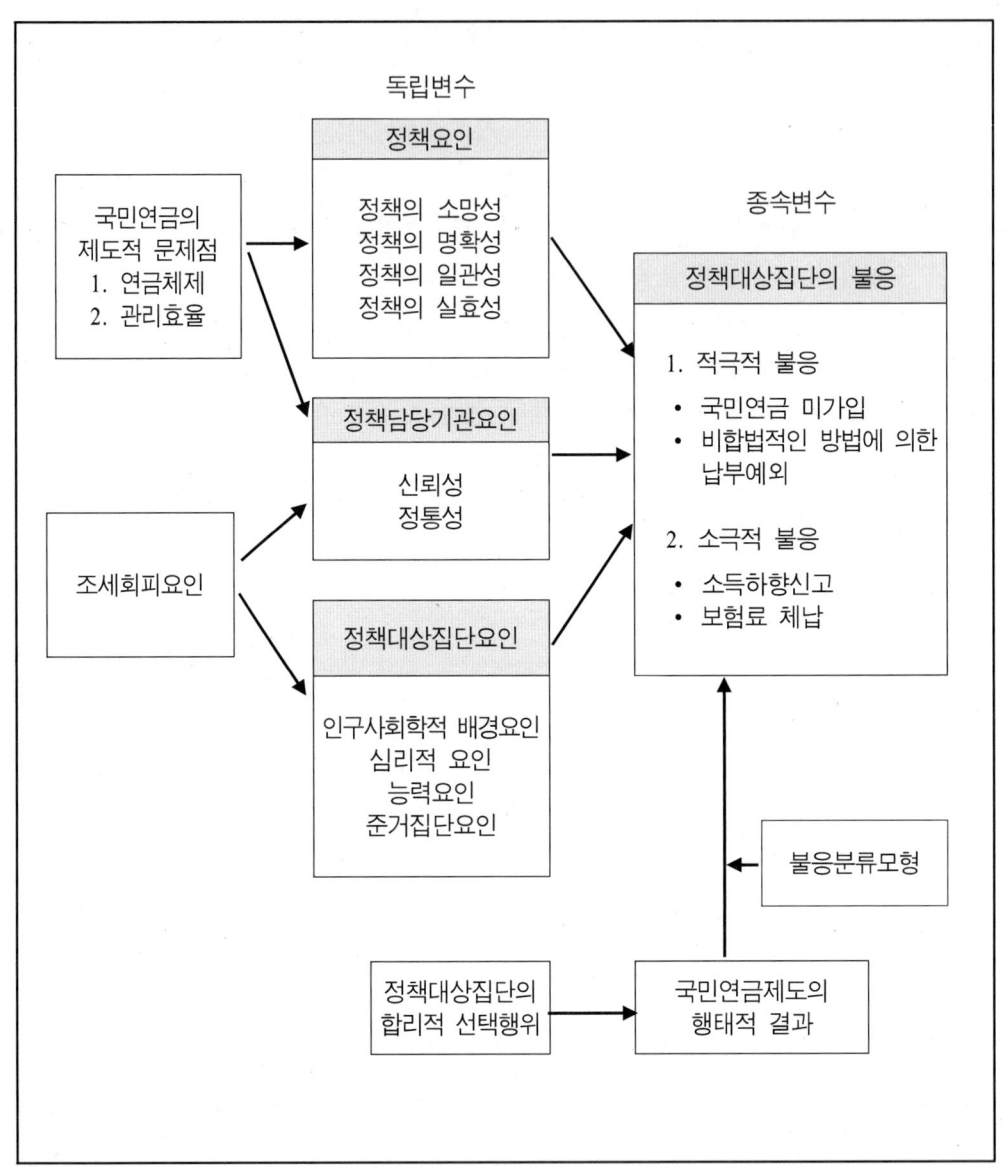

독립변수

정책요인

정책의 소망성
정책의 명확성
정책의 일관성
정책의 실효성

국민연금의
제도적 문제점
1. 연금체제
2. 관리효율

종속변수

정책대상집단의 불응

1. 적극적 불응

• 국민연금 미가입
• 비합법적인 방법에 의한
  납부예외

2. 소극적 불응

• 소득하향신고
• 보험료 체납

정책담당기관요인

신뢰성
정통성

조세회피요인

정책대상집단요인

인구사회학적 배경요인
심리적 요인
능력요인
준거집단요인

불응분류모형

정책대상집단의
합리적 선택행위

국민연금제도의
행태적 결과

〈그림 5-1〉 조사설계의 인과모형

여기서 적극적 불응이란, 국민연금제도 그 자체에 대해서는 인정은 하더라도 보다 강하게 불응하는 유형으로서, 일정한 이유에 의해 가입을 거부한다든지, 혹은 본인이 실제 가입신고를 따로 하지 않고 있다 하더라도 국민연금공단의 직권 혹은 동(면)사무소의 직권으로 가입을 강제했을 경우에 개인적인 사정을 들어 비합법적인 방법으로 납부예외자로 신청하는 경우이다.

그리고 소극적 불응이란 역시 국민연금제도 그 자체를 인정하여 어쩔 수 없이 가입은 했지만 소극적으로 불응하는 것으로, 실제 정상적인 소득신고를 하지 않거나 실제 소득을 신고했다 하더라도 보험료 등을 체납하는 경우에 해당된다. 그리고 순응이란 행위자가 환경에 대하여 일정한 정책(제도) 그 자체를 수용·지지를 통한 능동적인 순응을 의미하되 주로 긍정적, 합법적인 방법을 통한 지지를 의미할 수도 있다(지지표명 등). 이 중에서 본 연구의 정책불응과 관련해서는 수동적 불응의 2가지 종류인 적극적 불응과 소극적 불응을 본 연구의 종속변수로 채택하였다. 이상과 같은 과정을 통하여 조사설계의 인과모형을 작성할 수 있는데, 위의 <그림 5-1>에 제시하였다.

2. 연구결과의 요약

이상과 같은 정책불응의 제도적 요인 및 정책불응의 의의를 토대로 경험적 연구를 수행하였다. 경험적 연구의 목적은 국민연금정책의 불응원인을 파악하고자 함인데, 분석을 위한 독립변수는 크게 정책요인, 정책대상집단요인, 그리고 정책담당기관요인으로 구분하여 설정하였다. 구체적으로 살펴보면, 정책요인으로는 정책의 소망성, 정책의 명확성, 정책의 일관성, 그리고 정책의 실효성으로 구분하였고, 정책대상집단요인으로는 정책대상자의 인구사회경제적 요인(성별, 연령, 소득수준, 소득원, 직종, 학력, 그리고 거주지역), 심리적 요인, 준거집단요인, 그리고 능력요인으로 구분하였다. 그리고 정책담당기관요인으로는 신뢰성과 정통성으로 구분하였다. 그리고 종속변수는 당연히 정책의 불응인데, 본 연구의 불응분류 모형에 따라 적극적 불응과 소극적 불응으로 구분하여 분석하였다. 적극적 불응으로는 국민연금 미가입과 비합법적인 방법에 의한 납부예외이고, 소극적 불응은 소득하향신고와 보험료 체납이나 보험료 체납은 사례 수의 부족으로 제외하였다. 그리고 본 연구의 연구대상은 만 18세 이상 60세 미만의 대한민국 국민으로서 국민연금의 당연적용 가입대상자 중 현재 국민연금의 가입 여부와는 상관없이 지역가입대상자로 한정하였다.

　본 연구에서 설정한 이론적 모형과 가설을 토대로 이루어진 경험적 연구의 결과를 요약하면 다음과 같다.

1) 적극적 불응(미가입 및 납부예외)의 가설검증결과

　가설검정과 관련하여 적극적 불응에 대하여 각 독립변수가 통계적으로 유의미한 변수는 정책의 소망성, 심리요인, 성별(남자), 연령(30세 미만), 직종(근로자), 거주지역(중소도시) 등으로 나타났다. 즉 국민연금 가입대상자들은 국민연금제도가 바람직하지 못하고 소망스럽지 못하다고 인식하거나, 심리적으로 무관심하지 않거나 거부감이 없다고 인식할 경우, 남자보다는 여자가, 30세 이상의 연령층(중·장년층)보다는 30세 미만(20대의 청년층)의 연령층이, 사업장에서 근무하는 근로자보다는 농어민 및 자영업자가, 그리고 국민연금 가입대상자의 거주지역이 대도시 및 군지역보다는 중소도시일 경우 국민연금제도에 대해 적극적으로 불응하는 것으로 나타났다. 이를 구체적으로 살펴보면 다음과 같다.

　첫째, 정책의 소망성 변수는 불응영향요인 중에서 정책요인에 해당되는 것으로 국민연금제도의 필요성과 그 시기의 적절성, 소득신고기준의 적합성, 그리고 소득재분배의 효과에 관한 것이다. 즉 국민연금정책의 소망성이란, 국민연금제도가 필요하고 그 시기가 적절하며, 그리고 국민연금공단이 제시한 소득신고기준이 적합하고, 국민연금제도의 성격상 소득재분배의 긍정적인 효과를 가져옴으로써 나타나는 바람직한 현상을 의미하고 있다. 그리고 정책의 소망성은 본 연구의 변수설정에 따른 조작적 정의로서의 측정문항에는 포함되지 않았지만, 국민연금의 제도적 요인과 관련시켜 보면 다음과 같은 문제점이 제기되고 있다. 즉 연금체계에 관한 문제로 보험료 부과체계의 문제와 적용기준의 불합리성을 들 수 있고, 관리효율상의 문제로 국민연금제도의 홍보 부족과 기금의 운영문제, 그리고 소득파악체계의 미구축 등이다. 이를 구체적으로 살펴보면 다음과 같다. 우선 보험료 부가체계는 모든 연금 가입자에 대해 단일의 보험료 부과체계를 적용함으로써 다양한 계층 및 요구 그리고 직업적 특성을 반영시키지 못하여 세대 내 형평성의 문제를 야기한다는 것이다. 그리고 적용기준의 불합리성이란, 직장가입대상자로서의 근로자와 지역가입대상자로서의 근로자를 차별화함으로써 형평성에 어긋난다는 것이다. 이는 사실 직장가입자와 지역가입자의 모호한 구분(사업장의 근로자 수)에 대해 지역가입대상자들은 적극적으로 불응한다는 것이다. 국민연금제도의 홍보문제는 국민연금제도의 시행과 더불어 국민연금제도의 가입대상자에 대하여 너무 소홀하게 대응한 나머지, 가입대상자의 부정적인 인식 및 이에 따른 필요성의 부재, 그리고 비록 필요하다고 느껴진다 하더라도 그 시기가 이르다는 것으로 많은 문제점을 가져왔다는 점이다.

다음으로 국민연금기금의 문제점이란, 공공기금의 운용에 따른 문제점으로서 수익률 저하, 정부상환 능력의 한계 등에 따른 국민들의 불신감 문제이다.[2] 마지막으로 소득파악체계의 미구축은 정부가 국민연금 가입대상자들의 소득을 제대로 파악하지 못함으로써, 결과적으로 적극적인 불응을 할 수 있는 원인을 제공한 것이 될 수 있다. 이는 원래 국민연금은 사회보험의 일종으로서 강제가입의 원칙인데, 이러한 소득파악체계의 미비는 가입대상자들로 하여금 적극적 불응을 할 수 있는 사각지대를 제공한 셈이 되고 말았던 것이다.

따라서 이상과 같은 문제점은 정책의 소망성을 저해할 수 있는 결과를 초래하여 정책불응이 발생한다는 것이다. 이러한 정책요인은 국민연금 가입대상자들로 하여금 연금가입을 기피하게 하고 있는 것이 사실이며, 이는 아무리 국민연금제도가 강제가입

---

2) 이에 대한 구체적 내용은 다음을 참조하면 됨. 공병호·권오성, "국민연금의 문제점과 개선방안", 국민연금 민영화를! 자유기업센터, 1998.

의 원칙이라 하더라도 정책 자체가 소망스럽지 못하면, 그 어느 누구도 기꺼이 가입하려 하지 않을 것이므로 당연한 결과이다.

둘째, 국민연금 가입에 따른 적극적 불응에 유의미한 영향을 미치는 요인이 심리요인인데, 심리요인은 국민연금정책의 불응에 음(-)의 영향을 미치는 것으로 나타났다. 즉 국민연금제도에 대한 소득신고와 보험료 납부가 귀찮지 않거나 싫다고 생각하지 않아 심리적으로 안정적일 경우, 즉 국민연금제도에 대해 심리적으로 무관심하지 않거나 거부감이 없을 경우 국민연금제도에 적극적으로 불응한다는 것이다. 이는 사고의 주의가 필요한데, 왜냐하면 심리적으로 귀찮거나 싫지 않다고 인식될 경우에는 순응을 해야 하는데 오히려 불응을 한다는 점이다. 이러한 점은 국민연금제도의 도입 및 확대시행에 따른 정치·사회적 분위기와 관련하여 생각해 볼 수 있다. 즉 대다수의 국민들은 국민연금제도의 도입 및 확대과정에 있어 상당한 부정적인 정치·사회적인 분위기가 보편화되어 있다는 사실이다. 다시 말하면, 제도의 확대도입 당시의 많은 국민들은 국민연금제도의 정치적인 목적 혹은 사회적인 거부감으로 인해 국민연금제도가 사회적인 쟁점화의 단계에 와 있었고, 이로 말미암아 국민들이 조금만 관심을 가지고 있을 경우 당연히 부정적인 시각을 가지기 마련이라는 것이다. 따라서 국민연금 가입대상자들이 국민연금제도에 대해 심리적으로 관심을 가질 경우 연금가입대상자들은 개개인의 합리적인 선택을 할 수 있을 것이며, 이는 곧 적극적 불응으로 나타난다는 것이다.[3]

셋째, 다음으로 적극적 불응에 유의미한 영향을 미치는 요인으로 성별인데, 성별

---

[3] 이러한 불응에 대한 검증결과를 순응의 입장으로 바꾸어 살펴보면 다음과 같다.
국민연금제도에 대한 소득신고와 보험료 납부가 귀찮고 싫어 심리적으로 불안정적일 경우, 혹은 국민연금제도에 대해 심리적으로 무관심하거나 거부감이 있을 경우 국민연금제도에 대해 순응한다는 것이다. 즉 국민연금제도에 대한 소득신고와 보험료 납부가 귀찮고 싫다고 생각하여 심리적으로 불안정할 경우 국민연금의 가입 여부에 대해 순응한다는 것이다. 이에 대한 설명으로는 다음과 같다. 즉 심리적으로 귀찮고 싫다고 생각되면 불응을 해야 하는데 오히려 순응을 한다는 점이다. 이러한 점은 국민연금제도의 강제가입과 관련하여 생각을 해볼 수 있다. 즉 대다수의 국민들은 많은 정부정책에 대하여 나름대로의 합리적 판단에 의하여 의사결정을 하지만, 국민연금제도가 강제가입의 원칙을 전제로 한 이상 비록 국민연금제도가 합리적이지 못하여 소득신고 및 보험료 납부가 귀찮고 싫다고 하더라도 불응할 수 없다는 것이다.

의 경우 남자가 국민연금 가입 여부에 대하여 순응으로 양(+)의 영향을 미치는 것으로 나타났다. 즉 남자가 여자보다 국민연금 가입 여부에 대해 더 순응한다는 것으로, 여자의 경우 소득 및 경제활동을 함으로써 국민연금의 가입대상자에 포함된다고 하더라도 가입 여부에 대해서는 남자에 비해 더 불응한다는 것이다. 이는 전통적인 유교사상의 산물로서, 여자는 원래 사회활동 및 경제활동의 주체가 아니기 때문에 국민연금의 정책대상자에서 당연히 제외될 것이라는 사회적인 분위기가 그 원인이 될 수 있다.

넷째, 국민연금 가입 여부에 따른 불응에 유의미한 영향을 미치는 또 하나의 변수는 연령인데, 30세 미만의 연령층이 국민연금 가입 여부에 대하여 양(+)의 영향을 미치는 것으로 나타났다. 즉 30세 이상의 중·장년층에 비해 30세 미만의 젊은 청년층이 국민연금 가입 여부에 대해 더욱 불응한다는 것이다. 이는 원래 30세 이상의 중·장년층은 보통 정부정책에 대해 보수적인 성향을 가지며, 30세 미만의 젊은 청년층은 정부정책에 대해 비판적이고 부정적인 연령층이기 때문일 것이다. 이는 조세회피이론의 결과와 일치하고 있는데 이는 조세회피이론의 실증적 연구결과와 비교·검토해 봄으로써 그 타당성을 검증해 볼 수 있을 것이다. 즉 연령과 조세회피 성향은 음(-)의 상관이 있어, 연령이 많을수록 조세회피 성향은 줄어드는 반면, 젊은 사람들 사이에서 조세회피 행위가 많이 발생한다고 한다.

다섯째, 다음으로 직종이 국민연금의 가입 여부에 대한 영향요인으로 나타났다. 즉 농어민 및 자영업자에 비해 사업장에서 근무하는 근로자가 국민연금제도의 가입 여부에 대해서 불응보다는 순응한다는 것이다. 이는 사업장의 근로자는 자신의 의사와는 상관없이 사업주에 의하여 당연히 국민연금에 가입하기 때문인 것이다. 이러한 결과는 조세회피이론의 실증적 연구결과와 일치하는 것으로 나타났다. 즉 직업(직종) 면에서 근로소득자(원천징수대상자)에 비해 자영업자의 경우가 조세회피 성향이 강한 것으로 나타났다.

여섯째, 거주지역이 국민연금의 가입 여부에 대한 영향요인으로 나타났다. 즉 국민연금 가입대상자의 거주지역이 중소도시에 비해 대도시 및 군지역의 경우 국민연금의 가입 여부에 대해서 순응한다는 것이다.

2) 소극적 불응(소득하향신고)의 가설검증결과

소득하향신고는 본 연구의 불응유형에 비추어 보면 소극적 불응에 해당될 수 있다. 가설검정과 관련하여 소극적 불응에 대하여 각 독립변수가 통계적으로 유의미한 변수는 정책의 신뢰성, 심리요인, 연령(30~39), 소득수준(100~300만원 미만), 그리고 거주지역(중소도시)으로 나타났다. 즉 국민연금 가입자들은 정책담당기관에 대한 신뢰성이 낮다고 인식할 경우, 국민연금제도에 대하여 귀찮거나 싫어서 무관심하거나 심리적으로 불안정적이라고 인식할 경우에 소극적 불응을 하는 것으로 나타나고 있다. 그리고 30세 이상~40세 미만의 연령층(30대의 연령층)이 40대 및 50대 연령층에 비해 소극적 불응을 하는 것으로 나타나고 있으며, 연금 가입자가 100만원 미만의 저소득층과 300만원 이상의 고소득층이 100~300만원 미만의 소득수준일 경우에 비해 소극적 불응을 하는 것으로 나타났다. 마지막으로 연금 가입자의 거주지역이 대도시나 군지역이 중소도시의 경우에 비해 소극적 불응을 하는 것으로 나타났다. 이를 구체적으로 살펴보면 다음과 같다.

첫째, 정책의 신뢰성 변수는 불응영향요인 중에서 정책담당기관요인에 해당되는 것으로, 이는 국민연금정책 목적의 순수성, 국민연금기금의 운용능력 우수성, 국민연금기금의 비유용성, 소득신고자료의 비유출성, 정책담당공무원 태도의 일관성 등에 관한 것이다. 즉 국민연금정책의 신뢰성이란, 국민연금제도의 목적이 순수하고 국민연금기금의 운용능력이 우수하며 정부가 다른 목적으로 국민연금기금을 유용하지 않으며 자신이 신고한 소득신고자료가 국세청 등 다른 기관으로 유출되지 않고, 정책담당공무원의 태도가 정책 및 정책대상집단에 대하여 일관성을 가짐으로써 정책대상집단(국민연금 가입자)이 정책결정기관 및 정책집행기관에 대하여 믿고 신뢰감을 가짐으로써 정책목표의 달성에 중요한 요인이 된다는 것이다. 그리고 정책의 신뢰성은 본 연구의 변수설정에 따른 조작적 정의로서의 측정문항에는 포함되지 않았지만, 국민연금의 제도적 요인과 관련시켜 보면 다음과 같은 문제점이 제기되고 있다. 즉 연금체계에서의 보험료 부과체계의 결여(세대 내 형평성 문제)와 적용기준의 불합리성을 들 수 있고, 관리효율상의 측면에서는 신고권장소득의 문제 및 소득파악체계의 미구축과 관련시켜 볼 수 있다. 이 중에서 보험료 부과체계(세대 내 형평성 문제)와 적용기준의 불합리성, 그리고 소득파악체계의 미구축 문제는 앞에서 논의된 적극적 불응과 중복되므로 여기에서 신고권장소득의 문제에 대해서만 살펴보면 다음과 같다. 신고권장소득의 방식은 소득결정에 있어서 신고주의에 직권결정방식을 도입한 형태로 먼저 국민연금공단에서 파악한 자료를 기초로 가입자의 납부의무소득을 결정하고 이에 따라 가입자가 소득신고를 하도록 하는 방법으로 공단에 제시한 소득의 80% 미만으로 신고할 경우에 공단 직권으로 80% 이상 신고하도록 유도하고 이에 불응할 경우에 직권으로 80%로 결정하도록 하는 내용이다. 이는 기존 농어촌지역가입자에 대한 소득결정체계의 불공평성을 제고하는 데에 두었으며, 이를 위하여 '업종별 기준소득'에 의한 국민연금 가입근로자의 평균소득과 일치하도록 하였고, '신고권장소득방식'을 도입하여 직권결정에 의한 통보방식을 취한 것이 특징이다. 하지만 공단에서 마련한 가입대상자에 대한 신고권장소득은 사업소득이 있는 사업자 등록 자영자를 중심으로 규정되어 있으나 사업자 개인별 소득파악에는 상당한 한계성이 있을 뿐만 아니라 그 외의 가입대상자에 대해서는 일괄적용이라는 행정편의주의적 방식을 취하고 있어, 결국 국민연금정책의 신뢰성을 실추시키는 결과를 가져왔으며 이는 결국 국민연금 가입자(정책대상집단)로 하여금 소극적인 불응을 하게 만드는 것이다. 하지만 이러한 국민연금정책의 비신뢰성은 정책대상집단으로 하여금 적극적 불응보다는 소극적 불응을 하게 했는데, 이는 국민연금제도가 강제가입의 특징으로 말미암아 적극적인 불응에는 한계가 존재하며, 따라서 개인적인 합리적 선택에 따라서 소극적 불응의 행태로서 나타난 것이다. 즉 국민연금제도가 강제가입이 아니라면 소극적 불응(소득하향신고)이 아니라 적극적 불응(미가입 및 납부예외)을 할 것이라는 것이다. 물론 앞에서 분석된 정책의 소망성과는 차원이 다른 것이다. 왜냐하면, 정책의 소망성은 정책의 신뢰성과는 다른 제도 자체의 존립과 관련된 문제이기 때문이다. 그리고 이러한 정책의 신뢰성은 조세회피이론에서 나타난 정부신뢰도가 높을수록 조세회피 성향은 감소하는 것과 관련시켜 볼 수 있다.

둘째, 소득하향신고에 따른 소극적 불응에 유의미한 영향을 미치는 요인이 심리요인인데, 심리요인은 실제소득신고에 대해 음(−)의 영향을 미치는 것으로 나타났다. 즉 국민연금 가입자는 심리적으로 귀찮고 싫지 않으며 안정적일 경우에 실제소득을 신고한다는 것이다. 이는 국민연금제도에 대하여 안정적인 심리로 인해 소득을 하향 신고하지 않고 실제소득을 신고하는 것은 당연하다고 볼 수 있으나, 앞에서 분석한 국민연금 가입 여부에 따른 분석결과와 서로 상이함을 나타내고 있다. 즉 국민연금의 가입 여부에 있어서는 심리적으로 거부감과 무관심할 경우 불응이 아닌 순응, 즉 미가입이 아니라 가입으로 나타남에 비해, 실제소득 여부에 대해서는 국민연금제도에 대해 거부감 및 무관심이 없을수록 순응, 즉 실제소득을 신고한다는 점이다. 이는 다음과 같이 비교 분석해 볼 수 있다. 즉 국민연금 가입 여부에 대해서는 가입대상자가 국민연금제도를 합리적이지 않다고 판단함으로써 비록 거부감과 무관심하다 하더라도 국민연금의 성격상 강제가입의 원칙에 의해 자신의 합리적 선택에 의한 의사결정결과가 아닌 당연히 가입한다는 측면이고, 실제소득신고 여부에 대해서는 심리적인 상황에 따라 거부감 및 무관심이 없을 경우 자신의 합리적인 의사결정으로 실제소득을 신고한다는 것이다. 이는 국민연금제도가 비록 합리적이지 못하다 하더라도 강제가입에 의해 가입할 수밖에 없는 실정과, 일단 가입을 한 이후의 결정은 자신의 합리적 선택에 따른 의사결정이 가능하다는 것을 의미한다.

셋째, 다음으로 실제소득신고 여부에 유의미한 영향을 미치는 변수는 연령인데, 연령 중에서도 30세 이상~40세 미만, 즉 30대의 연령층이 실제소득신고 여부에 음(−)의 영향을 미치는 것으로 나타났다. 이는 30대의 경우 경제활동의 초기이고 부의 축적이 이루어지지 않을 시기라는 점을 상기시켜 보면 자신의 소득을 제대로 신고하지 않을 것이라는 것을 충분히 짐작할 수 있는 것이다. 이는 앞서 분석한 국민연금 가입 여부에 대해 음(−)의 영향을 미치는 30세 미만, 즉 20대의 경우는 아예 가입조차 하기 힘든 상황과 좋은 비교를 보이고 있으며, 경제활동에 따른 연령의 의미를 파악해 볼 수 볼 수 있다. 이러한 소극적 불응에 대한 유의미한 변수를 조세회피이론과 대비하면 연령과 조세회피 성향은 음(−)의 상관, 즉 연령이 많을수록 조세회피 성향은 적어진다는 점과 일치하고 있다.

넷째, 실제소득신고 여부에 유의미한 영향을 미치는 변수는 소득수준이다. 회귀분석의 결과에 의하면 100~200만원 미만의 소득수준과 200~300만원 미만의 소득수준은 실제소득신고에 양(+)의 영향을 미치는 것으로 나타났다. 이는 100만원 미만의 저소득자 및 300만원 이상의 소득자와 대조를 이루는 것으로 중간의 소득수준을 가진 계층이다. 이러한 중간계층의 소득수준의 경우 실제소득을 신고하는 것으로 나타났다. 이러한 소극적 불응에 대한 유의미한 변수를 조세회피이론과 대비하면 소득수준과 조세회피 성향은 양(+)의 관계, 즉 소득수준이 높을수록 조세회피현상이 나타나는 것으로 일치함을 알 수 있다.

다섯째, 실제소득신고 여부에 유의미한 영향을 미치는 변수가 거주지역으로서의 중소도시이다. 이러한 중소도시는 실제소득의 신고에 양(+)의 영향을 미치는 것으로 나타났는데, 이는 대도시지역 및 군지역에 거주하는 연금 가입자들에 비해 중소도시에 거주하는 연금 가입자들이 더욱 실제소득을 신고하는 것으로 나타나고 있다. 이는 앞서 분석한 국민연금 가입 여부에 대해서 중소도시가 음(-)의 유의미한 영향을 미치고 있는 것과 비교해 볼 수 있다. 즉 국민연금 가입에 있어서는 대도시지역 및 군지역에 비해 중소도시지역의 가입대상자들이 더욱 불응(미가입 및 납부예외자)하는 것으로 나타남에 반해, 실제소득의 신고에 있어서는 중소도시의 연금 가입자들이 대도시 및 군지역의 연금 가입자들에 비해 오히려 순응, 즉 실제소득을 신고하는 것으로 나타나고 있다.

제 2 절 연구결과의 시사점과 한계

1. 연구결과의 시사점

 이상과 같이 국민연금정책의 불응요인에 대하여 제도적 요인분석과 본 연구의 실증분석인 행태분석, 그리고 기타의 연구를 분석·검토해 보았다. 이러한 분석의 결과를 살펴보면 국민연금의 제도적 장치가 합리적이지 못하여 불응할 수도 있고, 국민연금 가입대상자 및 가입자 개인이 처한 나름대로의 합리적인 선택을 통한 의사결정의 결과로서 불응할 수도 있다. 하지만 국민연금제도는 강제가입의 원칙을 가진 강제적 연금이기 때문에 이에 대한 사각지대[4]만 없애면 국민연금제도는 성공할 수 있다고 볼 수 있다. 이러한 성공을 위해서는 전제조건이 필요한데, 다름 아닌 현재 나타나고 있는 국민연금정책의 불응요인을 야기하는 제도의 문제점을 철저히 분석할 필요가 있다는 것이다. 그리고 국민연금정책의 불응에 대한 가설검증결과를 토대로 바람직한 방향설정이 본 연구 결과의 시사점에 중요한 기여를 할 수 있으리라 생각된다.

 우선 앞서 살펴본 바와 같이 공적 연금제도 중 우리나라 사회보장제도의 근간인

---

4) 사각지대의 경우 해결방안이 없는 것도 아니다. 우선 행정관리 측면에서 납부예외자와 미신고자를 완전히 없애는 것은 불가능하더라도 가능한 한 최소수준으로 줄여나가는 것은 가능하다는 것이다. 이를 위해서는 무엇보다도 인적 및 소득관련 정보인프라의 구축이 선행되어야 할 것이다. 주민등록전산망 자료, 의료보험·고용보험 등 사회보험자료, 국세청 소득자료, 병역, 학업관련 자료 등의 입수가 적기에 이루어지도록 하고, 금년부터 국세청에 새로이 구축되는 소득관련 정보인프라(과세자료수집 및 관리에 관한 특례법)를 적극 활용하여야 할 것이다. 이러한 공적 정보를 통해 납부예외자 및 미신고자를 파악하고, 특히 납부예외자가 소득활동을 재개하는 경우에는 보험료 납부자로 즉시 전환됨으로써 연금사각지대를 상당히 해소할 수 있을 것이다.

국민연금제도가 명실상부한 국민의 연금제도가 되기 위해서는 여러 가지의 문제점을 정확히 파악할 필요가 있다는 것이다. 즉 국민연금의 제도적 문제점으로 연금체계의 문제점으로는 저부담－고급여 구조(세대간 형평성 문제), 효율적인 보험료 부과체계의 결여(세대 내 형평성 문제), 그리고 적용기준의 불합리성을 들 수 있고, 관리효율상의 문제점으로는 국민연금제도의 홍보 부족, 신고권장소득의 문제, 기금의 운영문제, 제도 간 연계문제, 소득파악체계의 미구축 등을 들 수 있다. 이러한 문제점을 해결하기 위해서는 재원조달방법의 개발, 부담과 급여의 공평성 확보와 합리적 조정, 실질적인 노후소득보장을 위한 적정 급여의 필요, 연금재정의 장기적 안정, 제도운용의 효율화를 위한 체계적 관리기법의 개선 및 제도 간 연계 등이 필요한데, 그중 연금제도의 구조와 관련하여 기초연금제 도입방안은 상당히 설득력 있는 방안으로 제시되고 있다.[5]

다음으로 국민연금정책의 불응에 대한 가설검증결과를 토대로 바람직한 방향설정을, 본 연구의 불응유형과 관련시켜 구체적으로 살펴보면 다음과 같다. 즉 적극적 불응(미가입 및 납부예외문제)과 관련된 정책적 시사점으로서는, 우선 정부는 국민연금정책의 목표 및 수단이 소망스럽게 설정될 수 있도록 노력해야 할 것이다. 즉 국민들은 처음으로 시행하는 국민연금제도가 정말 바람직스럽다고 느껴질 수 있어야 믿고 가입한다는 것이다. 이는 보험료 부과체계의 문제, 적용기준의 불합리성, 국민연금제도의 홍보 부족, 그리고 기금의 운영문제 등에 대한 제도적 합리성을 확보할 수 있도록 연금체계를 제고해야 된다는 의미이다.

그리고 많은 불안정 고용근로자가 보다 안정적인 직업을 확보할 수 있도록, 즉 실업을 해소할 수 있도록 정책적 고려가 있어야 할 것이다. 마지막으로 우리나라의 경우 모든 정책대상자가 남자이고 여자는 항상 예외로서 인식하는 경우가 많은데, 사회진출을 하고 있는 여자의 경우 당연히 정책대상자라는 것을 인식할 수 있도록

---

5) 국민연금의 제도적 문제점은 2008년 현재 기준에서 보면, 많은 부분 해소되었다고 볼 수 있다(예를 들어, 저부담-고급여 문제, 적용기준의 불합리성, 신고권장소득의 문제, 기금의 운영문제, 제도간 연계문제 등). 하지만 이들의 문제해결이 곧바로 제도운영의 효율화나 연금제도의 목적달성으로 연결되는 것은 아니다.

사회적인 분위기를 조성해야 할 것이다. 이러한 사회적 분위기 및 정책적 고려가 국민의 연금가입을 촉진시킬 수 있는 하나의 방안이 될 것이다.

다음으로 소극적 불응(소득하향신고)과 관련된 정책적 시사점을 살펴보면 다음과 같다. 즉 정부정책에 대한 국민들의 신뢰성을 확보하기 위한 정부의 노력이 중요하다고 여겨진다. 만약 정부에 대한 신뢰성이 부족한 경우, 어느 누구라도 실제소득을 신고하지는 않을 것이다. 이러한 신뢰성 확보를 위해서는 효율적인 보험료 부과체계의 결여(세대 내 형평성 문제), 적용기준의 불합리성, 그리고 신고권장소득의 문제 등에서 나타나는 연금체계 및 관리체계의 합리성을 제고해야만 할 것이다. 그리고 소득수준과 관련하여 100만원 미만의 저소득층과 300만원 이상의 고소득층의 경우 중간계층의 소득층에 비해 실제소득을 신고하지 않는 것으로 나타났는데, 이에 대한 정부의 대책이 있어야 할 것이다. 이와 관련하여 100만원 미만의 저소득층은 국가의 생활보호 차원에서 납부예외규정을 두는 방안과 고소득층에 대해서는 거래의 실명제를 고려해 볼 수 있는데, 정부는 이것이 실시될 수 있는 구체적 방안을 살펴보아야 할 것이고 이는 곧 개인별 소득수준이 보다 투명하게 될 것으로 판단된다.

이상과 같이 국민연금제도는 전국민 확대실시 이후 지적되고 있는 문제점을 해결해야 할 뿐만 아니라, 동시에 새로이 적용 확대로 발생하게 될 더욱 복잡한 문제를 극복하여야 할 과제를 안고 있다. 하지만 국민연금의 제도정착에 가장 중요한 전제조건은 소득파악체계의 구축에 있고, 이를 위해서는 무엇보다도 모든 국민이 자발적으로 참여할 수 있는 사회적 공감대 형성을 통한 제도의 재구축에 있다고 할 것이다.

2. 연구의 한계

본 연구는 연구과정 및 연구결과의 해석에 있어서 다음과 같은 연구상의 한계를 가지고 있는 것으로 생각되는데, 이는 조사설계상의 한계와 인과적 추론의 한계로 요약된다.

1) 조사설계상의 한계

조사설계상의 한계란 실증연구의 분석 및 해석 이전의 단계에서 나타나는 모든 과정에서의 한계를 의미하는 것으로, 본 연구와 관련시켜 보면 대체로 조작적 정의 (측정문항의 선정)와 관련된 한계와 표본의 특징 및 자료수집방법상의 한계로 나눌 수 있다.

(1) 조작적 정의와 관련된 한계
이는 독립변수의 조작적 정의와 관련이 있다. 즉 본 연구에서 설정한 3가지 독립변수의 대범주(정책요인, 정책대상집단요인, 정책담당기관요인)에 따른 각각의 독립변수의 조작화의 과정에서 그 측정문항이 정교하거나 정밀하지 못하며, 또한 측정문항의 수에 있어서 문항 수가 너무 적다는 것이다. 이는 전자의 경우는 독립변수의 선정이 국민연금정책에 관한 불응요인을 포괄적으로 다루지 못했다는 점이고, 후자의 경우는 독립변수의 척도구성에서 내적 일관성을 의미하는 Cronbach의 α계수가 낮은 경우에도 이를 분석에 이용한 점이다. 이는 조사설계사의 철저한 이론적인 검토가 사실상 부족하고 조작화에 따른 기술적인 노력이 부족하다는 것이다.

(2) 표본의 특징 및 자료수집방법상의 한계
표본의 특징에 관한 것으로 연구대상의 연령이 골고루 분포되지 않음으로써 나타나는 한계가 있을 수 있다. 그리고 자료수집의 방법의 한계로서는 1차 조사의 한계이기도 하겠지만, 종속변수는 연구대상자의 외현적인 행태를 조사했지만, 독립변수에 대한 것은 태도에 관한 인식조사라는 것이다. 따라서 독립변수의 경우 과연 효과의사로서의 분명한 태도인지, 아니면 그럴 것이라는 막연한 의사표시인지 구분하기가 어려운 점이 있다. 마지막으로 자료수집에 있어서 원칙적으로는 무작위표본조사를 통한 연구대상자의 직접조사가 이루어져야 할 것이나, 각급 학교의 학생을 통하여 학부모에 대한 조사라는 점이 많은 한계를 가진다.

2) 인과적 추론의 한계

앞에서 논의된 조작적 정의와 관련된 한계로서, 본 연구에서 설정한 독립변수의 조작화 과정에서 그 측정문항이 정교하거나 정밀하지 못함에 따른 연구결과의 분석 및 해석과정에서 무리한 설명이 나올 수 있다는 점이다. 이는 국민연금정책에 관한 불응요인 중 정책요인에 대한 제도적 문제점을 포괄적으로 다루지 못하고, 조사설계상의 철저한 이론적인 검토가 부족함에 따라 왜곡의 가능성을 배제할 수 없는 것이다.

1. 국내문헌

1) 단행본

강강원, 국민연금법해설, 진로연구사, 1988.

강신택, "이론으로서의 정책구성", 정책학(과정과 분석), 법문사, 1989.

강인재·권해수 외 공저, 행정사례문제, 대영문화사, 1998.

김광웅, 사회과학연구방법론, 박영사, 1981.

김동건, 현대재정학, 박영사,

김성재, "연금의 이해", 한국경제신문사. 1988.

김성철·최문기 역, 합리적 선택, 신유, 1993.

김태성·성경륭, 복지국가론, 나남출판, 1993

남궁근, 행정조사방법론, 법문사, 1999.

남세진, 한국사회복지의 선택: 쟁점과 대안, 나남출판, 1995.

노화준, 정책학원론, 박영사, 1995.

박호숙, 지방자치단체의 갈등관리: 이론과 실제, 다산출판사, 1996.

서울대 행정대학원부설 행정조사연구소, 한국의 정책사례집, 법문사, 1989.

신수식, "사회보장론", 박영사. 1986.

안해균, 정책학원론, 다산출판사, 2001.

유훈, 정책학, 법문사, 1983.

이순묵, 공변량구조분석, 성원사, 1990.

이필우, 조세론, 법무사, 1997.

인경석, 한국복지국가의 이상과 현실, 나남출판, 1998.

전남진, 사회정책학강론, 서울대학교출판사, 1992.

정정길, 정책학원론, 대명출판사, 2000.

정충영・최이규, SPSSWIN을 이용한 통계분석, 무역경영사, 1998.

 2) 논 문

공병호・권오성, "국민연금의 문제점과 개선방안", 국민연금 민영화를!, 자유기업센터, 1998.

권문일, "국민연금 전개과정상의 쟁점 분석", 사회복지연구 제14호, 1999.

김경미, "국민연금제도의 도입시행에 관한 연구", 이화여자대학교 대학원 석사학위논문, 1989.

김교성, "한국 공적 연금제도와 불평등 구조", 사회정책연구 제19집, 1998.

김기환, "정책집행에 있어서 대상집단의 행태에 관한 연구", 연세대 대학원 석사학위논문, 1989.

김길수, "정책대상집단의 정책수용과 저항에 관한 연구", 동국대학교 대학원 박사학위논문, 1995.

김동구, "비선호시설 입지정책에 대한 주민저항의 영향요인", 부산대학교 대학원 박사학위논문, 1993.

김명구, "우리나라 납세자들의 조세회피에 영향을 미치는 요소에 관한 연구", 한림대학교 대학원 석사학위논문, 1998.

김병준, "정책집행연구의 비판적 고찰", 한국행정학보, 제18권 제2호, 1984.

김수영, "한일연금제도 전개과정의 비교연구", 부산대학교대학원 박사학위논문, 1992.

김연명, "우려되는 국민연금 소득신고현황", 복지동향, 참여연대사회복지위원회, 1999.

김연명, "한국의 사회복지와 국민연금", 참여연대 강의자료, 1999.

김영우, "정책대상집단의 순응성에 관한 연구" 단국대학교 대학원 박사학위논문, 1995.

김용하 외, "국민연금 재정안정화를 위한 구조조정방안", 한국보건사회연구원, 1995.

김용하, "국민연금 도시자영자 학대에 따른 정책과제와 개선방안", 재정포럼 제37호, 한국조세연구원, 1999.

김종래, "한국의 행정규제에 있어서 순응행태에 관한 연구" 한양대학교 대학원 박사학위논문, 1994.

김주현, "정책집행의 불응에 관한 실증적 연구", 중앙대학교대학원 박사학위논문, 1998.

김호정, "직무특성이 관료행태에 미치는 영향", 부산대학교대학원 박사학위논문, 1988.

남기원, "납세자의 특성이 조세회피에 미치는 영향에 관한 실증적 연구", 한남대학교 대학원 석사학위논문, 1998.

문태현, "공공정책의 신뢰성에 관한 연구", 한국외국어대학교 박사학위논문, 1987.

민　진, "공공정책실패요인에 관한 연구", 한국행정학보, 제19권 제1호, 1985.

민재성 외 3인, "국민연금기금의 복지부문활용방안", 한국개발연구원, 1991.

민재성·최승호, "국민복지연금의 재정지출추계 및 재정분석", 한국개발연구원, 1985.

박상주, "정책불응에 관한 합리선택론적 연구", 연세대학교대학원 박사학위논문, 1998.

박영강, "조세정책의 불응요인분석", 부산대학교 대학원 박사학위논문, 1990.

박영주, "환격규제의 실패요인분석", 성균관대학교 대학원 박사학위논문, 1996.

박재공, "정책대상집단의 순응결정에 있어서 효용이론의 한계", 관대논문집 제18집, 1990.

박종기, "국민연금 도시지역 확대실시의 의미와 과제", 국민연금관리공단, 1999.

박천오, "민주사회에 있어서 정책집행자로서 한국정부관료제: 과제와 전망", 한국정치학회 연례학술발표대회 발표논문, 1992.

박호숙. "정책집행에 있어서 순응확보의 전략개발에 관한 연구", 서울대학교 행정대학원 석사학위논문, 1984.

배점모, "해운조직에 있어서 정책불응의 원인에 관한 연구", 고려대학교 대학원 박사학위논문, 1995.

서민성, "한국의 사회복지와 재정지출의 연구", 충북대학교 인문사회과학 논문집, 제24권, 1982.

성혜정, "한국공적연금제도의 소득재분배 효과에 관한 연구", 한국사회사업학회지 제5권, 1983.

송용선, "정책대상집단의 불응에 관한 경험적 연구", 청주대학교 대학원 박사학위논문, 1993.

안성호, "정책반응모형에 관한 연구", 서울대학교 대학원 박사학위논문, 1987.

양동관, "국민연금제도 도시지역 확대실시의 문제점과 개선방향", 광주대학교 경상대학원, 석사학위논문, 1999.

오근식, "한국국민연금제도의 발전방향에 관한 연구", 중앙대학교대학원 박사학위논문, 1993.

오성철, "납세자의 조세회피에 관한 실증적 연구", 제주대학교 대학원 석사학위논문, 1997.

오을임·이계만·김석배, "정책대상집단의 정책순응에 관한 연구", 사회과학연구 제13집, 조선대학교 사회과학연구소, 1990.

유병복, "정책집행대상집단의 불응요인에 관한 연구", 명지대학교 대학원 박사학위논문, 1993.

유상하, "국민연금제도의 형성에 관한 연구", 서울대학교 대학원 석사학위논문, 1993.

이면수, "국민연금의 도시지역 확대 시행 후 문제점과 개선방안", 연세대학교 대학원 석
　　　사학위논문, 2001.

이동기, "정책집행에 있어서 정책대상집단의 참여적 불응에 관한 연구", 중앙대학교 대
　　　학원 석사학위논문, 1994.

이상안, "정책대상집단의 규제불응요인에 관한 연구", 서울대학교대학원 박사학위논문, 1987.

이시원, "정부신뢰의 영향요인에 관한 연구", 서울대학교 대학원 박사학위논문, 1993.

이은주, "도시지역 자영자 국민연금 확대에 대한 언론매체의 태도분석", 중앙대학교 대
　　　학원 석사학위논문, 2001.

이종범, "행정과 국민들 간의 거리감: 정책의 신뢰성 확보를 위한 절차적 방안의 모색",
　　　국민과 정부관료제, 고려대학교 출판부, 1986.

이종현, "국민연금제도의 문제점 및 개선방안", 한국외국어대학교 대학원 석사학위논문, 1998.

임원식, "조세회피 행태에 관한 실증적 연구", 호남대학교 대학원 박사학위논문, 1998.

전만복, "우리나라 소득보장제도에 관한 연구", 서울대학교대학원 석사학위논문, 1987.

전용준, "국민연금제도 도시지역 확대에 따른 문제점과 개선방안", 재정포럼 제37호, 한
　　　국조세연구원, 1999.

정경배 외, "농어촌지역연금 실시방안 연구", 한국보건사회연구원, 1992.

정경배, "국민연금의 재정안정과 기금의 적정운용", 한국보건사회연구원, 1991.

정성희, "국민연금제도의 개편방안에 관한 연구", 서강대학교 경제대학원 석사학위논문, 1998.

정연호, "국민연금제도의 적용대상 확대에 관한 연구", 고려대학교 노동대학원 석사학위
　　　논문, 2000.

정홍익, "피통제자 인식과 법규준수", 행정논총 제18권 제2호, 1980.

 3) 기　타

국민연금관리공단, "국민연금 도시지역가입자 보험료 부과기준" 보도자료, 1999, 2. 5.

국민연금제도 개선기획단, 국민연금제도 개선기획 보고서, 1997.

국민연금관리공단, "국민연금제도 도시지역 확대시행 1년의 평가와 발전방향", 2000.

국민연금관리공단, 국민연금통계연보 제11－13호, 1999－2001.

경제기획원, 제5차 경제사회발전 5개년 수정계획, 1984–1986.

의료보험관리공단, 사회보장의 재원조달, 1985.

보건복지부, 보건복지백서, 1998–2000.

한국산업개발연구원, "종합휴양시설 타당성 용역 보고서", 1994.

동아일보, 대통령하계기자회견요지, 1986. 8. 11.

보건복지가족부(www.mohw.go.kr)

국민연금공단(www.npc.or.kr)

안티국민연금(www.antinpc.com)

4대 사회보험 포털사이트(www.4insure.or.kr)

2. 외국문헌

1) Books

Anderson, James E., *Public Policy Making*, 3rd ed.(New York: Holt Rinehart and Winston, 1984).

Bardach, Eugene, *The Implementation Game*(Cambridge, Mass: The MIT Press, 1977).

Beveridge, W., *Social Insurance and Allied Service*(MacMillan, 1942).

Burrows, Paul & Veljanovski, Cento G., *The Economic Approach to Law*(Butter worth, 1981).

Duncan, W. Jack, *Organizational Behavior*(2nd ed.), (Boston: Houghton Miffin Company), 1981.

Dye, Thomas R., *Understanding Public*(Englewood Cilffs, New York: Prentice Hall, 1972).

Edwards Ⅲ, G. C., *Implementing Public Policy*(Washington D. C.: Congressional Quarterly Press, 1980).

Flora P. and Heidenheimer A.J.(eds.), *The Developments of Welfare States in Europe and America*(New Brunswick and London: Transaction Books, 1981).

Jones, C. O., *An Introduction to the Study of Public Policy*, *2nd ed.*(North Scituate, Mass: Duxbury Press, 1977).

Lindblom, Charles E., *The Policy Making Process*, 2ed.(Englewood Cliffs: Prentice Hall,

1980).

Mazmanian, Daniel, & Sabatier, Paul, *Effective Policy Implementation*(Lexington, Mass.: D. C. Health and Company, 1981).

Milton, Charles R., *Human Behavior in Organization: Three Levels of Behavior*(Englewood Cliffs, N. J.: Prentice−Hall, Inc., 1981).

Nakamura, Robert T. & Smallwood, Frank, *The Politics of Policy Implementation*(N. Y.: St. Martin's Press, 1980).

Pyle, David J., *The Economics of Crime and Law Enforcement*(New York: The Macmillan Press, 1983).

Quade, E. S., *Analysis for Public Decisions*(2nd ed.), (New York: Elsevier Science Publishing Co., 1982).

Schultze, C. L., *The public Use of Private Interest*(Washingtom D. C.: Brookings Institute, 1977).

Simon, Herbert A., *Administrative Behavior*, 3rd ed.(New York: The Free Press, 1976).

Tyler, Tom R., *Why People Obey the Law*(New Haven, CT: Yale University Press, 1990).

Wasby, S. L., *Small Town Police and Supreme Court: Hearing the Word*(Lexington, Mass: Lexington Books, 1976).

Young, Oran R., *Compliance and Public Authority: A Theory With International*(Baltimore: The Johns Hopkins University Press, 1979).

Zaltman, Gerald and Duncan, Robert, *Strategies for Planned Change*(N. Y.: John Wiley & Sons, 1977).

2) Articles

Allingham, M. G. and Sandmo, A., "Income Tax Evasion: A Theoretical Analysis", *Journal of Public Economics*, Vol. 1, 1972.

Burby, Raymond J. and Paterson, Robert G., "Improving Compliance with State Environmental Regulations", Journal of Policy Analysis and Management, Vol. 12, No. 4, 1993.

Coleman, J. S., "Problems of Conceptualization and Measurement in Studying Policy

Impacts" in K. M. Dolbeare(ed.), Sage Yearbooks in Politics and Public Policy, Vol. II: *Politic Policy Evaluation*(Beverly Hills: Sage Publication), 1975.

Coombs, Fred S., "The Bases of Noncompliance with a Policy", in John G. Grumm and Stephen Wasby(eds.), *The Analysis of Policy Impact*, Lexington: D. C., Heath, 1981.

Friedman, Dacid, "Rational Crimainals and Profit−maximizion Police", in Mariano Tommasi and Kathryn Ierullie(eds.), *The New Economics of Human Behavior*(New York: Cambridge University Press, 1995).

Giles, Michael W. and Gatlin, douglas S., "Mass−Level Compliance with Public Policy: The Case of School Desergregation", *Journal of Politics*, Vol. 42, No. 3, 1980.

Giles, Micheal W. and Gatlin, Douglas S., "Mass−Level Compliance with Public Policy: The Case of School Desegregation", *The Journal of Politics*, vol. 42, 1980.

Graetz, Michael J. and Reinganum, Jennifer F. and Wilde, Louise L., "The Tax Compiance Game: Toward an Interactive Theory of Law Enforcement", *Journal of Law, Economics, and Organization*, Vol. 2, No. 1, 1986.

Jackson, B. R., Milliron, V. C. "Tax Compliance Research: Findings, Problems, and Prospects", *Journal of Accounting Literature*, 1986.

Jutz, Richard J., "An Experimental Investigation of Causal Relations among Cognitions, Affect, and Behavioral Intentions", Journal of Consumer Research, March, 1979.

Lowi, Teodore J., "American Business, Public Policy, Case Studies and Political Theory", *World Politics*, July 1964.

Lowi, Teodore J., "Four Systems of Policy, Politics and Choice", *Public Administration Review*, Vol. 32, No. 4, 1972.

McClellan, Brown, Thomas and Durant, "From Compliance Toward a Theory of Intragovernmental Regulation", *Administration and Society*, Vol. 17, No. 4, 1986.

Meier, Kenneth J. and Morgan, David R., "Citizen Compliance with Public Policy: The National Maximum Speed Law", *Western Political Quarterly*, Vol. 35, June 1982.

Sabatier, Paul & Mazmanian, Daniel, "Can Regulation Work?"(New York: Plenum Press, 1983).

Sanders, Jimmy Devon, *Noncompliance in policy implementation*: *A case study*, D. P. A. Dissertation, University of Southern California, 1989.

Scholz, John T., "Coopertation, Deterrence, and the Ecology of Regulatory Enforcement", Law & Society Review, Vol. 18, No. 2, 1984.

Smith, Thomas B., "The Policy Implementation Process", *Policy Sciences*, June 1973.

Smith, Thomas B., "The Policy Implementation Process", *Policy Science*, Vol. 4, No. 2, 1973.

Sorg, James D., "A Typology of Implementation Behaviors of Street－Level Bureaucrats", *Policy Studies Review*, Vol. 2, No. 3, February, 1983.

Srinivasan, T. N., "Tax Evasion: A Model", *Journal of Public Economics*, Vol. 2, 1973.

Stover, R. V. and Brown, D. W., "Understanding Compliance and Non－Compliance with Law: The Contributions of Utility Theory", *Social Science Quarterly*, Vol 56, Dec 1975.

Stover, Robert V., "Contributions of Utility Theory", Social Science Quarterly, Vol. 56, No. 3, 1975.

Tylor, Tom R. and Rasinski, Kenneth A. and Griffin, Eugene, "Alternative Images of the Citizen: Implications for Public Policy", American Psychologist, Vol. 41, No. 9, 1986.

Van Meter, Donald S. &, Van Horn, Carl E., "The Policy Implementation Process: A Conceptual Framework", *Administration and Society*, February 1975.

Vogel, J., "Taxation and Public Opinion on Sweden: an Interpretation of Recent Survey Date", *National Tax Journal*, Dec. 1974.

Yitzhaki, S., "A Note On Income Tax Evasion: A Theoretical Analysis", *Journal of Public Economics*, Vol. 3, 1974.

안녕하십니까?

경제생활 및 자녀교육을 위해 불철주야 애쓰시는 학부모님께 우선 존경의 말씀을 드리면서, 본 설문에 응해 주신 데 대해 깊은 감사의 말씀을 드리고자 합니다.

다름이 아니오라 1988년부터 시행하기 시작한 국민연금이 1999년 4월 1일을 시점으로 전국민연금시대를 맞이했습니다. 하지만 많은 국민들이 경제적 여건 혹은 번거로움 등으로 국민연금의 시행에 있어 많은 문제가 있는 것 같습니다.

따라서 본 설문은 이에 대한 학술적인 연구를 하고자 함이며, 응답자료는 순수한 학문적 목적으로만 사용될 것입니다. 따라서 학부모님 개인의 응답내용은 절대 비밀이 보장될 것이오니, 조금 귀찮으시더라도 하나의 항목도 빠뜨리지 마시고, 학부모님께서 평소에 생각하신 대로 솔직하게 응답해 주시면 고맙겠습니다. 끝으로 학부모님의 응답이 학문발전에 귀중한 자료가 되리라 확신하면서, 학부모님의 앞날에 행운이 가득하시길 기원합니다. 감사합니다.

2001년 12월

〈응답대상자〉

국민연금 가입대상자 중에서 아래의 지역가입대상자만 응답하십시오.

(현재, 가입 여부와는 상관없음).

---

① 농민·어민, 　② 4인 이하를 고용하여 사업하는 자,
③ 4인 이하의 사업장에서 근무하는 근로자,[6)] 　④ 개인사업(각종 소매업, 서비스업, 전문직),
⑤ 임시직·일용직·시간제 등의 불안정 고용근로자.

※ 단, 직장가입대상자(5인 이상 사업장의 근로자나 그 사업주)는 응답하지 마십시오.

---

6) 5인 미만의 사업장 근로자는 본 연구를 수행할 당시에는 지역가입대상자에 포함되었으나, 2003년 7월 1일부터는 직장가입대상자에 포함된다(국민연금법 시행령 제19조).

※ 응답요령: 각 문항별로 학부모님의 견해와 가장 일치한다고 생각되시는 곳을 1개만 골라 ○표 또는 ∨표를 하여 주시기 바랍니다.

Ⅰ. 다음은 국민연금제도의 시행에 있어 선생님의 대응에 관한 문항입니다.

  1. 선생님은 국민연금 가입대상자로서 국민연금에 가입하셨습니까(소득신고를 하셨습니까)?
     ① 가입했다   ② 가입하지 않았다

  ※ 앞의 1번 문항에서 '① 가입했다'로 응답하신 분만, 다음 문항에 계속해서 응답해 주시고, '② 가입하지 않았다'로 응답하신 분은 아래의 'Ⅱ. 일반사항(성별 문항부터)'에 대한 문항으로 바로 가십시오.

  1-1. 선생님께서 국민연금에 가입하실 때, 실제소득(소득신고기준에 의해서)을 정확하게 신고하셨습니까?
      ① 그렇다   ② 그렇지 않다

  2. 선생님께서는 납부예외자로 분류되어 있습니까? **(납부예외자대상은 마지막 장을 참조)**
     ① 그렇다   ② 그렇지 않다

  ※ 앞의 2번 문항에서 '① 그렇다'로 응답하신 분만, 다음의 2-1 문항에 응답해 주시고, '② 그렇지 않다'로 응답하신 분은 3번 문항으로 바로 가십시오.

  2-1. 선생님께서 납부예외자로 분류된 경우, 국민연금공단(동·면사무소)의 통보(결정)에 따른 것이었습니까? 아니면, 자신의 신청(유예신청)에 의한 것이었

습니까?

　① 국민연금공단(동·면사무소)의 통보(결정)　② 자신의 신청(유예신청)

3. 선생님께서는 고의로 국민연금 보험료를 장기간(3~4개월 이상) 동안 체납한
　적이 있습니까? **(납부예외자로 분류되신 분은 응답하지 마십시오!)**
　① 있다　　　　　　　② 없다

Ⅱ. 다음은 일반사항에 대한 문항입니다.

1. 선생님의 성별은?
　① 남자　　　　　　　② 여자

2. 선생님의 연령은?
　① 20세 미만　　　② 20~29세　　　③ 30~39세
　④ 40~49세　　　⑤ 50~59세　　　⑥ 60세 이상

3. 선생님 가구의 월평균 소득수준은?
　① 100만원 미만　　② 100~200만원 미만
　③ 200~300만원 미만　④ 300~400만원 미만　　⑤ 400만원 이상

4. 선생님 가구의 소득원은?
　① 근로소득(근로자)
　② 사업소득(자영업자나 4인 이하 사업장의 사업주 혹은 농어민)

5. 선생님의 직종(직업)은?
　① 농업 및 어업에 종사하는 농어민

② 4인 이하의 사업장에서 근무하는 근로자(봉급생활자 및 종업원)

③ 사업자 등록을 하고 과세소득이 있는 4인 이하를 고용하여 사업하는 사업자

④ 구멍가게, 노점상 등 사업자 등록의무가 없는 영세상인

⑤ 임시직, 일용직, 시간제 등 불안정 고용근로자

6. 선생님의 학력(교육수준)은?

    ① 초등졸 이하   ② 중졸   ③ 고졸

    ④ 대졸   ⑤ 대학원졸 이상

7. 선생님의 현재 거주지역은?

    ① 광역시 이상의 대도시지역   ② 중소도시지역   ③ 군(郡)지역

Ⅲ. 다음은 국민연금제도 자체에 대한 문항입니다.

측정문항	전혀 그렇지 않다	별로 그렇지 않다	그저 그렇다	조금 그렇다	매우 그렇다
(1) 현재 시행하고 있는 국민연금제도는 필요하다.					
(2) 1999년 4월 1일 시행한 현재의 국민연금제도는 시행시기가 적절하다.					
(3) 국민연금공단의 소득신고기준은 신고자의 실제소득보다 많게 되어있다.					
(4) 국민연금제도는 소득재분배의 효과가 있다.					
(5) 연금제도의 결정과정에 국민의 의사를 반영하고 있다					
(6) 국민연금제도의 내용(기준이나 적용여부 등에 대한)이 애매모호하다.					
(7) 정부는 국민연금제도를 시행함에 있어 국민들에게 제도 자체의 취지와 내용을 왜곡 없이 정확하게 전달하고 있다.					
(8) 정부는 국민연금제도를 시행함에 있어 국민들에게 시행상의 필요한 모든 관련정보를 상세하게 전달하고 있다.					
(9) 국민연금제도는 연금가입조건이나 보험료, 연금보험의 수급 등은 매년 큰 변함이 없다.					
(10) 국민연금제도는 지역별·소득별 혹은 가입자 간에 연금가입조건이나 보험료, 연금보험의 수급 등에 차별이 없다.					
(11) 국민연금제도를 회피하거나 거부할 경우 과태료나 벌금 등의 사회적 제재가 필요하다.					
(12) 국민연금제도를 시행하기 위해서는 업무를 담당할 충분한 사람이 필요하다.					
(13) 국민연금제도를 시행하기 위해서는 많은 돈(예산)이 필요하다.					
(14) 국민연금제도의 시행내용 및 시행결과는 평소 자신의 생각과 일치한다.					

※ (4)번 문항의 소득재분배 효과란, 부유층의 소득을 빈곤층에게, 현재 우리의 소득을 후손들에게 고루 나눠준다는 의미입니다.

Ⅳ. 다음은 대상집단의 심리적 상태 및 능력에 관한 문항입니다.

측정문항	전혀 그렇지 않다	별로 그렇지 않다	그저 그렇다	조금 그렇다	매우 그렇다
(15) 국민연금제도에 대한 소득신고와 보험료 납부는 귀찮다.					
(16) 국민연금제도에 대한 소득신고와 보험료 납부는 그냥 싫다.					
(17) 국민연금의 기존 가입자들의 부정적인 태도는 나에게 많은 영향을 미쳤다.					
(18) 다른 공적 연금제도(공무원연금, 사학연금, 군인연금)의 문제점은 나에게 많은 영향을 미쳤다.					
(19) 연금보험료를 납부할 수 있는 경제적 능력이 안 된다.					
(20) 국민연금제도의 내용 및 그 의의를 잘 이해할 수 없다.					

Ⅴ. 다음은 국민연금제도를 결정하고 집행하는 정부기관(국민연금공단 포함)에 대한 문항입니다.

측정문항	전혀 그렇지 않다	별로 그렇지 않다	그저 그렇다	조금 그렇다	매우 그렇다
(21) 정부는 국민연금제도를 순수하게 국민들의 소득보장과 노후보장 그 자체를 위하여 도입·시행하고 있다.					
(22) 국민연금공단은 국민연금기금을 잘 운용할 수 있다,					
(23) 정부는 국민연금기금을 기금 자체의 목적이 아닌 다른 곳에 유용하지 않을 것이다.					
(24) 정부는 자신이 신고한 소득신고자료를 자신에게 불이익이 되는 다른 용도(국세청 보고 등)로 사용하지 않을 것이다.					

측정문항	전혀 그렇지 않다	별로 그렇지 않다	그저 그렇다	조금 그렇다	매우 그렇다
(25) 공무원 및 국민연금공단의 직원은 일관성 있게 업무를 잘 수행하고 있다.					
(26) 국민연금제도는 국민적 지지에 의한 합법적인 정책이다.					
(27) 국민연금제도는 국민의 요구에 의한 합리적인 정책이다.					
(28) 국민연금제도는 국민들이 추구하는 노후보장, 소득재분배 등을 위한 효율적인 정책이다.					

- 대단히 감사합니다. -

※ <납부예외 대상자>

---

1. 사업 중단, 실직, 휴직 또는 취업준비 중인 경우.
2. 질병 또는 부상으로 3개월 이상 입원한 경우.
3. '병역법' 제3조에 따른 병역의무를 수행하는 경우.
4. '초·중등교육법' 제2조나 '고등교육법' 제2조에 따른 학교에 재학 중인 경우.
5. '행형법' 제2조에 따른 교도소 등에 수용 중인 경우.
6. 종전의 '사회보호법'에 따른 보호감호시설이나 '치료감호법'에 따른 치료감호시설에 수용 중인 경우.
7. 1년 미만 행방불명된 경우.
8. 재해·사고 등으로 연금보험료를 납부할 경우 보건복지가족부장관이 정하는 기초생활의 유지가 곤란하다고 인정되는 소득감소의 경우나, 그 밖에 소득이 있는 업무에 종사하지 아니하는 경우.
9. '농어업재해대책법'·'자연재해대책법' 또는 '재해구호법'에 의한 보조 또는 지원의 대상이 된 경우.

하상근
(河相劤)

· 학 력 ·
* 진주고등학교 졸업
* 경상대학교 사회과학대학 행정학과 졸업
* 경상대학교 대학원 행정학과 석사과정 졸업(행정학 석사 : 공공정책 전공)
* 경상대학교 대학원 행정학과 박사과정 졸업(행정학 박사 : 공공정책 전공)

· 경 력 ·
* 한국정책학회 학술상 수상(2006년, 논문부문)
* 경상대학교 사회과학연구원 학술연구교수 역임
* 경상대학교 사회과학연구원 선임연구원(연수연구원)
* 창원전문대학 행정과 겸임교수 역임
* 한국정책분석평가학회 편집간사
* 진주교육대학교 도덕교육과 조교
* 경상대학교, 전남대학교, 인제대학교, 동의대학교, 진주산업대학교, 한국방송통신대학교,
  창원전문대학 등 시간강사
* 현재, 동의대학교(행정학과), 진주산업대학교(교양학부) 시간강사
* 현재, 한국정책학회, 한국행정학회, 한국지방정부학회, 한국지역개발학회 정회원

· 주요논저 ·

* 「연구논문」

「정책대상집단의 불응에 관한 경험적 연구」
「정책집행의 불응요인에 관한 연구: 공공기관에서의 성과급제도를 중심으로」
「지역간 인구이동의 실태 및 요인에 관한 연구」

* 『저서』

『정책불응연구』
『한국의 지역사회 인구변동』(공저)

국민연금과 정책불응

- 초판 인쇄 2008년 6월 20일
- 초판 발행 2008년 6월 20일

- 지 은 이 하상근
- 펴 낸 이 채종준
- 펴 낸 곳 한국학술정보㈜
  경기도 파주시 교하읍 문발리 513-5
  파주출판문화정보산업단지
  전화 031) 908-3181(대표) · 팩스 031) 908-3189
  홈페이지 http://www.kstudy.com
  e-mail(출판사업부) publish@kstudy.com
- 등   록 제일산-115호(2000. 6. 19)
- 가   격 29,000원

ISBN   978-89-534-9611-8 93350 (Paper Book)
        978-89-534-9612-5 98350 (e-Book)